澳大利亚安格斯牛

The Story of
Angus in Australia 传记

[澳] 奈杰尔·奥斯汀(Nigel Austin) 编著

曹兵海 苏华维 何 阳 主译

中国农业出版社
北京

图书在版编目（CIP）数据

澳大利亚安格斯牛传记 / (澳) 奈杰尔·奥斯汀
(Nigel Austin) 编著；曹兵海, 苏华维, 何阳主译.
北京：中国农业出版社, 2024. 8. -- ISBN 978-7-109
-32325-4

Ⅰ. F361.163

中国国家版本馆CIP数据核字第20242XZ031号

The Story of Angus in Australia.

By Nigel Austin.

First published in 2008 by the Angus Society of Australia, Locked Bag 11, Armidale, New South Wales, 2350. Website: www.angusaustralia.com.au.

Copyright text © The Angus society of Australia 2007.

All rights reserved. No parts of this publication may be reproduced, stored in a retrieval system or transmitted in any form by any means, electronic, mechanical, photocopying, recording or otherwise, without the prior written permission of the publishers and copyright holders.

National Library of Australia Cataloging-in-Publication Data

Austin, Nigel. The Story of Angus in Australia. Armidale, NSW: Angus society of Australia 2008.
ISBN 9780646483511(hbk.)

Produced by Rural Press Limited,123 Greenhill Road, Unley, South Australia 5061.

合同登记号：图字 01-2022-2001 号

澳大利亚安格斯牛传记
AODALIYA ANGESINIU ZHUANJI

中国农业出版社出版

地址：北京市朝阳区麦子店街18号楼

邮编：100125

责任编辑：神翠翠　张艳晶

版式设计：杨　婧　　责任校对：吴丽婷

印刷：北京中科印刷有限公司

版次：2024年8月第1版

印次：2024年8月北京第1次印刷

发行：新华书店北京发行所

开本：889mm×1194mm　1/16

印张：15

字数：310千字

定价：150.00元

译 者 名 单

主　译　曹兵海　苏华维　　何　阳

参　译　李　欣　曹　元　　夏传齐　牛文静

　　　　陈　东　白萨茹拉　杨永在　王长水

　　　　姬琳堡　梁艺洵　　邵陶祺　邱清华

译者序

　　安格斯牛是目前覆盖国家最广、存栏量最多和被用作育种材料最多的牛种。

　　安格斯牛的祖先早在220年之前就在英国存在，此后经过"协会"这一民间组织长达140年的改良选育，成为遍布全球的牛种。不能否认的是，安格斯牛之所以在悠久的历史育种长河中得以发扬光大，与英国皇室近150年持续不懈的积极支持和作为养牛人来实际参与密不可分，而皇室之所以热衷于安格斯牛，是因为青睐安格斯牛肉的肉质。因此，查尔斯王子（现英国国王查尔斯三世）在本书中赞誉道"安格斯牛肉的品质能创造更好的和始终如一的价值"。

　　1824年，来自苏格兰的8头安格斯牛登陆澳大利亚大陆，开启了澳大利亚安格斯牛的历史。1919年澳大利亚安格斯牛协会的成立，让养殖者们走上了组织化的道路。1922年第一本《安格斯牛群名录》问世，标志着澳大利亚系统化育种的开始，此后，1972年启动现代国家肉牛记录方案和之后的肉牛育种规划，为澳大利亚安格斯牛走向世界做出了巨大贡献。2007年，澳大利亚安格斯牛已经达到了一个很高的质量层次：在体重达420千克时育肥300天，在体重达750～800千克时出栏，有85%～90%的牛能达到3级以上的大理石花纹级别。

　　如果把书中对澳英两国养牛人星星点点的记述做成图，不难发现这张图就是一张安格斯牛的育种图、血统流动图和市场开拓图，同时令人惊讶的是，安格斯牛的大规模育种竟然是建立在几十头、几百头这样的小群体基础之上，这非常值得我国育种行业深思！

　　安格斯牛在澳大利亚也经历过与夏洛莱牛、西门塔尔牛、短角牛、墨累灰牛等数个牛种在存栏量和市场占有率上的争夺战，最终获得独大地位，其举世瞩目的成就归功于育种人追求纯正血统的皇家思维，以及在战略战术和技术上孜孜不倦地践行追求，归功于安格斯牛对高低海拔、冷热干湿环境及粗饲料等的强大耐受力，以及其生长性能和肉质性能对市场的高满足度。

　　近年来，我国对牛肉的强烈需求，促使引进了40多万头以安格斯牛品种为基础的母牛，这些母牛大都来自澳大利亚。如果说书中所述的 20 世纪 80—90 年代日本对安格斯牛肉的品质需求提高了澳大利亚安格斯牛的种质和肉质档次，那么可以说，我国对安格斯活牛和牛肉的需求，将进一步促进澳大利亚安格斯牛产业的发展。

反过来，我国能否将宝贵的安格斯母牛资源利用好，能否像澳大利亚一样培育出适合国际市场的安格斯牛，培育出适合我国市场需求的中国类型的安格斯牛，则需要广大的安格斯牛养殖牧场主、屠宰加工企业、流通企业、政府和技术研发机构，根据我国的具体情况进行谨慎的探索、研究与实践。本书给出了安格斯牛在澳大利亚的成功范例，值得研读和参考。书中附录部分还给出了澳大利亚安格斯牛育种业者的繁育场简介、联系地址和电话，便于读者交流。

但是，值得提醒的是，我国的土地、饲料与牛肉消费市场的资源禀赋与澳大利亚有本质的不同，再加上"母牛"自身的生物学属性与母牛带犊生产系统的经济学特性，决定了包括安格斯母牛在内的各品种母牛的带犊生产不允许像育肥牛那样的大规模集中圈养，而母牛带犊生产又需要经济效益的绝对支撑和不断选育提高的种质性能的强力支撑。如何化解这些矛盾，需要全社会的智慧。

本书由中国农业大学动物科技学院肉牛营养与肉质研究室的在校博士研究生夏传齐、牛文静、陈东、白萨茹拉和硕士研究生杨永在、王长水、姬琳堡、梁艺洵、邵陶祺、邱清华以及食品科学与营养工程学院硕士研究生曹元翻译和校正，由中国农业科学研究院农产品加工研究所的李欣博士进行了统一审校，在此一并表示感谢。由于时间和水平所限，书中定有不妥之处，欢迎读者指正。

本书的翻译和出版，得到了国家肉牛牦牛产业技术体系项目（CARS-37）、国家农业行业专项"南方地区草食家畜育肥与高品质肉生产技术研究"（201303144）、国家重点研发计划项目"优质肉牛全产业链绿色生产模式的构建与示范"（2018YFD0501805）、宁夏回族自治区重点研发计划项目"优质肉牛精准化养殖技术研究与示范"（2017BY078）、中国工程院咨询研究项目"云南肉牛产业发展战略咨询研究"（2019YNZH1）以及致力于我国安格斯肉牛产业发展的企业和个人的大力支持，在此一并表示衷心感谢。最后向为出版本书而付出努力的中国农业出版社编辑表示衷心感谢。

中国农业大学动物科技学院　教授
国家肉牛牦牛产业技术体系　首席科学家
曹兵海
2024 年 7 月 15 日

著者序

畜牧业的不断发展使得人们能够生产更多的食物，从而滋养全世界的人口，这是人们不断变革生产系统以提高劳动效率的结果，也是技术飞速发展的时代故事。在乳制品、猪肉、禽肉、牛肉和羊肉等领域中，食物生产效率均通过不同的方式得到了日新月异的提升。

全世界一直在警惕 1798 年托马斯·马尔萨斯在《人口论》中警告的粮食安全危机。值得庆幸的是，世界各地劳动者通过改变农业生产方式，始终能够适应产业形势并生产出足够的食物以供给不断增长的人口。

经过数世纪的发展，阿伯丁安格斯肉牛品种在苏格兰农场中崭露头角，并于 1878 年完成品种认定，这是牛肉生产的一个重要转折点。从此，安格斯肉牛在满足全球粮食需求方面发挥了日益重要的作用。全世界也了解到了伦敦市民五百多年来家喻户晓的故事：自 17 世纪起，每年都会有成千上万头苏格兰黑牛被赶往英格兰南部进行育肥，然后运往牛肉备受推崇的伦敦市场。

自正式命名以来，安格斯牛在全球范围内落地生根，满足了人们对高品质牛肉日益增长的需求。安格斯牛品种的变化与发展历程，是一段展现创造性、适应性和坚韧性的故事。如今，它已成为世界上分布最广的温带肉牛品种，为当地肉牛产业提供了庞大的基因库，使其能够因地制宜地应对新的挑战和商业需求。

从 20 世纪 60 年代开始，安格斯牛在澳大利亚的推广逐渐成功，并在 21 世纪成为该国独占鳌头的牛种，这印证了安格斯牛在全球地位的日益提升。澳大利亚的育种者利用了来自多个国家的安格斯牛血统，以充分挖掘这一庞大基因库的优势。如今，安格斯牛正逐步覆盖澳大利亚，从寒冷的南部到炎热的中部和北部的所有地区。

地域分布多样性使得安格斯牛因其卓越的胴体品质、高肌肉量和适中的成熟度而备受青睐，满足了市场对牛肉的差异化需求。它能够在不过度肥胖的情况下迅速生长成市场喜爱的"大块头"，也能在较轻的体重下达到理想的屠宰状态。

安格斯牛在澳大利亚的普及，主要得益于其牛肉在国内零售和优质餐饮供应端的广泛应用所带来的价格溢价。安格斯牛肉还因其肌内大理石花纹、嫩度、口感、风味以及肉色和脂肪色等方面的优越性，而深受澳大利亚许多出口市场的青睐。

近年来，安格斯牛已成为向中国 14 亿人口供应牛肉的重要来源。除了直接从各国进口牛肉外，中国还在构建自己的安格斯牛核心育种群，这包括过去十年间从澳大利亚、乌拉圭、新西兰和智利等地进口的约 30 万头纯种安格斯牛。

如今，中国本土的安格斯牛正为市场提供越来越多的优质牛肉。中国纯种安格斯牛及其杂交后代已达到 100 万～150 万头。安格斯牛凭借其适应性强、生长速度快、肉品质良好等重要特性，满足了中国人民对高质量牛肉日益增长的消费需求。

在温带和亚热带季风气候条件下，中国主要采用舍饲的方式饲养安格斯牛。这种生产方式与安格斯牛原产地苏格兰所发展的养殖方式颇为相似，即舍内圈养和集约化养殖。

安格斯牛在中国的发展对于该品种在全球的持续推广至关重要。这将有助于开拓安格斯牛的全球市场，并进一步增加人们对高品质安格斯牛肉的需求。

奈杰尔·奥斯汀

2022 年

PREFACE

The intricate production of livestock to produce more food to help feed the world's population is a story of rapid technological advances as farmers constantly change their production systems to become more efficient. The advances in productivity have been rapid, although remarkably different, in dairy, pork, poultry, beef and sheep production.

Ever since Thomas Malthus warned of food shortages in *An Essay on the Principle of Population* in 1798, the world has been mindful of the possibility of food shortages. Thankfully, the global community has always adapted by changing agricultural production methods to produce enough food to feed an ever-growing population.

The emergence of the Aberdeen Angus beef breed from the Scottish farmlands after many centuries of quiet development, to become a formally recognized breed in 1878 was an important turning point in beef production. Even since then, it has taken on an increasingly significant role in helping to feed the world. The world has awakened to what the citizens of London have known for more than 500 years. Every year from at least the 1600s, tens of thousands of these Scottish black cattle were driven south for fattening in England and then sent to market in London, where the beef was highly prized.

Since the official naming of the breed, the remarkable spread of Angus cattle to many countries around the world has helped to meet the continually growing need for high quality beef. The story of how the Angus breed has changed and developed is a tale of ingenuity, adaptability and resilience. It has become the most widespread temperate beef breed in the world, providing an immense gene pool which allows it to respond to new challenges and commercial demands.

The rising global importance of Angus cattle was mirrored in its increasing success in Australia from the 1960s to become the country's preeminent cattle breed in the 21st century. Australian Angus breeders have used bloodlines from many countries to tap the benefits of the vast gene pool. It is increasingly helping Angus reach all areas of the continent from the colder southern regions to the hotter conditions of central and northern Australia.

The diversity has helped the breed become highly desired for its excellent carcass quality, high muscling and moderate maturity, providing maximum market versatility. It has the ability to grow quickly to heavy market weights without becoming over fat and to finish at lighter weights, if desired.

The popularity of Angus cattle in Australia is particularly due to price premiums flowing from the widespread use of their beef in the domestic retail and quality food service markets. Angus beef is also preferred by many of Australia's export markets for its superior meat quality due to intra-muscular marbling, tenderness, texture, flavour, and meat and fat colour.

More recently, the Angus cattle breed has emerged as an important supplier of beef to the 1.4 billion people of China. Apart from direct beef imports from different countries, China is building up its own Angus herd. This includes the importation of about 300,000 purebred Angus cattle, mostly from Australia, but also from Uruguay, New Zealand and Chile in the past decade.

These days, China's domestic beef supply is increasingly coming from its own Angus beef herd. The Chinese herd of purebred Angus and their hybrid offspring has reached between 1 million and 1.5 million. Blessed with important characteristics including strong adaptability, fast growth and good meat quality, the Angus breed meets the growing demand for high quality beef by the Chinese population.

In a return to the past, Chinese farmers rear their Angus mainly in enclosed housing throughout the country, in temperate and subtropical monsoon climates. This production system is not dissimilar to that which developed with the breed in its native Scotland. There, the highly developed system of husbandry involved indoor stall feeding and the use of concentrated feeds.

The development of Angus cattle in China is important for the breed's continuing global popularity. It will help increase the market for Angus cattle in the world and further increase demand for high-quality Angus beef.

NIGEL AUSTIN

Nigel Aust

2022

原著序

自从阿伯丁 - 安格斯牛协会（1879 年最初称为无角牛协会）成立以来，安格斯牛这个优良的苏格兰牛种就在世界各地的肉牛养殖国家中家喻户晓，其成功基于两个重要的特性，即适应各种气候条件的能力和高品质的牛肉。毫不夸张地说，阿伯丁 - 安格斯牛这股浪潮能刮到地球上的任何一个角落。

维多利亚女王 1868 年参观威廉·麦克康比的蒂利弗农场时，对阿伯丁 - 安格斯牛给予高度的称赞，自此我们家族便和安格斯牛紧紧地联系在了一起。而后，女王在苏格兰临近巴尔莫拉城堡的阿伯杰尔蒂地区组建繁育了她自己的牛群。1881 年（在协会成立后两年），维多利亚女王成为协会资助人，随后这个角色转交给了国王爱德华七世（1901—1910 年），然后国王乔治五世（1910—1935 年），又一并转交给了国王乔治六世与伊丽莎白女王。

我祖父过世后，我挚爱的祖母继续作为资助人，与协会共同度过了非凡的 67 年。女王陛下对阿伯丁 - 安格斯牛倾其所爱，1964 年在苏格兰北部的基斯内斯郡建立了著名的梅伊牛群城堡。

我一直相信，从长远来看品质能创造更好的和始终如一的价值，所以也就是当我在海格罗夫的梅伊牛群城堡开始养牛的时候，我决定成为原始股东进行长远的规划和发展。但正如我所发现的，全靠自己购买牛只将是一笔十分昂贵的买卖！尽管如此，在我继承伊丽莎白女王成为协会的资助人时，我还是感到无比的自豪。

我很荣幸能够为这本关于澳大利亚安格斯牛的书撰写序言。1966 年我在维多利亚高原上学，也曾经多次来到这片美丽的土地，这些经历让我深知肉牛业对于澳大利亚来说是多么的重要，同时我也十分欣喜地看到阿伯丁 - 安格斯牛在过去的几十年里跃居成为一流牛种。我真诚地向您推荐这本书，书中歌颂了为澳大利亚安格斯牛品种的建立及取得今天的荣誉做出了无私奉献的许多家庭。

威尔士亲王查尔斯王子

（现英国国王查尔斯三世）

（邵陶祺　译，邱清华　校，李欣　复校）

前言

安格斯牛曲折的发展史是一个成功而感人的故事。21 岁那年，我从苏格兰移民到澳大利亚，我很高兴地看到安格斯牛在那里得到了飞速的发展。安格斯牛的成功故事涵盖了许多人和肉牛产业的各个环节。我们都很高兴地看到安格斯牛给澳大利亚人们带来财富的同时，也为肉牛产业增添了许多高价值产品。

本书作者奈杰尔·奥斯汀为我们讲述了一个最为成功的澳大利亚家畜品种的传奇故事，但事实并不仅仅如此。多年来，安格斯牛一直被视为单一用途品种，由于体型小，主要用于给其他品种母牛配种以降低头胎难产率，因此没有得到大家的广泛认可。20 世纪 70 年代和 80 年代从海外引进的新血统弥补了产犊、肉质和母性等方面存在的问题。现代育种技术和检测手段的灵活运用使得安格斯牛的许多性能得到改良，并改变了安格斯牛的未来。成千上万个养育安格斯牛的家庭和所有为这场变革做过贡献的人都是值得感谢的。本书叙述了很多关于奉献、勤恳的故事，展现了安格斯牛早期繁育和通往成功的艰辛之路。安格斯牛肉得到认证就是一个很好的例子，这也是我们相信安格斯牛会取得持续成功的理由。与此同时，安格斯牛遗传改良进程的加快和国际市场需求量的快速增长，也使得我们对安格斯牛的未来更加充满信心。

我的童年是在阿伯丁-安格斯牛繁育和销售中心度过的，也就是在苏格兰珀斯以北30 千米，那里离许多家喻户晓的肉牛品种的发源地很近。我依然清晰地记得 20 世纪 60 年代初我度过的那段快乐的童年时光，那时我目睹了一头公牛卖出了 6 万基尼 ① 的记录。1966 年，我移民到澳大利亚西部，我的家人与这个肉牛品种首席哈利·特里福德交往甚多，在他的指引下，我萌生了回到自己的家乡饲养肉牛的想法。出于对澳大利亚的热爱，我积极推进安格斯牛产业的发展，参与赛马活动，密切关注澳大利亚家畜育种领域的发展。幸运的是，我有责任也很荣幸地看到，本书在我担任澳大利亚安格斯牛协会主席时得以出版。那些关于安格斯牛品种发展和把重大理论突破运用到生产一线的肉牛工作者

---

① 基尼，英国旧货币名。

的故事，就是一笔巨大的财富。安格斯牛品种高效的产出，为世界食品产量在未来20年翻一番这场全人类的战役提供了极有价值的参考。

　　我要特别感谢本书饲养者们所讲述的关于他们的故事，正是由于他们的帮助，才降低了整个项目的成本，保障项目的正常开展。我还要特别感谢本书的出版商农村新闻出版有限公司长期以来对许多安格斯牛活动的赞助和支持。我把这本书推荐给您和您的朋友，相信对于热爱澳大利亚农业的人来说，这将是莫大的乐趣。

约翰·杨

澳大利亚安格斯牛协会主席

目录

译者序

著者序（中英文对照）

原著序

前言

第一章　苏格兰特有品种　　　　　　　　　　　　1

第二章　澳大利亚品种的创立　　　　　　　　　　21

第三章　澳大利亚品种的推广　　　　　　　　　　33

第四章　信息传播　　　　　　　　　　　　　　　53

第五章　崛起于微末　　　　　　　　　　　　　　71

第六章　优良的性能　　　　　　　　　　　　　　89

第七章　海外澳大利亚年轻人　　　　　　　　　　105

第八章　育肥场革命　　　　　　　　　　　　　　107

第九章　北部境遇　　　　　　　　　　　　　　　121

第十章　安格斯牛的影响力　　　　　　　　　　　133

第十一章　澳大利亚的安格斯牛肉　　　　　　　　137

第十二章　成功出口　　　　　　　　　　　　　　155

第十三章　遍布世界的农场　　　　　　　　　　　169

第十四章　成功的基础　　　　　　　　　　　　　177

第十五章　终获成功　　　　　　　　　　　　　　191

第十六章　共创未来　　　　　　　　　　　　　　205

附录　繁育场档案　　　　　　　　　　　　　　　217

致谢　　　　　　　　　　　　　　　　　　　　　219

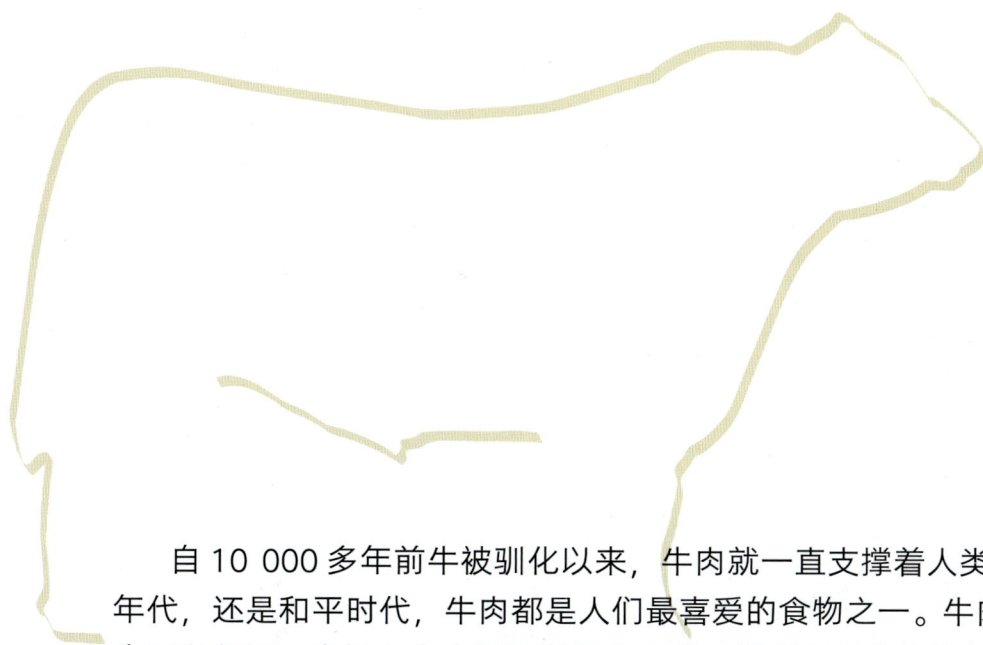

自 10 000 多年前牛被驯化以来，牛肉就一直支撑着人类。不论是在战争年代，还是和平时代，牛肉都是人们最喜爱的食物之一。牛肉深受大众喜爱，牛可以役用、产奶，牛皮还可以制作皮革，粪便可以作为燃料，这一切使得牛成为地球上最重要的物种之一。

奈杰尔·奥斯汀

（曹元、邱清华　译，邵陶祺　校，李欣　复校）

格拉姆斯城堡是伊丽莎白女王儿时的家，同时斯特拉思莫尔伯爵家族也住在这里。1876 年，女王在这里组建了一支阿伯丁 – 安格斯牛群，自此为这个牛种奉献了毕生的爱。

第一章
苏格兰特有品种

　　国王乔治三世热衷于农业，有着"农夫"的美称。在他执政的第49年（1808年），英国农业革命达到高潮。为了满足人民日益增长的生活需求，在乔治三世的领导下，食物产量大幅提高。正是在这期间取得的进步为英国之后的富强打下了坚实的基础。

　　就在这个时候，来自苏格兰东北部的一种黑色无角牛成为英格兰人的最爱，这种牛让英格兰人认为最好的牛肉就来自苏格兰北部。这种说法说的就是苏格兰东北部安格斯郡的多迪斯牛、阿伯丁郡的哈姆莱斯牛及相邻郡的同类型的牛。这一说法的盛行促进了这些牛的改良，并为苏格兰此后多年的经济发展夯实了基础。至少在4个世纪以前人们就开始将这一苏格兰牛种南下运往英格兰了，并在伦敦周边的农村地区育肥，最后在主要的城镇出售。据记载，到17世纪20年代的时候，每年都有成千上万的苏格兰肉牛经过苏格兰高原被运往英格兰育肥并出售。活牛贸易模式的迅速发展，使得人们将苏格兰称作英格兰的牧场。

　　每年的夏秋两季，家畜商人沿古时贸易留下的道路一路南下驱赶牛群，来到发达的英格兰农场进行育肥。肉牛是苏格兰主要的交易货物，而几个世纪以来，在这片荒野之地，没有法律制度的制约，苏格兰人相互抢劫他人的牧场，发生了无数的盗窃案件。对于苏格兰来说，抢夺牛只就像是一场艰难的比赛，严酷寒冷的气候和极差的营养条件使之更加残酷。抢劫的形式多种多样，从小范围的深夜偷窃到他们所描述的大范围战争都有发生。霍尔丹在《苏格兰的畜群之路》一书中记载道，1602年格伦·加里的人抢劫了格伦·艾斯拉、格伦·希和斯特拉赛德的牧场，夺走了2 700头牛，最终被牛群的主人在凯恩韦尔山附近追上并击退。后来，由格兰·麦格雷戈组织的一场在拉斯的卡胡恩地区的抢劫，最终在格伦弗鲁因地区以80人死亡和丢失600头牛结束，麦格雷戈也因此被流放。

　　随着时间的推移，肉牛对于苏格兰的价值不断上升，到18世纪末，每年都会有超过 10 万头牛南下被运往英格兰。1794 年，伦敦史密斯菲尔德市场出售的大约 80% 的牛来自苏格兰。通常人们提到的嘉乐威牛，其实大部分是安格斯郡的多迪斯牛和阿伯丁郡的哈姆莱斯牛。由于这两种牛都没有属于自己的名称，再加上长得像嘉乐威牛这个品种，所以这两地的牛常被误认为是嘉乐威牛。因为这两地牛的特性是能适应舍饲环境和育肥速度快，因而被诺福克和莱斯特郡的人们大量繁育、育肥，并在史密斯菲尔德市场上销售。架子牛南运到英格兰进行育肥的模式直到 19 世纪才有所改变，也就是那时苏格兰人开始自己育肥，然后再出售。而这种方式只持续到 19 世纪中期，此时铁路的出现也标志着活牛南运时代的结束。

虽然黑色无角牛以前通常都是被用来耕田的，但是这场贸易的成功，确定了其首要特性是生产牛肉而非役用。

到了 1764 年，一些来自嘉乐威和苏格兰西部的商人开始向英格兰贩牛，1765 年黑色无角牛价格突然下跌，阿伯丁的商人们便放弃了贩牛。对于农民来说，饲养体型更大的牛来犁地就显得更划算，于是通过与法夫郡公牛杂交及购买苏格兰南部不同地区的公牛和母牛，在几年的时间内本地牛的体型明显增大。法夫郡或福克兰的牛种大约是在 1511

蒂利弗农场著名的公牛布莱克王子，由来自蒂利弗农场的威廉·麦克康比繁育

年出现的，那时王子亨利七世赠送给他的长女与国王詹姆斯四世一批英格兰母牛，作为他们的结婚礼物。而恰恰由此，苏格兰南部牛的体型开始增大。18世纪60年代，法夫郡牛被认为是苏格兰最好的牛种之一。

1808年，休·沃特森开始了他一生改良苏格兰东北部小型黑色无角牛的工作，他敏锐地发现了这个本地牛种的潜能。按照现代的标准，它们当时面临着增大体型的艰巨任务。它们的体重在200～365千克，与现在的牛相比是同源的小型品种。尽管它们体型小，但盛产高质量的大理石花纹牛肉，这一重要特性与大多数英格兰牛种的脂肪主要沉积在胴体表面相比而言，无疑是深受人们欢迎的。而这种产肉特性则奠定了这个牛种获得成功的重要基础，并使其成为世界上最受欢迎的肉牛品种。

苏格兰黑色无角牛到底是起源于几千年前尚属于欧洲大陆一部分的英国，还是由罗马人或挪威、丹麦、瑞典的海盗引入苏格兰的，这我们还无法确定。人们普遍认为，英国的牛在公元前300年时体高只有105厘米，而在1～4世纪罗马入侵英国的时候，许多苏格兰牛被认为是停留在石器时代的怪物。这时有人提议罗马人应该将他们自己的牛引进来，以帮助改善本地牛体型小的问题，而有些人则认为本地牛的体型会随着营养水平的提高而慢慢增大。后来罗马人撤离，大不列颠又迎来"黑暗时代"，而黑色无角牛的体型却在这期间慢慢地增大。

詹姆斯·麦克唐纳和詹姆斯·辛克莱尔是两位研究黑色无角牛最权威的专家，他们写了《阿伯丁－安格斯牛的历史》（1882），认为这些牛在苏格兰已经存在了上千年。他们将黑色无角牛描述成游荡在苏格兰喀里多尼亚森林和沼泽中的野生牛的直系后裔，认为黑色无角牛是由苏格兰东北地区土生土长的牛的共同祖先演变而来，而这里至今仍栖息着数量最多的无角牛。甚至伟大的自然学家查尔斯·达尔文（1809—1982）同样无法解释黑色无角牛的起源和为什么英国许多地区会有各自特有的牛种，并且有一些还是无角的。

最早记载黑色无角牛的文献是苏格兰的首部法律。公元843年，肯尼斯·麦卡尔平统一了敌对的苏格兰和皮克特两个部落后，建立了苏格兰王国，然后颁布了这部法律。《麦卡尔平法典》是这个国家第一部官方成文的法律，在珀斯郡的斯昆起草，其中提到了"黑色无角"的牛，证实了1 000年前与阿伯丁－安格斯牛混血的黑色无角牛的存在。

早期关于黑色无角牛的记录还包括14世纪马里郡埃尔金档案局所提供的资料，其中提到了"黑色无角"的牛。1523年，家住阿伯丁库特的约翰·康杨，通过土地所有权转让体系，从皇室手中得到了一头黑色无角公牛，这意味着他在获得父亲遗产后有耕作土地的权利。之后的17世纪70年代，斯特拉思莫尔伯爵、潘默尔伯爵、索塞斯克伯爵、埃杰尔伯爵、波利伯爵和巴拿摩恩伯爵的牛据称都是无角的。据1684—1685年安格斯郡的记载，金纳尔德和法内尔地区都属于索塞斯克伯爵，那里有很优秀的马、牛和羊的品种。此外，潘穆尔伯爵在潘穆尔地区也拥有优秀的马种和牛种。这些研究和其他资料表明，苏格兰的牛几乎全是黑色和无角的，且在这一时期繁育得很好。

对黑色无角牛的进一步考察发现，1752年有关于安格斯地区"无角"公牛和小母牛存在的记载。对黑色无角牛类似的记载还出现在临近地区的阿伯丁、金卡迪、班夫和马里等郡，在那里它们分别被叫做humilits、hummels和hummlies。安格斯多迪斯牛和巴肯汉梅尔牛为阿伯丁－安格斯牛19世纪的改良做出了贡献，那时正值农业迎来大发展时期，市场对优质牛肉需求的增加，使肉牛养殖成为苏格兰农业产值中很重要的一部分。

巴林达罗奇城堡的乔治·麦克弗森－格兰特爵士

蒂利弗农场的威廉·麦克康比

凯勒农场的休·沃森

阿伯丁－安格斯牛协会的首席执行官——罗·麦克海蒂

这两种牛一般都是黑色，也有红色或带斑点，有时腹部还有大面积白色。

沃森和其他致力于黑色无角牛改良的人们所付出的努力，终于在苏格兰牛存栏量较少且黑色无角牛的数量仅几万头的那段时间得到了实现。1794年，安格斯郡各种牛存栏量总共仅有36 499头，其中包括从丘陵地区体重仅101～127千克营养不良的小型牛到平原地区体重达254～444千克的牛。同年，农业与品种改良委员会的牧师罗杰先生纵观整个安格斯郡的农业，提出平原地区良好的饲喂条件十分适合养殖。有记载称，加拉密斯的一位农夫养了一头公牛，夏季围在草场吃草，冬季饲喂萝卜和干草，当这头牛7岁的时候，体重已经达到了635千克，最终以40基尼的价格卖给了一名屠夫。

据当时最出色的法官之一乔治·朗姆斯登回忆，从17世纪末开始，阿伯丁郡3/4的牛是黑色无角的，并指出这种牛是该郡的原始品种。在阿伯丁郡1811年的历史资料中记载，阿伯丁郡是一个养殖郡，相比苏格兰其他地区，这里可能繁育了更多数量和更高质量的牛。同样在1811年，韦斯特的罗伯特·沃克在阿伯丁郡的加里奥赫展会上的展示，被认为是黑色无角牛的第一次出展。安格斯郡1813年的历史资料还记载，"体型和品质

莱尔德·克莱尔·麦克弗森－格兰特·拉塞尔向女王陛下展示巴林达罗奇牛

互不相同的各个品种构成了稳定的群体"。人们很少注重繁殖后代公母畜的选择，也不重视选育具有优良生产性能的品种，如产乳性能好、育肥快的品种，但无角牛在稳定的群体中占了很大的比例。

从 19 世纪早期开始，在英国其他早期牛品种得到发展后的几年里，人们开始尝试系统化改良阿伯丁牛和安格斯牛这两种黑色无角牛的工作。这两种牛甚至一度被认为是同一品种。19 世纪卡莱尔市的托马斯·法拉尔撰写了一篇有关无角安格斯牛和阿伯丁牛的报道——"无角安格斯牛或阿伯丁牛的改良途径"，也称阿伯丁牛和安格斯牛是同一个品种。法拉尔在《苏格兰皇家高地农业协会事务》的报告中写到，"我们从未注意到未加改良的牛在这两个地区是不相容的，这可能引发一场公正的辩论，认为他们是两个不同的品种。"法拉尔提到，那时有些饲养员坚信阿伯丁牛和安格斯牛最初就是两个独立的明显不同的群体，法拉尔把这些差异归结于气候、环境和管理。

休·沃森是苏格兰早期杰出的牛饲养员，他生于 1789 年，在 1808 年成为凯勒农场的租户，之后开始专注黑色无角牛。有人认为这就是阿伯丁-安格斯牛品种出现的时候，但事实上早在之前该牛种就已经发展了很多年。沃森跟叔叔和父亲开始经营牧场时，用了最喜欢的 6 头黑母牛和一头公牛。在 1810 年，他还在布里金举行的崔妮蒂·缪尔展会上买了一头名为塔尼迪·约克的公牛和 10 头最好的小母牛。沃森描述，这些牛与卡内基家族在金纳尔德城堡喂养了几个世纪的老黑色无角牛十分相似。凭借这些基础牛和后来补充的牛，沃森被人们誉为阿伯丁-安格斯牛品种的"创建者"。

雄心勃勃的沃森并不容易满足，紧接着他又开始饲养一种体型更大、产肉量更高的品种。沃森曾是一些伟大的英国早期育种学家的学生，其中就有开创了系统改良牛品种的罗伯特·巴克维尔。在这个时期，随着品种改良和营养水平的提高，让牛的平均体重实现了由 1710 年在史密斯菲尔德市场的 138 千克，向 1795 年 300 千克的跨越。这种跨越与工业革命及人们生活水平的提高是同步发展的，由于殖民扩张，贸易也不断增长，人们有了更多的钱来消费。同时，农民意识到了高质量牛肉市场需求的增加，于是便淘汰年老的役用牛和奶牛。

沃森给自己设定了一个任务——准确定义这个品种。遵循不论亲缘关系远近而性能最佳的原则，使得沃森可以固定其中一个品种并发展具有鲜明特色的肉牛家系。虽然凯勒牛群的数量从来没有达到过 100 头，但沃森以牛肉产量为培育目标，并以此作为当地安格斯牛最佳的标准。要实现这个目标并不容易，他经历了多次失败，但最终他灵活运用遗传学规律进行培育，使牛群逐渐发展起来，并达到能够接受公众检阅的水平，这使得沃森自己也很满意。1818 年，他举办了一场拍卖会，展出他所描述的"改良的无角品种"。1829 年，沃森认为他的牛已经足够优秀，并参加了珀斯高原展会和伦敦史密斯菲尔德展会。

沃森凭借聪明才智、努力工作和良好的判断力，成为现代阿伯丁-安格斯牛品种发展

阿伯丁的骄傲（牛名），品种中最佳的母牛之一，由蒂利弗农场繁育

蒂利弗农场曾一度归威廉·麦克康比所有

历程中三个最重要的培育者之一。沃森的成就是值得称赞的，因为他一生只饲养了 3 头公牛，仅仅通过自繁自养就培育出了这个优良的品种。由此看来同系繁殖（近亲交配）似乎不会产生问题。塔尼迪·约克成为一个很有影响力的父本，对诸如阿伯丁艾丽卡和普莱德这样最优良的母系产生了深远的影响。

沃森饲养过的最成功的公牛是奥尔德约克 1 号，在种牛登记簿上排名第一。奥尔德约克 1 号出生于 1842 年，在 1852 年被一位法官形象为"有史以来在展会展出的受访品种中最好的动物"。沃森培育的名叫奥尔德格莱尼的母牛，生于 1824 年死于 1859 年，这头杰出的母牛在她 35 年的生命中产下了至少 25 头小牛犊，其中包括该品种最优秀的两头母牛中的一头"阿伯丁的骄傲"（母牛名）。奥尔德格莱尼最著名的儿子是斯特拉思莫尔，以 50 基尼的价格卖给了拿破仑三世。另外一个儿子，据说是沃森饲养过的最完美的公牛，最后为阿尔伯特王子所有，并在温莎度过了一生。沃森将展会作为提升他的牛影响力的重要场所。

奥尔德格莱尼，是至少 25 头犊牛的母亲，并且是种群书籍中记载的第一头母牛。它生于 1824 年，死于 1859 年

沃森作为阿伯丁－安格斯牛品种的创建者获得过很多的荣誉，其他著名的早期饲养者包括来自金纳尔德的索塞斯克勋爵、威廉·富勒顿（1810—1880）、潘穆尔勋爵（1771—1852）和拥有凯莉牛群的梅因斯农场的艾利克斯·博伊。潘穆尔勋爵鼓励本地牛种参加年度"崔妮蒂穆尔比赛"并最终获得奖项，潘穆尔勋爵功不可没。富勒顿回忆道，1787 年，16 岁的潘穆尔勋爵接管了他的农场，并称潘穆尔是第一个

著名的母牛奥尔德格莱尼繁育出的一头公犊

艾丽卡，由索塞斯克勋爵在金纳尔德城堡繁育，之后被巴林达罗奇·伊斯塔特收购

一副古尔利·斯蒂尔所作的画，画的是特维德茅斯伯爵位于因弗尼斯的比尤利附近的圭萨臣牛群，其被高挂在爱丁堡的苏格兰皇家高地农业协会的对外办公室。画中的牛分别是圭萨臣元帅、弗莱尔蒂、卡什、圭萨臣之骄傲 20 号和圭萨臣之名誉（牛名）

尝试改良无角牛的人。索塞斯克勋爵在苏格兰有一个很好的牛群，18世纪60年代毁于牛瘟，他1861年将饲养的早期优秀母系品种艾丽卡卖给了家住巴林达罗奇村的乔治·麦克弗森－格兰特先生。艾丽卡是艾米丽的女儿，在沃森钟爱的母牛群中长大。他随后把艾米丽卖给了索塞斯克勋爵，艾米丽与杰出父本卡普比尔交配产下了艾丽卡。艾丽卡之后又来到巴林达罗奇村，她的优良基因辐射了整个地区。沃森同样拥有许多其他家庭培育出的品种，于1861年解散了他的牛群，并于1865年去世。

艾利克斯·博伊的父亲在1809年于梅因斯农场组建了凯莉牛群，这个牛群生产出了早期最好的种公牛，并对该品种之后的发展产生了深远的影响。这些种公牛中表现出色的有两头：一头被送往蒂利弗农场，在那里产出了阿伯丁引以为豪的最佳母牛汉顿；另外一头是被索塞斯克勋爵买走的卡普比尔，在金纳尔德产生了同样优秀的母牛艾丽卡。人们认为，现代的每一头阿伯丁－安格斯牛几乎都有这两头"国宝级"母牛的血统。汉顿繁育了蒂利弗布莱克王子77号，也是本牛种中最具影响力的父本之一。因此，梅因斯农场的凯莉牛群被誉为比其他群体都更成功的牛群。

威廉·麦克康比与沃森的影响一样深远，他是阿伯丁郡乡下阿尔弗德的蒂利弗农场的"救世主"。最后形成的阿伯丁－安格斯牛种介于沃森和麦克康比培育的两个品种之间，而麦克康比是第一个同时使用两个品种的人。麦克康比因发展了本地纯种而广受赞誉，虽由于当时经济条件限制没有很好地推广，但在半个世纪的时间里，这个牛种被全

19世纪40年代阿伯丁郡一流的母牛——科斯基和蒙特伯顿·比缇，归亚历山大·莫里森所有

卡什和弗莱尔蒂（卡什和圭萨臣元帅的母亲）

世界所有繁育肉牛的国家所熟知与重视。麦克康比出生于 1805 年，他最初致力于当地古老的牛种，直到 1844 年他从威廉·富勒顿的阿多威展销会上购入母牛"女王母亲"（母牛名）。这头母牛让他取得了巨大成功，以至于他对饲养员富勒顿大加赞誉说："我会永远敬重作为我牛群创始人的富勒顿。"

麦克康比一家在其祖父查尔斯为了增加收益组建牛群之前，一直在阿伯丁郡做了多年的农民和牧民，其后成为一名很有影响的牛经纪人，同时他也因为自己的商业智慧变得十分富有。1824 年麦克康比从父亲手中租到了蒂利弗农场，并开始养牛，之后他的名字就被全世界养牛的国家熟知。他觉察到本地牛种会因为短角牛入侵和席卷全国的疯狂杂交风潮而面临灭绝，于是决定竭尽全力改良本地牛种，这是他许诺奉献一生也要达到的目标。麦克康比精通肉牛贸易，但他放弃了贸易，以执着的性格将全部精力投入到了拯救黑色无角牛上。

不难发现，安格斯郡和阿伯丁郡的牛之间是有差别的，每一品种都为最终的杂种提供了不同的特性。有人认为安格斯郡的牛明显更加优秀，这可能使杂种得到了进一步改良。1835 年一篇来自苏格兰皇家高地农业协会的报道认为，从数量和固定特征就能很轻易地辨认安格斯郡与周边郡县的牛，这个品种无疑能很好地适应这个国家的大片土地，值得鼓励人们付出大量心血来培育这个品种，并且按畜牧分类法叫做无角的阿伯丁牛。在 1835 年前的皇家高地农业展览中，无角安格斯牛和无角阿伯丁牛分别以嘉乐威牛和北部地区无角牛被明显区分。到 1848 年时，人们将嘉乐威牛区分成两类：安格斯郡及其周边地区的牛称为"安格斯牛"，阿伯丁郡的牛则称为"阿伯丁牛"。这些同时拥有安格斯牛和阿伯丁牛血统的牛则被称为"阿伯丁－安格斯牛"。

与沃森专注于自繁自育不同，麦克康比则主张外源杂交，不断尝试向他的牛群中引入新血统，以获得优良的杂交组合，他机智地将安格斯牛和阿伯丁牛组合在了一起，并在他生命的最后一段时间里杂交出了一个更优秀的牛种，这个牛种被用来组建维多利亚女王的阿伯丁－安格斯牛群。作为一名狂热的种系研究者，他在将目光转向奥尔德约克的孙辈汉顿之前的早些年里，意识到血缘的重要性后便投入到潘穆尔（公牛名）和阿多威女王（母牛名）的繁育工作中来。

麦克康比严肃又不乏幽默感，且以精通马术为人熟知。他在 1832 年当地的阿尔弗德展会上获得了他的第一个奖项，并且在接下来的几十年的展会上享受着史无前例的成功，获得至少 500 个花环和许多奖杯。麦克康比在阐述英格兰和苏格兰饲养者之间的竞争时写道："英国的农业学家一直认为苏格兰的牛种永远不可能和英国短角牛、赫里福牛和德温牛同台竞技，而我现在有理由让他们改变想法。"1852 年，凯勒农场、梅因斯农场、克莱格农场、蒂利弗农场、波威洛农场和其他农场为改良牛种所做的努力得到了苏格兰皇家高地农业协会主管的称赞，并称这个正在改良中的品种是苏格兰最有价值的品种。

要想让阿伯丁－安格斯牛得到广泛的认可，面临的困难是巨大的。饲养者们发现展会是提升认可度的最好方法，而且只需向英国皇室展会支付津贴就可以参展。麦克康比永远走在时代的前列，蒂利弗展会和之后的巴林达罗奇展会上的成功使黑色无角牛的产肉性能逐渐被人们认可。麦克康比和其他饲养者带着他们的牛进入到史密斯菲尔德市场并使他们的牛肉流入伦敦，对这个牛种保持领先地位同样起到了关键性的作用。

麦克康比潜心于展会，他走得离家越来越远，在多次法国国际展会上的成功获得了巨大的影响力，这极大地提升了该品种在全世界的声誉，为后续的传播奠定了基础。这源于 1856 年在法国巴黎举行的一次展会，会上包括沃森、麦克康比、麦克弗森、索塞斯克、博伊和斯科特在内，都展示了他们的黑色无角牛。麦克康比的"汉顿"在公牛组上获得了金牌，"夏洛特 203"在母牛组中获得了第一名。

麦克康比凭借脂肪沉积性能优良的两头 3 岁公牛，在 1857 年的巴黎国际展会上取得了巨大的成功。黑色无角牛不仅体重最大，而且顶级公牛的净肉产量也最高，达到 72%。紧接着在 1862 年的脂肪沉积展会上获得了世界冠军，这一奖项颁发给了法国和英国所有牛种中最好的品种。这类似于世界冠军，来自英国、法国和欧洲其他国家的 450 头活牛参与了竞赛。令人高兴的是，与此同时发行了第一本关于黑色无角牛的书。

在 1878 年的巴黎国际展会上，法国政府为最佳非法国培育的品种提供了一个奖项，黑色无角牛得到了更大的荣誉。凭借拥有 17 个品种的牧场，麦克康比的蒂利弗农场组织

在 1879 年巴黎国际展会中获奖的威廉·麦克康比的无角阿伯丁牛

了一头公牛和四头母牛及巴林达罗奇组的储备冠军游行展示。在英法两国最好的牛对阵比赛上，蒂利弗队再一次成功登顶，这次比赛是 370 头法国以外的牛和 1 314 头法国的牛对阵，共有 65 个品种参展。这些荣誉的获得都有助于在全世界养牛的国家中传播黑色无角牛的美名，并从此在品种上具备了国际优势。麦克康比在蒂利弗农场培育牛种的重大成功是阿伯丁的自豪。到 1880 年麦克康比去世的时候，黑色无角牛已经在全世界各主要繁育肉牛的国家建立了广泛的声誉，但仍然没有属于自己的种名。

麦克康比在他的自传《肉牛与肉牛饲养者》中详细讲述了 19 世纪苏格兰的肉牛产业，他对自己培育的牛十分自信："如果从我们最好的牛群中把阿伯丁－安格斯牛繁殖出来，那么我相信，在北方饲养成本相同的情况下，没有其他任何一种肉牛能够给养殖户更高的回报。"麦克康比叙述了 19 世纪 40 年代蒸汽机取代人力生产时，苏格兰人育肥肉牛的方法使得苏格兰养殖业和农业生产取得了巨大进步。在将活牛通过铁路直接运输至英格兰市场之前，只能先陆运至沿海地区，然后海运至南部的英格兰。1865 年，铁路运输肉牛 9 031 头，海运 4 558 头。同年，铁路运输牛肉 10 074 吨，海运 61 吨，相当于以胴体的形式从苏格兰运出活牛 33 783 头。总的来说，相当于 1865 年苏格兰向英格兰共运输了 47 372 头牛的胴体或活牛。

从 19 世纪 60 年代中期开始，大量富有的地主、名人和农夫加入了养殖行列，这大大促进了黑色无角牛的发展。英国工业革命提高了广大工人阶层的社会福利，这也推动

黑牛在巴林达罗奇城堡外的草地上生活了几个世纪

了黑色无角牛在苏格兰的成功。即便牛羊肉的价格在 19 世纪 50 年代中期以来的 25 年间翻了一番，肉类还是从奢侈品转为生活必需品，逐渐取代了面包。到 1875 年时，苏格兰牛的数量达到了 1 131 087 头。凭借健壮的体格、成熟早和较高的饲料转化率，阿伯丁 - 安格斯牛独领风骚，逐步取代了苏格兰牧场上的其他品种。

麦克康比另一个伟大的繁育成果是阉牛"布莱克王子"，它赢得了 1867 年史密斯菲尔德展会的冠军，之后还巡游温莎城堡以接受维多利亚女王的检阅。女王在 1868 年从巴尔莫拉城堡到蒂利弗农场的一次访问中，第一次赞扬了阿伯丁 - 安格斯牛。

之后，她就开始在巴尔莫拉附近阿伯杰尔蒂地区的皇家农场组建了阿伯丁 - 安格斯牛群，皇室由此与该牛群有了密切的联系。1881 年后，很多皇室成员成为阿伯丁 - 安格斯肉牛协会的赞助人。最后一任官方负责人是伊丽莎白女王，她为协会赞助了 67 年，并在阿尔弗德和查尔斯王子一起为一头公牛的塑像揭幕，以表达对麦克康比的赞扬和敬意。上面的一小块匾简要总结了苏格兰早期育种家的工作：威廉·麦克康比，1828—1880 年在阿尔弗德经营蒂利弗农场，他发现了一个本地纯种，并使该品种闻名世界。

如果沃森是创始人，麦克康比是解放者，那么第三位杰出的育种家就是来自班夫郡的巴林达罗奇庄园的、被誉为"精炼者"的乔治·麦克弗森 - 格兰特先生。1850 年 21 岁生日那天，他在巴林达罗奇开始了工作。黑色无角牛在巴林达罗奇的历史可以追溯到几百年前。格兰特家族自 1465 年开始就居住在这里，巴林达罗奇城堡也于 1546 年建成。1806 年，两个庞大的家族——麦克弗森家族和格兰特家族结合在了一起。麦克弗森 - 格兰特家族以詹姆斯·格兰特将军而闻名，他在 1763 年成为了东佛罗里达州的州长，他还参加了 1775—1783 年的美国独立战争，从美国回来后就居住在巴林达罗奇。格兰特将军因对巴林达罗奇郡的基础设施和牛群建设所做出的贡献而闻名。

从 19 世纪早期开始，在约翰·麦克弗森 - 格兰特先生的高度重视下，巴林达罗奇牛群得到了广泛关注。他的儿子乔治接管之后，使得该牛群成为高质量的群体。1861 年，他从金纳尔德城堡的索塞斯克勋爵那里花钱买下了"艾丽卡"，为巴林达罗奇牛群未来的繁荣奠定了基础。在乔治先生的努力下，加上一些包括"艾丽卡"在内的重要品种的加入，使得这个牛群达到了顶峰。乔治先生说，金纳尔德牛是当时苏格兰地区最早的品种，但因 1865 年暴发牛瘟而灭绝。他还回忆道："在 19 世纪 50 年代末及 60 年代初，该群体本来也是日趋衰竭的，但我们中的很多人还是尽力做好我们的工作，这是一场艰苦的战斗。"

在他兄弟坎贝尔·麦克弗森 - 格兰特的支持下，巴林达罗奇牛群作为苏格兰阿伯丁 - 安格斯牛群中的主导者享有盛誉，并从 19 世纪 70 年代开始在世界其他国家发展该品种。1904 年，乔治先生被同行称赞为"对该品种的改良做出了杰出的贡献"。他回答道："我的工作已经基本完成，但如果我还能再坚持，我还想为巴林达罗奇牛群在各地的

CATALOGUE
OF
PURE-BRED ANGUS CATTLE,
LEICESTER AND SOUTHDOWN SHEEP,
BELONGING TO HUGH WATSON, ESQ.,
TO BE SOLD, BY MR WETHERELL,
AT KEILLOR FARM, COUNTY OF FORFAR,
Upon WEDNESDAY the 6th day of September current.
SALE TO COMMENCE AT ONE O'CLOCK P.M.

Lot. No.
1. Angus Cow, 6 years old, in calf to 2d Jock, dam of 2-year-old Bull, Angus. £34.
2. Ditto, got by 1st Jock, in calf to Windsor. £21
3. Ditto, by Saunders, four years old, ditto. - 16"10
4. Ditto, by ditto, 5 years old, in calf to 2d Jock. 20"0
5. Ditto, by ditto, 4 years old, in calf to Windsor. 22"0
6. Ditto, by 2d Jock, 3 years old, in calf to ditto. 13"10
7. Ditto, by Saunders, 4 years old, in calf to Windsor, and own sister to Angus. £19"10
8. Ditto, by ditto, 4 years old, in calf to 2d Jock. £16"10
9. Ditto, by 1st Jock, 6 years old, in calf to ditto. 24"0
10. Ditto, by ditto, 5 years old, in calf to ditto. - 17"0
11. Ditto, by ditto, 6 years old, own sister to 2d Jock; Prize Heifer at Dundee, 1843. £20.
12. Ditto, by 2d Jock, 3 years old, in calf to Windsor. £18"10
13. Ditto, by Saunders, 4 years old, out of Windsor's dam, in calf to 2d Jock. £20.
14. Ditto, by 1st Jock, 6 years old, in calf to 2d Jock. £19"
15. Ditto, by ditto, 6 years old, — 17"
16. Ditto, by 2d Jock, 3 years old, in calf to Windsor. - 30"
17. Ditto, ditto, ditto, ditto. = 19"10
18. Ditto, ditto, ditto, ditto. = 16"10
19. Ditto, ditto, ditto, ditto. = 23"
20. Ditto, ditto, ditto, ditto. = 20"=

纯种安格斯牛和绵羊的售卖清单

繁育和传播用尽我最后一丝力气，让其世代繁衍下去。"

麦克康比在他 19 世纪 60 年代写的《肉牛与肉牛饲养者》一书中，高度赞扬了巴林达罗奇牛群：或许巴林达罗奇牛群的无角牛品种在北部是历史最悠久的，在我最早的记忆中，它就被故乡的人们提及，以后变得比其他品种更优秀。这个品种保留其优良的特性，现在的经营者精心挑选全国最好的品种来进行改良，使该品种有了更好的发展。

巴林达罗奇牛群是三个最早牛群中唯一一个保存至今的牛群。该牛群曾经锐减到 6 头，虽然数量很少，但作为苏格兰及全世界阿伯丁 – 安格斯牛最古老的一个品种，依然

由戴维·斯蒂尔绘画的阿伯丁 – 安格斯牛种中著名的巴林达罗奇牛群（1884）

沃尔特·戈登 – 康明斯爵士的苏格兰无角母牛，其是冠军碟和金牌的获得者，并且 1881 年在
艾斯灵顿的史密斯菲尔德俱乐部肉牛展会上获得金牌

被饲养在巴林达罗奇城堡一带。8 000公顷的巴林达罗奇庄园是它们在苏格兰最佳的生存地之一，家族辛勤的工作和聪明的管理使其兴盛发展，而很多其他家族却因需要卖掉了土地。现在的领主克莱尔·麦克弗森－格兰特·拉塞尔和她的丈夫奥利弗·拉塞尔已经在巴林达罗奇城堡居住了30年，他们对巴林达罗奇进行多样化的经营管理，包括相当规模的农作物种植、土地出租、养牛、渔业、观光旅游及高尔夫球场等。

1840年前后，爱德华·雷文斯克劳福特开始了为第一本牛群书籍准备材料的艰巨任务，但1851年，苏格兰皇家高地农业协会博物馆的大火烧毁了他的作品。雷文斯克劳福特在1857年又开始写作，并于1862年完成了《无角牛牛群》的第一卷，材料来自80位牛群所有者的1 183个项目。但令人沮丧的是，不久后牛瘟的暴发使得主要牛群消失，直到1872年，第二卷才出版。1877年，嘉乐威肉牛家族系谱也在这本书的前四卷中，其饲养者拥有书中该部分的版权。

尽管很多人对该品种的培育付出了很多努力，但这个品种还是没有一个真正属于自己的名字。亨特利的马奎斯在1874年提出此问题，在1878年蒂利弗展销会的午宴上，他倡议成立一个相关的协会。1879年7月30日，在珀斯的皇家乔治酒店，育种界的代表召开会议讨论了这个问题。乔治·麦克弗森－格兰特先生非常赞同这个观点，亨特利的马奎斯在1879年9月12日成为无角牛协会的第一任主席，乔治·麦克弗森－格兰特和麦克康比被任命为副主席。这个组织最初被称为无角牛协会，因为育种家不希望把阿伯丁放在安格斯之前，反之亦然。因为在建立这个品种的过程中，主要角色的优势备受争议。

育种家们直到1885年7月才决定将这个品种的名字改为阿伯丁－安格斯牛，但此时协会仍然叫作"无角牛协会"，直到1907年10月才更名为"阿伯丁－安格斯牛协会"，《无角牛牛群》这本书也随之更换了书名。协会从1880年的73名成员增加到1901年的507名成员，能看出协会在这段时间内的快速发展。这个数字比协会刚成立时的规定上限人数还多了7个，于是协会又将上限设定为1 000名。

阿伯丁－安格斯牛在1881年12月5日于伦敦举行的史密斯菲尔德俱乐部年度展会上取得了更大成功，奥泰尔的W. 戈登－康明斯爵士赢得了阉牛和母牛组的双料冠军。1881年12月9日的《伦敦种畜杂志》记载："因为能更好地适应环境，没有角，适于海陆长途运输，无角牛在美国和加拿大越来越受欢迎，本周展览过后，它们将受到前所未有的欢迎，不仅在大西洋这边，在其他的地区也将如此。苏格兰无角牛或者说他们的参展者在史密斯菲尔德俱乐部取得了史无前例的成功"。随着史密斯菲尔德俱乐部的稳步发展，苏格兰肉牛的美名日益远扬。

这一巨大成功的结果是，一个英格兰的饲养者出价2 500英镑^①想从乔治·麦克弗

---

① 英镑，英国国家货币和货币单位名称。

森－格兰特爵士那买下著名的艾丽卡一家，大小共26头，但他这个出价并没有获得成功，这使巴林达罗奇成了当时世界最大的种畜供应商，开始把阿伯丁－安格斯牛出口到其他国家。黑色无角牛从1843年或许更早的时间就开始在爱尔兰繁育，英国最早的阿伯丁－安格斯种牛群的培育，于1874年由J. C. 伍德在菲尔布里奇、东格林斯特德、苏赛克斯几个地方开始，里士满公爵不久效仿扩繁。

到1885年时，阿伯丁－安格斯牛在苏格兰的发展告一段落，但在世界上其他地区的发展才刚刚开始。安格斯牛逐渐被传播到澳大利亚、新西兰、美国、加拿大、阿根廷、巴西、南非、乌拉圭和津巴布韦等国家。起源于苏格兰东北地区僻静的山丘和峡谷地带的阿伯丁－安格斯牛，在21世纪的今天作为牛肉品质最好的品种之一遍布世界的每一个角落，与高尔夫、苏格兰威士忌一起闻名于世，是苏格兰对世界的巨大贡献，当然也不要忘了还有勤劳的苏格兰人民。

（曹元、邵陶祺　译，邱清华　校，李欣　复校）

塔斯马尼亚、博斯韦尔、丹尼斯托恩站的部分安格斯牛群

第二章
澳大利亚品种的创立

　　不到两个世纪之前，"特里同号"船和它的船员们载着一小群来自苏格兰的黑牛，结束了德文特河上艰辛的航程，停靠在霍巴特镇码头。1824 年 1 月 20 日，在他们的船长——苏格兰人詹姆斯·福斯特的谨慎监督下，船员们从"特里同号"船上卸下来 8 头黑牛，它们组成了这一珍贵的牛群。几个月前，他们从苏格兰的法夫郡启程，此次危险的航行跨越了将近半个地球，而这些牛也在福斯特的照料下幸存下来。在霍巴特镇，福斯特船长几乎没有停歇，就开始把这些黑牛慢慢地驱赶上霍巴特镇的主街道，准备动身赶往它们的目的地——丹尼斯托恩，那里是帕特里克·伍德上尉的地产，位于博斯韦尔以北大约 75 千米处。

　　第一天行程结束时，他们把这些牛临时安顿在奥斯汀渡口，第二天一早安全渡过德文特河后，向内陆缓慢进发，到达后安置在伍德上尉位于丹尼斯托恩的庄园。伍德出生于苏格兰，15 岁时加入东印度公司，于 1822 年结束在那里的职业生涯后购置了自己的土地。七年之后他被提升为马德拉斯本地的步兵团上尉，离开军队后，又在美国花了几年时间来经商，随后在丹尼斯托恩家族的支持下迁至范迪曼（后来更名为塔斯马尼亚）。他的两个兄弟都迎娶了格拉斯哥银行公司的创始人詹姆斯·丹尼斯托恩的女儿。

　　1821 年 8 月，时年 39 岁的伍德和来自法夫郡的农场经理菲利普·罗素，一起乘坐"卡斯尔·福布斯号"船从苏格兰爱丁堡的利思口岸起航，1822 年 3 月 1 日抵达范迪曼，随他一起来的还有很多来自苏格兰的佣人，他们在丹尼斯托恩新建了农场，伍德以赞助者的名字命名了这个牛场。这些佣人包括两名石匠、两名木匠、两名女佣、一名农夫、一名铁匠和一些牧羊人。曾随行的一位家住博斯韦尔的邻居后来回忆："旅途开始后遇到最后一座山丘，那里山势险要似乎任何生命都难以穿越。我们走了三天：第一天晚上睡在奥斯汀渡口，我可怜的母亲和孩子们躺在地上的临时床铺上，可以看到满天星光；第二天晚上住在舒适一些的绿水湾，一个现在叫绿塘的地方；第三天就带我们去了丹尼斯托恩。"

早期的档案和后来的澳大利亚安格斯牛协会一致认为，伍德的法夫郡牛是第一批来到澳大利亚的该类型的牛，它与那些曾参与培育形成60年后的阿伯丁－安格斯牛的品种非常相似。有关其特性的证据，在1826—1828年范迪曼土地委员会期刊中有所显示：伍德上尉引进了法夫郡牛品种，在殖民地成为一种很有价值的牛种，它们外形匀称，血统纯正，产奶性能非常好。监工罗素先生向我们保证，这其中每一头牛的产奶量都相当于普通品种的4～5倍。

　　范迪曼是澳大利亚第二大殖民地，养牛业刚开始是归政府所有，这和第一大殖民地新南威尔士州情况一样。首批139头母牛、1头公牛及60头阉牛搭乘"巴洛夫人号"货船从印度出发，于1804年8月8日抵达霍巴特镇。第二年，另一批规模更大的632头牛从印度的加尔各答市出发，抵达塔斯马尼亚北部的德马尔河。对于早期塔斯马尼亚政府而言，对牛群管理通常还能起到积极作用，牛的质量较好，但后来是由私营企业主经营，移民地的牛一般质量较差，主要有一些来自好望角的非洲品种和来自加尔各答的水牛品种。1823年，土地委员会专员J. T. 比格写道，范迪曼地区最普遍的牛是孟加拉地区品种和英国品种之间的杂交牛。

丹尼斯托恩庄园剪毛棚舍前面的安格斯牛

动物学家约瑟夫·班克斯曾于1770年陪詹姆斯·库克船长航行至澳大利亚，向没有经验的移民们介绍这种黑牛（此时"牛"这一术语在马和牛上通用。而术语"黑牛"和"有角牛"则是用来描述牛科动物）。美国独立战争后，英国把罪犯输送到北美的渠道中断，于是澳大利亚成为新的罪犯流放地，自此拉开了英国人用流放罪犯殖民澳大利亚的新篇章。班克斯针对殖民地的需求，于1779年给出了建议：在移民抵达澳大利亚后必须对他们进行妥善安置，保证救济供应足够一整年的食品、衣物和饮水，提供土地耕作和房屋修建的各种工具，以及黑牛、羊、猪和家禽。

1791年，菲利普长官写信给英国的指挥官说，"黑牛需求很大，出于安全考虑修建了围墙，并清除地面上茂密的树木，这样在将来我们就不会有牛群丢失的风险。"这源于一场事故，1788年搭乘第一舰队来到澳大利亚的一小群11头南非牛大部分都走失了。最后直到1795年，它们才在悉尼西南70千米处的一座牛场被发现，那时它们正在闲逛，在尼频河畔过着惬意的生活。在澳大利亚，养牛业一直被视为非常合适和容易取得经济效益的行业，但是该行业在初始起步时经过了缓慢的奋斗历程。除了第一舰队运来的牛丢失以外，第二舰队带来了11头牛，1792年来自好望角的其他4头母牛也相继到来。到1800年，新南威尔士州殖民地一共只有5 000头牛。

范迪曼地区的肉牛育种也在缓慢起步，直到19世纪20年代早期，包括伍德上尉的法夫郡牛在内的英国品种的涌入，才开始在改良牛群血统中发挥重要作用。在这期间引入范迪曼地区的英国品种包括诺曼底牛、德温牛和海福特牛。据塔斯马尼亚皇家农业协会的历史记载，该协会肯定了改良牛种的必要性。在协会开始关注1822—1883年从英国进口的纯种牛之前，血统改良基本上没有多大进展。1823年协会宣布了他们想要引进英国合适的品种来改良殖民地牛血统的意愿。具有讽刺意味的是，1822年在范迪曼农业协会第一次展会上，为生产性能优秀的公牛和母牛颁奖这一行为被宣布非法，这之后的56年里，阿伯丁－安格斯牛在此类展会上销声匿迹。据今天被称为塔斯马尼亚皇家农业协会的记录显示，在展会上亮相的第一头无角黑色参赛牛是1878年展示的一头进口母牛，由来自康纳维尔的展商阿瑟·奥康纳培育。

早期记录提到，黑色无角牛是在1800—1810年来到新南威尔士州，但难以找到详细的记载。人们的推测仍然集中在伍德的黑色法夫郡牛是否真的是阿伯丁－安格斯牛品种的先驱。詹姆斯·巴克莱和亚历山大·基斯在1958年出版的《阿伯丁－安格斯牛品种：历史》一书中记载：当时在苏格兰有许多地方品种的牛，通常用它们所在地区或占主导位置的名称而命名，有安格斯无角牛、巴肯荷姆莱斯牛、弗格林牛和阿伯丁郡品种及当地的一个牛种，它们被人们认为与其他品种混杂繁育，最终形成了阿伯丁－安格斯牛品种，也就是众所周知的法夫郡牛或福克兰牛。然而那时早期的牛种命名中并没有"阿伯丁牛或安格斯牛"或"阿伯丁牛和安格斯牛"，也许是在1822年伍德上尉访问苏格兰返程时运回的那批后来饲养在他刚获得的丹尼斯托恩庄园的"黑色法夫郡牛"，那时的确没有角，而且也是黑色的。澳大利亚一些研究肉牛育种的历史学家接受了这种说法，但同样这些牛有可能是真正的福克兰牛，因为它们被毛黑色而且有角。巴克莱和基斯给出的解释似乎有很多漏洞，没有记录证明伍德不可能在1822年返回苏格兰，因为他在这一年刚刚来到澳大利亚。

虽然法夫郡牛不是形成苏格兰阿伯丁－安格斯牛的两个主要品种之一，但对其发展起到了一定的作用。1811年出版的《阿伯丁郡农业概述》一书记载，法夫郡牛在阿伯丁－安格斯牛品种发展中发挥了重要作用。当1765年苏格兰牛价格下跌时，养牛用于耕作要比肉用更有价值，"通过本地品种与法夫郡公牛杂交，以及从苏格兰南部不同地区购入公牛和母牛，使其规模在短短几年时间里迅速增加。"

安格斯牛品种分布在苏格兰安格斯郡及包括法夫郡的周边地区。不管伍德的牛是法夫郡品种还是实际上真正的安格斯品种，真相可能永远不会被人所知。但是人们有理由相信阿伯丁－安格斯牛品种或多或少混入了法夫郡牛血统。当伍德的牛安全到达目的地后，他写信给当地长官威廉·索雷尔上校，请求给他的佣人福斯特划拨200英亩的土地，并详述了他把牛顺利引入范迪曼所做出的贡献。1826年5月，政府将这块土地授予他。

继第一次引进3头公牛之后，1841年伍德又搭乘"乔治号"船进口了2头法夫郡牛，牛的经纪人是来自苏格兰莱姆帕南的皮特·戴维。至此为止，伍德在澳大利亚的时光即将结束，之后他返回苏格兰并环游世界，并于1846年去世。其长子约翰·丹尼斯托恩·伍德随即接管了家产，他当时生活在维多利亚州，短期担任过副检察长、检察长和司法部长。1858年，丹尼斯托恩从苏格兰蒂利弗农场的威廉·麦克康比牛群中，以每头100英镑的价格进口了4头黑色无角牛，据报道，其中1头曾在巴黎国际展会上获得过一等奖。

丹尼斯托恩·伍德之前在海外工作，在伦敦待了20年，1889年返回维多利亚州，从事律师职业一直到1898年退休，之后来到了丹尼斯托恩，其面积达9 600公顷。1883年和1890年，在经理人的监管下，丹尼斯托恩从新西兰进口了一些阿伯丁－安格斯牛，并对这群牛建立了纯种系谱。不幸的是，所有关于丹尼斯托恩的历史数据和书籍在1909年毁于一场大火。1914年伍德去世，1917年丹尼斯托恩地产出售给了贝亚德·埃杰尔和菲利普·奥克利·弗什，贝亚德·埃杰尔的长兄罗伯特·戈登·埃杰尔是一名工程师，20世纪初在巴瑟斯特成立了埃杰尔罐头厂。在清栏销售时，他俩买进了大约150头阿伯丁－安格斯母牛。

1917年，丹尼斯托恩繁育场成立，埃杰尔决定"从繁育场成立之日起，只能使用和繁育优质的种公牛"，其中包括一些新西兰繁育的公牛和来自新南威尔士州亚斯的纳兰古伦格雷希安的牛。之后不久，埃杰尔和弗什引进了29头母牛，并在澳大利亚肉牛种牛育种者协会进行基础血统登记，协会位于悉尼市布莱街10号。与这29头母牛交配的是进口公牛艾米隆Ⅱ，它是由来自托拉诺的威廉·格拉布培育的，新主人花100基尼买下了它。

澳大利亚阿伯丁－安格斯牛名录登记处秘书 R. 梅纳德敦促埃杰尔加入了澳大利亚繁育场肉牛养殖者协会。1919 年 10 月 11 日梅纳德写道："你可能听说过，大陆地区的 大多数阿伯丁－安格斯牛养殖者都成立了这个协会。我给你发一份入会的规则和条件。会员们会很高兴，你能与他们一起把牛群名录做成功。这个品种在美国和它的发源地取得如此大的进步，而在澳大利亚却没有进一步领先，这是让人不可思议的。我们认为这很大程度上是由于这样一个事实，即养殖者们没有凝心聚力，来反对由其他牛种养殖者提出的那些规则。"

1918 年两名丹尼斯托恩繁育场长期雇员提供了关于丹尼斯托恩牛疑问的进一步线索。埃杰尔对于丹尼斯托恩牛历史的疑问，约翰·贝尔和查尔斯·西姆斯书面回答说，丹尼斯托恩的安格斯牛群创建于 1858 年，但是最初养殖的母牛来自苏格兰法夫郡。贝尔说在 1858 年从威廉·麦克康比引进了 4 头公牛，共花费 400 英镑，每头牛都有两岁大。他还讲到 1883 年丹尼斯托恩牛群引入了新西兰牛的血统。

丹尼斯托恩，现在有 4 000 公顷土地，由亨利·埃杰尔和他的家族运营着。埃杰尔掌管着这个用来饲养公牛的私人繁育场已经很多年，现在家族发展状况一般，经营着一个大约有 120 头牛的商品牛群，还有羊及大量灌溉作物。其主要业务是种植，他们利用 18 个中央枢纽站引来克莱德河水灌溉大麦、小麦、亚麻和罂粟，而克莱德河水源于苏格兰北部湖泊区的索雷尔湖和克雷森特湖。19 世纪 80 年代，印度军队工程师设计了这个系统，将水引到前门，从那时起人们就一直享受着这里的灌溉用水。2008 年，丹尼斯托恩仍然是一个名胜地，这里聚集了很多保存良好的老式农场建筑。184 年前抵达霍巴特镇

具有历史意义的丹尼斯托恩剪毛棚

码头的那些早期法夫郡牛的基因至今仍保留在埃杰尔家族的丹尼斯托恩牛群中。不管丹尼斯托恩安格斯牛群真正的开始日期是在 1824 年还是 1858 年，它都是澳大利亚最古老的持续饲养安格斯牛的地方。

丹尼斯托恩繁育场建筑物鸟瞰

　　尽管苏格兰牛在澳大利亚的数量稀少且分布不均，但在早期，很多移民到澳大利亚的苏格兰人却发展成为牧场主，这与他们的企业家精神密不可分。许多牧民或管理者通过自己的努力成为有影响力的牧场主。然而，尽管他们取得了成功，但很少有人进口他们本土的苏格兰牛。年轻的苏格兰人欧内斯特·达林普是牧民之一，他在 1840 年 7 月把 10 头黑色无角牛引到了自己位于达令草地达林普克里克的地块，这里后来被称为塔尔盖站。这些牛是他的父亲罗伯特送给他的，同时把一些短角牛送给了莱斯利家族，这些牛作为苏格兰牧区移民的先驱，是第一批到达达令草地的纯种牛。不幸的是，1844 年，年仅 24 岁的达林普去世，之后他的地产被卖给了阿伯丁公司。他的牛被人们认为"颜色很糟糕"，并且难以卖掉。巴克莱和基斯在《阿伯丁－安格斯牛品种：历史》一书中写道：达林普的公牛作为先驱，未被登记且难以卖掉，留在牛群中在杂色母牛中游荡，其特殊印记遍及整个地区，养殖者和买家非常讨厌。但这种黑牛屠宰后比其他品种能获得更高的价格，这才逐渐平息了批评者们的怨言。因为肉品质较好，这种黑色无角公牛的后代受到了人们追捧，但是这个品种之后在昆士兰逐渐消失了。

哈利·布拉克是一位昆士兰牧场主的领袖，在1926年12月接受阿伯丁－安格斯牛评论采访时说：在最初那段日子，因为没有围栏，黑牛走丢之后寻着踪迹发现它们穿过很多地区到了科钦，而那里归霍恩·T.德·莱西·莫法特所有，他同时还拥有加尔兰敦牧场。留在科钦的那些公牛导致的结果是，几年后那里出现了很多被称为"糟糕颜色"的牛。随后，莫法特先生当上了昆士兰政府的一名会计，一天他恰好去悉尼，在俱乐部遇到了一个来自墨累河区的牛场主，该牛场主想买一批小公牛拉回去育肥，经莫法特先生斡旋购买了几百头公牛。为了节省检查费用，家住加尔兰敦的经纪人麦克唐纳先生雇用牛贩子，把这批牛拉到买主所在地进行转交。买主看到这批公牛后非常愤怒，给莫法特先生写了一封信，严厉指责莫法特先生的经纪人，说他弄来的都是些糟糕的"杂毛"牛。莫法特先生便给牛贩子麦克唐纳写信解释，而后者回复说，这批牛就是在科钦的监工发给他的那些公牛。此后这件事就结束了。一两年之后，当时的那位买家又写信给莫法特先生，问他是否还有更多这个品种的牛，并称之前的那批牛育肥效果非常好，卖出了非常好的价格。

1870年，约翰·洛·汤普森负责将10头黑色无角牛运达澳大利亚

虽然有可能在1870年之前就引进过其他黑色无角牛，但澳大利亚阿伯丁－安格斯牛品种发展的真正动力可以说是从1870年开始。这一年，威廉·凯伊从凯伊、布彻及墨尔

本挑选了 6 头大母牛和小母牛，从威廉·麦克康比的蒂利弗牛群中挑选了 2 头公牛，还从其他养殖户那里购买了 2 头公牛，其中一头来自梅因斯农场的凯莉牛群。这些牛从苏格兰启程搭乘"耶路撒冷号"船历经 84 天航程，一路由来自阿伯丁郡的魁梧的苏格兰年轻人约翰·洛·汤普森照料。到岸时，这些牛的体况甚至看起来比启程前还要好一些。农场的首任经理是汤普森，之后担任杜基农业大学校长，他自 1891 年起又任霍克斯伯里农业大学校长。这 10 头牛是约翰·乔治·道格哈蒂与乔治·佩蒂一起购买的。约翰·乔治·道格哈蒂拥有着位于墨尔本的牧场，同时还是牛交易代理商。乔治·佩蒂是墨尔本一家大型屠宰场和著名的马瑞巴农良种繁育场的所有人。道格哈蒂进口这些牛后就转手卖掉了，他认为这是能够适应澳大利亚气候条件的最好的牛种。

汤普森后来说："我还记得这批牛那晚登岸时的情景，弗兰克·莫里森先生是有名的种牛代理人和养殖者，那天他随两辆卡车前去威廉斯镇，把牛转运到了墨尔本。这些牛被吊索从船上吊起来，然后不偏不倚刚好放到运牛的车上，过程完成得相当成功。当我们到达斯潘塞街交易站时，有趣的事情发生了，弗兰克已经指挥众人把这批牛赶到柯克集市。等我们把牛全部安全移出卡车，准备动身前往目的地时，一头大约 18 月龄的公牛，性情很暴躁，毕竟已经关在船上的箱子里有 3 个月了，它有些晕头转向，突然挣脱看管人逃跑了。那时非常黑，正好在斯潘塞街交易站附近的旧铁路道口有一个人带着提灯。这头公牛像脱轨的火车头一样穿过铁路道口，把老人和提灯撞飞了。我是第一个跟过去

丹尼斯托恩公墓埋葬许多家庭成员

丹尼斯托恩的一头安格斯母牛

亨利·埃杰尔和儿子汤姆在丹尼斯托恩的牛圈里

的人，老人躺在地上，吓得浑身发抖。我把他搀扶起来，向他保证所有的危险都过去了。待他稍稍缓过神来，他惊叫道，'我的天！刚才那是什么东西？'我告诉他那是一头公牛。'哦，不'，他说，'那不是一头公牛，它像魔鬼一样是黑色的，而且没有角。'经过一番周折，我抓到了那头公牛，它们最后都被圈在柯克集市一个舒适的圈舍里。随后弗兰克把我们带到霍西饭馆，不用说，经过 3 个月只吃"咸牛肉"和硬饼干之后，我终于可以尽情享用在澳大利亚的第一顿饭了。"

汤普森回忆说，成千上万的人涌入集市来参观和评论这些牛，但他们总体印象是，这些牛因为是黑色的，会难以忍受澳大利亚炎热的气候。当轮到早年曾做过拍卖师的约翰·乔治·道格哈蒂登场拍卖时，尽管他口才很棒，这些牛的综合表现也很优秀，但销售还是失败了。汤普森说，除了 1 头公牛以 200 英镑的价格卖给一位名叫奥唐纳的先生，梅因斯农场凯莉牛群的公牛以 95 英镑的价格卖给新西兰的一位买家外，蒂利弗牛没有卖掉。第二天人们把剩下的牛装车运往马瑞巴农庄园，那里归 G. W. 佩蒂先生所有。这位先生与道格哈蒂先生合资买下了这些牛。

汤普森是一位受人尊敬的阿伯丁郡农民的儿子，父亲也养着无角阿伯丁牛或安格斯牛。他已经跟着威廉·麦克康比做了三年的学生，其中两年全职负责繁育场。其中 1871 年引进的来自蒂利弗的牛（2 头公牛、6 头母牛和小母牛）花费了乔治·佩蒂 1 200 英镑。之后这些牛被卖给格林修道院的乔治·洛德，成为第一批在新南威尔士州得到公认的牛群。洛德是一位富有且精明的牧场主，他拥有很多周转站，碰巧在墨尔本看中了这些黑色无角牛。他以极低的价格买下这些牛并运到艾比格林繁育场，后来部分牛转售给住在梅里瓦的理查德·戴因斯，其他牛则卖给了里士满河畔罗斯伯里的乔治·斯帕克斯。戴因斯的一些牛后来被埃德蒙·伍德豪斯买走，此人来自悉尼南部邻近坎贝尔镇的基列山。

洛德在 1895 年的悉尼皇家展会上展示了他的阿伯丁–安格斯牛，小母牛比缇获得冠军，担保人是唐纳德·丁尼。他 1896 年再次参展，母牛珀莉获得冠军，担保人仍然是唐纳德·丁尼。洛德继续在悉尼展出他的牛，在 1901 年获得巨大成功，并且在随后的几年里始终如一，1910 年达到事业的顶峰，艾比格林繁育场获得了所有阿伯丁–安格斯牛的奖项。之后这个繁育场被解散。

1895 年，汤普森评论道，1870 年黑色无角牛在维多利亚州还没有普及，这些牛被频繁转卖，使得它们的特性几乎丧失殆尽。他说，糟糕的健康问题迫使佩蒂先生转让变卖他的资产和存栏牛，那些蒂利弗牛被乔治·洛德买走，他是艾比格林资产的所有人，几年之后，我们还在新南威尔士州基列山的 EB·伍德豪斯先生那里找到了它们。最后的几年，它们辗转又被卖给了昆士兰州达令草地巴尔戈尼繁育场的威廉·霍加思先生。在那里，它们的后代都表现良好，这些青年牛被移民地的牧场主赞赏有加。汤普森后来在 1895 年写信给《澳大拉西亚》杂志的编辑：在 20 多年以前，我购买了这个牛群的祖代，现在归昆士兰州巴尔戈尼繁育场的霍加思先生所拥有，透过蒂利弗牛栏，我可以保证那些又纯又好的牛种始终没有丢掉它们与生俱来的特征。

汤普森写到，奥唐纳先生为购买这些公牛花费了200英镑，把它们运往位于维多利亚州北部养牛站途中，在维奥莱特镇的一个小院子里停顿了一夜。在那个寂静的夜晚，一个居民很赞赏这个品种，就把他自己的正值发情期的母牛放了进去和这些公牛进行交配，虽然这头母牛特性普通，但结果产出了一头纯黑色无角的公牛，这头公牛作为种牛为周边邻居的牛配种服务了很多年。威利斯·利特尔先生、布彻、贝纳拉和我认识的所有擅长判断育肥牛的人一样，都告诉我说，在这之后的数年里，每次参加维奥莱特镇的牛交易，总会看到有一些育肥待售的无角牛出现，它们毛色不一，但产肉性能都非常好。这些牛和其他牛比起来显得腿短，看起来矮小，其他屠户不知道它们的价值所在，因此利特尔先生就可以低价购买。他告诉我，对于这个品种，牛主每头给他降价2英镑，而其他品种则没有。以上说明，无角安格斯牛或阿伯丁公牛在把明确的性状遗传给后代方面有着令人惊讶的潜力，这也是为什么它们在美国如此珍贵的原因。

与1840年早期引到昆士兰的黑色无角牛不同，在人们认识到它们作为肉牛的价值之前，它们几乎没有留下什么印记。1870年抵达墨尔本的苏格兰货船给牧民们留下了美好的印象。这是19世纪80年代和90年代从苏格兰和新西兰大规模进口牛的刺激因素，并且为澳大利亚牛种真正意义上的发展提供了动力。但是在澳大利亚，这些黑色无角牛和其他牛种一样仍然要努力去争取一席之地，尤其是在短角牛、海福特牛和德温牛仍占绝对优势的情况下。黑色无角牛的育肥性能在它们的故乡苏格兰、英国及巴黎远远领先其他牛种，这在美国也同样。而在澳大利亚这一切刚拉开序幕，养殖者们将要在接下来的100年中为这个品种的成功去努力，但是这个过程是漫长的，要战胜多年来那些看似难以克服的艰难险阻。

（夏传齐　译，白萨茹拉　校，李欣　复校）

位于新南威尔士州斯昆的贝尔特里斯繁育场安格斯牛群的一部分

第三章
澳大利亚品种的推广

早期成功建立的短角牛、海福特牛和德温牛等品种的养殖壁垒，让阿伯丁－安格斯牛进入澳大利亚困难重重。直到 1875 年，澳大利亚只有少数黑色无角牛，此时这个品种离在它的故乡苏格兰获得阿伯丁－安格斯牛这个名字只有 10 年时间。但当这种黑色被毛的牛试图在澳大利亚争得一席之地时，黑色或有斑纹的牛被人们形容为"颜色糟糕"，并不受欢迎。克服这种颜色偏见只是黑色无角牛必须面对的许多困难之一，它们为在澳大利亚获得立足之地竞争了数十年。

诺曼·福斯特来自新南威尔士州阿米代尔附近的阿宾顿繁育场，他在 1944 年描述了 19 世纪末的情形：可以肯定地说，人们不得不剔除掉那些肉牛可能存在的"缺陷"或缺点，这种偏见或"缺陷"在某地区消失的时候，就是阿伯丁－安格斯牛在那里取得明显成功的时候。但是，如果在一个新的地方发展这个牛种，整个过程将会重新开始。一个令人遗憾的事实是，在澳大利亚，对其他肉牛品种感兴趣的一些人恶意传播有关阿伯丁－安格斯牛的谣言或不存在的缺陷，而抵制这类宣传则是缓慢而困难的事情。因此，就肉牛品种数量而言，阿伯丁－安格斯牛能够跻身第三，的确是一个非凡的成就。

虽然 1870 年由约翰·洛·汤普森引进到维多利亚州的牛有据可查，但很有可能在这之前或之后还有其他的进口牛，只是很少或没有记载。来自塔斯马尼亚邻近奥特兰兹的詹姆斯·米歇尔组建的"东部沼泽"牛群，仍保留着一些细节。米歇尔创立了澳大利亚最早的纯种黑色无角牛群之一，他在大约 19 世纪 60 年代或更早的时期，从苏格兰进口了那批牛。《澳大利亚阿伯丁－安格斯牛》第一版提供了一些细节，书中介绍了巴鲁威尔牛群简史。巴鲁威尔阿伯丁－安格斯牛群组建于 1885 年，由已故阿瑟·奥康纳购买的一些母牛组成，购自康纳维尔、莱克河和塔斯马尼亚。他通过直接整群购买该品种起步，从詹姆斯·米歇尔牛场解散拍卖会上购入，多年前他直接从苏格兰进口牛并创建了"东部沼泽"这个牛群。

阿瑟·奥康纳是黑色无角牛最早的参展商，1878年在塔斯马尼亚举行的皇家霍巴特展会上，他凭借一头名为斯洛的母牛获得一等奖，这头牛在康纳维尔繁育场由进口牛繁育而成。他的儿子罗德里克·奥康纳，获得参加1890年皇家霍巴特展会两岁公牛类别参赛资格，但这头公牛没有在展会上展出。他在1891年的展会上展示了一栏曾三次获奖的阿伯丁-安格斯小公牛。奥康纳家族还获得了1892年、1893年和1894年的展会繁育类别的所有奖项，以及1895年和1896年的一些奖项。康纳维尔经理人安格斯·麦卡勒姆在1897年的展会获得了所有奖项，同样在1899年再次获奖，他的竞争对手是来自圣伦纳兹托拉诺巴鲁威尔繁育场的W.C.格拉布。

1883年，皇家霍巴特展会首次为黑色无角牛正式安排了相应的类别展位，并吸引了一家参展商，塔斯马尼亚牛奶公司展出了一头母牛。1889年，展会中肉牛类别部分的品种有达拉谟牛、短角牛、海福特牛、德温牛和无角安格斯牛。1890年的年度报告称，协会曾试图鼓励引进无角安格斯牛，因为它是最适应这里气候的品种。令人高兴的是，一些优秀的无角安格斯牛也参与了展出。1890年来自康纳维尔繁育场的罗德里克·奥康纳获得了安格斯牛类别的绝大多数奖项，直到1897年被来自巴鲁威尔繁育场的威廉·格拉布所取代。一直到1905年，展会已经为安格斯牛设置了9个类别。协会年度报告称，有近300头牛参展，作为所有品种中的精英，它们共同组成了此次空前壮观的展览，无论在质量还是数量上都胜过以往任何展会，尤其是海福特牛、安格斯牛和奶牛品种。

1906年展会为安格斯牛设置了10个类别，每个类别都有一个代表来自威廉·格拉布的巴鲁威尔繁育场。这种情况持续了很多年，但随着格拉布的去世，1924年安格斯牛中断了展会参展。同样的事情也曾发生在之前的1909年皇家朗塞斯顿展会，他照常是唯一的参展商。朗塞斯顿倡议记载，格拉布先生花巨资从马伊斯莫帕克繁育场新引进了一头名为普劳德·伊莱Ⅱ的牛，它将会是本次会展中耀眼夺目的明星，毫无疑问它将吸引大部分参会者的注意力，它体型庞大，值得所有养牛人关注。

格拉布的巴鲁威尔繁育场很多年都处于领先地位。1897年在展会上首次获得重大成功，之后在1898年皇家霍巴特展会上再获成功，参赛牛取得了所有奖项。它们在1899年展会上表现也非常好，之后在1903年展会上包揽了繁育类别所有奖项。从那时起直到1918年，格拉布每年都在皇家霍巴特展会上展出阿伯丁-安格斯牛，并取得了巨大的成功。

巴鲁威尔牛群创建于1885年，当时从康纳维尔买进了一头顶级公牛和一些母牛。1888年，又从克莱亚繁育场引进了公牛克莱亚·基斯，以及两头小母牛贝琳达和克莱亚·琼。克莱亚繁育场归戴维·赛姆所有，他还是时代报纸的经营者。同一年他又从新西兰和位于新西兰托塔拉的澳大利亚土地公司购买了两头小母牛。1891年他在同一家公司购买了另外三头小母牛。1892年，巴鲁威尔繁育场，从英国克莱门特·斯蒂芬森博士的牛群购买了公牛阿尔伯特·爱德华及小母牛斯巴克和朱丽亚·格瑞特福。在隔离期间，这两头母牛分别生下了公牛犊阿尔比恩和布洛瑟姆，这两头犊牛后来被命名为沙皇和苏丹。1900 年，巴鲁威尔再从斯蒂芬森博士的牛群中，买下了著名的公牛本顿·贝斯特·曼，它曾在英国展会上获得过很多奖项。在他抵达塔斯马尼亚后，本顿·贝斯特·曼获得了 1900 年皇家霍巴特展会的冠军，1903 年再获此殊荣。1907 年，格拉布改良了公牛艾米隆，它由苏格兰杜恩霍尔姆的詹姆斯·肯尼迪培育。接着，格拉布在 1909 年改良了普劳德·伊莱 II，它由英国马伊斯莫帕克繁育场的 J. J. 科瑞德兰培育，1914 年又改良了马伊斯莫·普劳德·皮尔，它来自苏格兰。

威廉·格拉布于 1919 年突然离世，33 年的养牛历程足以说明了他为塔斯马尼亚肉牛繁育工作做出了很多贡献，这比其他所有养殖者加起来还多。巴鲁威尔繁育场于 1919 年解散，进口公牛马伊斯莫·普劳德·皮尔以最高价格 450 基尼卖给了新南威尔士州贝尔特里斯繁育场的 H. E. A. 怀特和 V. 怀特。这头公牛的儿子托拉诺·普劳德·皮

贝尔特里斯繁育场的怀特家族成员

詹姆斯·怀特 (1801—1842)

弗朗西斯·怀特 (1830—1875)

亨利·卢克·怀特 (1860—1927)

阿尔弗雷德·亨利·怀特 (1864—1901)

迈克尔·弗朗西斯·怀特 (1928—1999)

安东尼·A. L. 怀特 (1957—)

贝尔特里斯安格斯牛

尔，被来自昆士兰东塔尔盖的乔治·克莱克以 375 基尼的价格买走。其他的牛被来自维多利亚州利利代尔的梅多邦克繁育场的乔治·戴尔和维多利亚州锁龙岗繁育场的萨瑟兰买走。

S. 塔洛克·斯科特是已故 W. C. 格拉布的女婿，在巴鲁威尔繁育场解散拍卖时购买了一些牛，组建了他的达尼丁繁育场。斯科特是澳大利亚阿伯丁－安格斯牛协会的最初成员之一，后来担任协会高级副总裁。他之后从新南威尔士州爱丁拉瑟的怀特·布罗斯那里购买了一头母牛和两头小母牛，从新西兰格维伍斯繁育场购买了一头公牛。斯科特在 1919 年、1920 年和 1921 年霍巴特展会上展出了阿伯丁－安格斯牛，每次展会都获很多奖项。

自从 1870 年将黑色无角牛引进维多利亚州开始，19 世纪 70 年代末又有很多养殖户进口这种牛，布赛拉姆博的道克家族是其中之一。布赛拉姆博位于维多利亚州旺加拉塔，邻近奥文斯河。牧师约瑟夫·道克于 1838 年在此定居，拥有 40 000 公顷地产，他的儿子 F. G. 道克和 J. B. 道克开始繁育牛群。约翰·道克现在生活在布赛拉姆博，说他们的曾祖父乔治·道克和他的兄弟约翰在1880年之前一起经营了这份家产。他说:"我听说这里的第一头安格斯牛来自新西兰,我想他们从运来的40头牛中买了其中性情很差的20头,那些牛是用船拉来的。"他们经营商业安格斯牛群长达40多年,后来在1920年开始经营繁育场。

约翰·道克的祖父休伯特·道克是一位杰出的育种家,并在维多利亚州大力提倡养殖安格斯牛品种。他在新南威尔士州南部、维多利亚州、南澳大利亚和西澳大利亚,拥有很多安格斯牛繁育场。道克收到一封来自哈利·派克的信,哈利·派克是一位19世纪末和20世纪初受人尊敬的维多利亚州牛经纪人,他提到了关于布赛拉姆博的早期回忆。派克证实,19世纪70年代末运到布赛拉姆博的阿伯丁-安格斯牛来自新西兰。在派克1941年10月17日写给休伯特·道克信中写道:"我的父亲和我对早期引进牛非常感兴趣,因为父亲有时会阅读他的兄弟定期送给他的美国报纸,里面提到过在美国阿伯丁-安格斯牛及它们与短角牛的杂交牛多次在育肥牛展会上取得巨大的成功,所以引进安格斯牛的最初20年,比起其他经纪人来,我们与这个品种有更多的接触,并出售了那些展出过的公牛,在维多利亚皇家展会上也有所出售。第一次在纽马克特出售的阿伯丁-安格斯牛是一对非常优秀的青年小公牛,由乔治和约翰·道克在皇家展会展出,作为展会中的稀奇牛种,屠夫、经纪人们围着这些牛纷纷猜测它们的胴体重。所有屠夫中估测给出的最高重量是1 200磅[①],理由是它们腿比较短。但是我的父亲——约翰·默里·派克,根据所学到的美国安格斯牛体重知识,估算它们至少在1 400磅左右,于是人们屠宰验证了一下,但是我不记得确切的重量了。"

1882年11月24日,在向南澳大利亚皇家农业和园艺协会的成员讲解关于肉牛品种的演讲中,约翰·洛·汤普森给出了他对于阿伯丁-安格斯牛在澳大利亚适应性的一些见解:"它们来自寒冷的国度,依我看来,比起澳大利亚,它们更适合美国西部平原地区,美国人几乎买断了所有能得到的没有角的牛。在过去的18个月,500头无角阿伯丁牛被船运到美国,巨大需求的结果就是价格上涨了50%,价格将近1 000基尼,几天前来自巴林达罗奇的乔治·麦克弗森先生,为了他的获奖公牛还婉拒了这个价格。"

汤普森称赞阿伯丁-安格斯牛"很多年前的直系祖辈把特有的外形和性状遗传给了它们,它们是一种性情温和的牛,没有角的特点使之明显不同于那些喜欢争斗的有角品种公牛。没有角表明可以通过铁路相对安全地进行运输,那些有角品种容易出现意外,而安格斯牛没有角的性状能有效避免这一问题。它们的牛肉品质特别优秀,大理石花纹良好,脂肪均匀地分布在肉里。不可否认的事实是,就牛肉品质而言,无角阿伯丁牛在

---

① 磅,英美制重量单位,1磅≈453.6克。

贝尔特里斯繁育场牛群的一部分

往贝尔特里斯繁育场驱赶牛

伦敦市场上卖价最高。随手拿起一份英文报纸，把目光投到牛肉专栏上，你总会发现'苏格兰'品种比其他品种报价更高。"

在澳大利亚较早开始培育黑色无角牛的人中，还有威廉·霍加思，他来自昆士兰州图文巴南部卡姆博亚的巴尔戈尼繁育场。霍加思是一个有魅力的男人，他16岁时离开故乡苏格兰阿伯丁，在加拿大哈德逊湾渔业公司工作，22岁时在美国得克萨斯州买下一个养羊场，在美国南北战争期间被迫逃生，通过格兰德河游至安全地带并返回苏格兰。之后霍加思决定到澳大利亚碰碰运气，并于1867年抵达悉尼，在这之前先去达令草地，在那里他的堂兄弟莱斯利·布拉泽已经在当地建立了第一个移民居住点。

霍加思在昆士兰州创建了第一个阿伯丁-安格斯牛繁育场，他是这个品种坚定的倡导者。他建繁育场所用的黑色无角牛购自塔斯马尼亚的亲戚，他在朗塞斯顿边上拥有霍加思毛纺厂，之后被称为威弗利毛纺厂。乔治·戴恩斯去世后，霍加思买下了他在梅里瓦的纯种母牛，并买下了来自罗斯伯里的罗伯特·斯帕克斯最好的牛，从家住悉尼南部坎贝尔镇基列山的埃德蒙·伍德豪斯手里购买了至少1头母牛。1883年的皇家昆士兰展会名录记载中显示，威廉·霍加思展出了1头名为巴尔戈尼的两岁母牛，并获得了一等奖，它由麦克康比纯种繁育场的E.B.伍德豪斯培育。这个类别中获得二等奖的母牛，也由霍加思展出，由麦克康比纯种繁育场的R.戴恩斯培育。

作为多迪斯牛的喜爱者，霍加思从梅里瓦购买了4头黑毛小公牛用来育肥，以参加昆士兰展会，其中1头死于意外，其余3头在育肥牛环节获得了一等奖，平均胴体重1 140磅。布里斯班皇后大街的澳大利亚酒店，得到了一块非常大的牛臀肉并加工烹饪，许多人称赞这是在澳大利亚吃过的最好的牛肉大餐。多年后，服务员乔治坦言这是他招待客人时用过的最好的牛肉。

1884年9月，霍加思访问了新西兰，购买了著名公牛"黑腿"及一些母牛，这头公牛是由苏格兰蒂利弗农场的威廉·麦克康比培育的冠军牛。黑腿购买自新西兰和澳大利亚土地公司，这家公司于1875年将其引进到新西兰。1885年1月，霍加思从新西兰萨瑟兰城堡山的马修·霍姆斯手中购买了名为西斯尔·杨·奈特的牛，它是进口苏格兰公牛西斯尔·奈特的后代，同时还有购自同一家繁育场的几头母牛。不久后他又买了进口公牛格伦巴里，由霍姆斯在1880年蒂利弗解散拍卖会上买下。1888年，当霍加思访问苏格兰时，他购买了公牛奥克兰和至少一头母牛加克宾IV。巴尔戈尼繁育场也用另一头苏格兰培育的公牛邓诺特在牛群中进行配种。

1888年，霍加思在苏格兰时还为昆士兰州博拉威尔繁育场的唐纳德·格恩挑选了一头优级母牛塔利亚II。格恩也从巴尔戈尼繁育场购买了一对成年母牛和公牛，建立起一个优良的牛群。格恩认为黑色无角牛要比其他品种更能忍耐干旱。但随着牛变老，他在1917年把绝大多数牛卖给了乔治·克莱克，他来自沃里克以北30千米的东塔尔盖。几乎所有牛都是进口母牛塔利亚II的后裔。克莱克是澳大利亚安格斯牛协会1919年建立时的 14 位早期成员之一。在 1924 年版《阿伯丁 - 安格斯牛评论》中，克莱克说他运营的牛场非常好——饲养着短角牛、海福特牛和无角安格斯牛。毋庸置疑，安格斯牛一直出类拔萃，尤其是在糟糕的季节更加明显。我多次看到过屠户和屠宰场买家在一大群良莠不齐的牛中，首先挑选出这种黑色无角牛，甚至忽略其他那些看起来体重更大的公牛。

1883—1893 年，霍加思在布里斯班展会（后来成为皇家昆士兰展会）上展示了巴尔戈尼牛，根据那些展会的报道可以看出这些牛获得广泛赞赏。霍加思是个实干家，当 19 世纪 80 年代末该地区遭受了严重的干旱时，他在图文巴的奥基克里克创办了炼油厂，用牛的下脚料生产油脂，后来成为霍加思肉类加工公司，向英国出口肉类，之后他创办了霍加思肉类冷存厂。巴

贝尔特里斯繁育场畜牧经理安东尼·怀特

尔戈尼繁育场发展到顶峰，悲剧的是，1894 年 1 月霍加思在试图穿越洪水浸没的小河时不幸溺亡。他在邻居家借了一匹马准备回家，但当看到洪水时，他跳下马并解下马鞍，把马鞍放在一棵树下，让马离开。他打算游过水面不断上涨的小河。虽然他是一位游泳健将，但是他还是没能成功过河，第二天他的遗体被发现，之后被葬在图文巴公墓。

1894 年和 1895 年，霍加思家族没有参加布里斯班展会，但是 1896 年还是由罗伯特·C. 霍加思从繁育场中选出一些牛参展。1902 年的干旱导致了巴尔戈尼繁育场的衰落。1938 年 2 月，罗伯特·霍加思在给诺曼·福斯特的信中写到，这次造成了非常沉重的损失，很多最优秀的牛死亡。幸存的牛给了 A. D. 霍加思先生，"他的巴尔戈尼西部（老巴尔戈尼庄园的一部分）中还有很少一些牛，"霍加思说。牛的价格非常低，已经没有信心把钱花在种公牛上了，结果就是从那时起，这个优秀的巴尔戈尼繁育场就此衰败，它所

安东尼、缇娜、爱德维娜和亚历克怀特在贝尔特里斯繁育场

剩下的牛之后就不能称为种牛了。到了威廉·霍加思这一代仍拥有部分原始资产，饲养着美利奴羊和无角陶赛特羊，他认为繁育场在 20 世纪 20 年代就解散了。他仍保留着注册于 1872 年的巴尔戈尼繁育场品牌的所有权，是澳大利亚家族延续的最悠久的品牌所有权之一。

在新南威尔士州，这个品种发展的主要动力来自莫斯韦尔布鲁克的爱丁拉瑟繁育场，它由 J. C. 怀特和 F. J. 怀特合伙创办于 1880 年。1886 年，他们从维多利亚州里士满繁育场的 D. G. 克莱克和新南威尔士州的理查德·宾尼那里购买了大量母牛和公牛。1895 年在新南威尔士州购买了整个塔卡塔卡繁育场；1897 年，从里士满繁育场购买了 50 头母牛。塔卡塔卡繁育场建于 1888 年，归新南威尔士州耶特曼的 J. R. 史密斯所有，当时从苏格兰进口了 6 头母牛和 2 头公牛。1904 年怀特家族买下了位于维多利亚州斯托顿上尉的安斯伯利繁育场所有的小母牛；1906 年又买下了理查德·宾尼的整个母牛群。

1907 年，新南威尔士州农业公报称，澳大利亚最大的阿伯丁－安格斯牛群位于爱丁拉瑟，归怀特·布罗斯所有，纯种和各级别牛的总数量超过 70 000 头。他们准备当牛到了 3 岁的时候卖给屠户，并且他们发现了这个品种可贵的特性，即那些曾经被著名的已故麦克康比断言和充分证明的品质——体格健壮，适应性强，早熟，饲料转化率高，以及产肉率很高。

1903 年，爱丁拉瑟引进了展会冠军公牛海恩斯·昆顿和穆尔本·卡洛斯，它们被认为是苏格兰该品种最好的牛。另一头公牛，艾瓦拉尔于 1906 年从英国马伊斯莫帕克的 J. J. 科瑞德兰的牛群引进。两头新西兰培育的公牛和几头在马瑞达亚洛克繁育场培育的公牛之后被用作种公牛。在大约 1914 年，爱丁拉瑟繁育场从维多利亚州马瑞达亚洛克繁育场的 D. 麦金农那里购买了 7 头母牛。在那个阶段，爱丁拉瑟繁育场就已经拥有了相当数量的牛。在 1916 年又引进了马伊斯莫·普劳德·埃弗拉德与爱尔兰培育的基尔布莱德·派瑞斯库珀。1918 年，在新西兰格莱德布鲁克繁育场解散拍卖会上以高价购买了公牛泰格和提图斯。1922 年，又从苏格兰引进了名为图鲁格瑞班·马斯特·伯吉斯和丹达雷斯·艾鲁的牛。

1908 年，怀特兄弟最初的合伙关系解散，J. C. 怀特继续保留爱丁拉瑟、塔卡塔卡、和怀特·布罗斯的公司名称。F. J. 怀特接手索马勒兹、巴尔德·布莱尔和其他附近的牧场，并采用 F. J. 怀特和桑斯作为公司名称。他还为爱丁拉瑟繁育场从巴尔德·布莱尔繁育场购买了的一些小母牛，以及由里士满·普林斯从维多利亚州 DG·克莱克繁育场购买了一些母牛。巴尔德布·莱尔繁育场于 1908 年在新南威尔士州北部的盖拉建立，由 F. J. 怀特的儿子 H. F. 怀特上校成功运营了很多年。

1897 年，H. E. A. 怀特和 V. 怀特的贝尔特里斯繁育场创建于斯昆，它的牛来自维多利亚州 D. G. 克莱克的里士满繁育场的一部分。早期使用的公牛中，其中一头取得显著成功的是新西兰培育的托瑞多，另一头是 1919 年在塔斯马尼亚已故 W. C. 格拉布的巴鲁威尔繁育场解散拍卖时购买的马伊斯莫·普劳德·埃弗拉德。贝尔特里斯繁育场在 20 世纪

贝尔特里斯繁育场的剪毛棚舍

30 年代通过引进英国、苏格兰和新西兰的牛得到快速壮大。

贝尔特里斯繁育场位于著名的猎人谷的旧地产上，在安托·怀特的管理下饲养着 1 500 头安格斯母牛。它是猎人谷最大的安格斯牛群之一，同时也是澳大利亚由一个家族创办的最悠久的安格斯牛群之一。它的主要业务是为育肥市场提供 18 月龄大的肉牛，并向其他养牛人出售母牛。"安格斯牛在我们的国家表现良好，因为它们在好的和坏的时期都能保持良好的适应性，"怀特说。"在过去的 10 年里，它们经历严酷的干旱并很好地存活下来，同时它们的繁殖力的确非常好，它们适合在山顶上放牧吃草，比我们这里其他牛种表现都好。"

位于维多利亚州利利代尔的戴维·赛姆的克莱亚繁育场从 1885 年开始迅速崛起，通过位于新西兰、格雷、威美亚的新西兰农业公司引进牛。1883 年，赛姆买下了克莱亚的地产，很可能在这个时候不久，他开始养殖黑色无角牛。他从新西兰引进的许多牛是苏格兰培育的牛，它们于 1882 年 5 月由 R. W. 罗伯逊引入到新西兰。克莱亚在皇家墨尔本展会取得了相当大的成功。赛姆因为向新西兰出口澳大利亚培育的阿伯丁－安格斯牛而获得了珍贵的荣誉，这也许是澳大利亚第一次出口阿伯丁－安格斯牛。赛姆培育和在皇家墨尔本展会展出阿伯丁－安格斯牛，一直到大约 1899 年。1899 年，他的日记中显示了他对家畜的兴趣广泛和多样，范围从良种马到罗姆尼羊、猪和牛，包括黑色无角牛、克雷牛、德克斯特－克雷牛和荷斯坦牛。牧场和养牛站代理人哈利·派克说，赛姆进口了很多阿伯丁－安格斯牛，不惜花费重金购买了这个国家最好的牛。派克称他赢得了很多冠军，尤其是那些进口牛。赛姆在 1899 年的日记中关于阿伯丁－安格斯牛的描述很少，这可能是因为他的牛群虽然质量非常高但规模较小，而且这只是他众多收藏中的一个爱好。赛姆牛群的最终命运尚不清楚，但他显然很享受它们的牛肉，因为在他的日记中记录了大量屠宰用于肉食的安格斯牛。

J. L. 汤普森宣布 1895 年大洋洲地区最杰出的阿伯丁－安格斯牛养殖者是 D. 赛姆（来自利利代尔的克莱亚繁育场），D. G. 克莱克（来自里士满繁育场），A. S. 彻恩赛德［来自库尔特库尔特农（Koort Koortnong）繁育场］，S. T. 斯托顿（来自安斯伯利繁育场），W. J. 洛布（来自新西兰伊登代尔的莫顿地产公司），提亚拉（来自新西兰土地公司）及 J. 杜菲特（来自丹迪农繁育场）。他说这些年来在国家展会展出的牛，与他之前所见过的这个品种牛一样好。

贝尔特里斯庄园

行走中的牛

　　诺曼·福斯特发现在这个时候还没有澳大利亚牛群名录是一件令人遗憾的事情。"应该有这样一个品种名录，否则那么多优秀的安格斯牛就这样丢失了很可惜，"他写道。"举个例子，公牛伊凡由伊莱克斯所生，是 1893 年墨尔本皇家展会冠军牛，以及母牛托里亚也由伊莱克斯所生，同样是 1894 年冠军。最令人难过的是不得不接受这样一种结果：以上的这些牛是已故戴维·赛姆花费了大量的金钱、时间和精力得来的，到后来却被当作普通的商品牛出卖。这当然是真的，大约在这个时期澳大利亚的家畜价格严重下滑，但是同样真实的是这些牛比普通商品牛有着更高的价值，它们不应该降低到那种水平。"

　　1886 年 8 月，斯托顿·布拉泽斯建立了 IYU 繁育场，地点在维多利亚州帕克南，那些牛从新西兰奥塔哥托塔拉的一个土地公司进口。这些进口牛迅速把 IYU 繁育场提升到行业领先水平，因为它们都是出类拔萃的个体，自 1887 年以来都获得了极好的展示成果。斯托顿·布拉泽斯在 1888 年皇家墨尔本展会挫败 79 家阿伯丁 – 安格斯牛参赛者而取得胜利，分别在两岁公牛类别、一岁公牛类别、三岁母牛类别，以及两岁小母牛类别赢得了一等奖和二等奖。他们的两岁公牛类别的一等奖获得者杰鲁巴姆是冠军公牛，而两岁母牛类别的一等奖获得者拉·玛斯科特是这个品种的冠军母牛，与之相同名次的是一头短角牛母牛，它还获得了特殊奖，是展会上产肉性能最好的母牛。

　　S. T. 斯托顿上尉，来自维多利亚州梅尔顿的安斯伯利，在 1892 年接管了斯托顿·布拉泽斯的牛，并继续在展会上取得成功，一直到 1902 年。但是 1904 年，来自新南威尔士州爱丁拉瑟的怀特·布罗斯先生买下了斯托顿上尉所有的种母牛。J. C. 怀特之后告诉诺曼·福斯特，这只是怀特·布罗斯购买的最优质牛的一部分。

这张 1929 年的照片显示的是，来自新南威尔士州盖拉的巴尔德·布莱尔繁育场的 H. F. 怀特上校，骑灰色马走在最前面，通过清点牛之前的娱乐活动，来测试巴尔德·布莱尔繁育场畜牧业者的马术

1929 年悉尼皇家展会巴尔德·布莱尔繁育场的获奖者

另一个卓越的早期繁育场是锁龙岗繁育场，由萨瑟兰拥有，位于维多利亚州威尔沃东加的锁龙岗。它建于1880年，当时从新西兰进口了一头公牛和两头母牛。1924年，据阿伯丁-安格斯牛的杂志记载，萨瑟兰先生有800头阿伯丁-安格斯牛。"据记录，去年春天萨瑟兰先生向东非出售了两头一岁的阿伯丁-安格斯公牛，更有意思的是，这是他们第三次把公牛卖给同一个买家，这也同时反映了由萨瑟兰先生提供的公牛质量很好，以及阿伯丁-安格斯牛在非洲部分地区的适应性，它们在这里的受欢迎程度稳步提高。"

另一个早期维多利亚州阿伯丁-安格斯牛群来自D. G.克莱克的里士满繁育场。这个繁育场位于维多利亚州里士满的斯塔福德塔内里。它成立于19世纪80年代初，大约在1887年从英国进口了这些牛。克莱克在皇家墨尔本展会上取得了巨大的成功，直到1897年，怀特·布罗斯为爱丁拉瑟繁育场购买了里士满繁育场的50头母牛。在同一时间，H. E. A.怀特和V.怀特买下了里士满繁育场剩下的牛，建立了贝尔特里斯繁育场。埃辛顿繁育场在19世纪80年代开始运营，由来自维多利亚州埃辛顿的安德鲁·斯万所有。在1881年皇家墨尔本展会上，进口牛帕特里克斯获得了冠军公牛奖。这头公牛是苏格兰最出色的牛之一，是著名的普劳德·怀康特的后代。

1890年左右，在维多利亚州西部地区创建了几个繁育场，包括安德鲁·彻恩赛德的库尔特库尔特农繁育场，位于坎伯当附近。它的基础牛是在1888年或1889年从苏格兰进口的。在1890年皇家墨尔本展会上，一头名为巴特尔·普劳德的青年公牛获得二等奖，还有一头名为皮斯·普莱德的母牛犊获得一等奖。他们都是进口牛沃·普劳德的后代。T. P.马尼福尔德的威瑞杰尔繁育场，位于坎伯当，创建于1890年，所养的牛从苏格兰进口，它也在皇家墨尔本展会上取得了成功。由D.麦金农所有的马瑞达亚洛克繁育场，位于坎伯当附近的布尔坎，创建于大约1891年，它的牛购买自苏格兰格拉姆斯城堡的斯特拉思·莫尔伯爵。马瑞达亚洛克繁育场的牛被澳大利亚的繁育场主们广为推崇，并在皇家墨尔本展会上获得了巨大的成功。

澳大利亚阿伯丁-安格斯牛品种发展迅速。到1888年，人们决定专门建立一本牛群名录。但是直到30年后这个想法才付诸实践。然而，贯穿整个19世纪80年代由阿伯丁-安格斯牛创造的快速发展历程被《澳大拉西亚牧民评述》记录了下来，在1891年6月16日评述写道："就像阿伯丁-安格斯无角牛的拥护者预言的那样，它们是否会成为澳大利亚肉牛的未来，虽还不能确定，但是不得不承认，其他品种没有像安格斯牛这样近年来发展迅速，很快就处于领先地位，只有它做到了。由于现在卡车运输已经在很大程度上取代了徒步赶牛，所以无角本身就是一个优势，更因为它们的产肉性能优势，使得养殖场和屠宰场对它们更加青睐。这些无角牛在史密斯菲尔德肥育家畜展会上取得了非凡的成功，不仅仅有纯种安格斯牛，还有它们与短角牛的杂交牛。现在维多利亚州这个品种的几个核心牛群是从苏格兰最好的牛群里面挑选出来的，昆士兰州威廉·霍加思先生的巴尔戈尼牛群拥有迄今为止澳大利亚最大的纯种阿伯丁-安格斯牛群。它们与移民地普通牛的杂交价值已经被充分验证，并获得了非常成功的结果。养殖户们都很急切地验证他们牛群中无角牛的价值，以至于很多公牛犊在它们断奶之前就被预订了。"

　　1891年《大洋洲牧民评述》中指出，繁育场主面临着很多财务困难。如此多的纯种牛群分布在移民地各处，优秀的繁育场是否可以顺利运营取决于其财务状况。本月10号，雷金纳德·温德汉姆先生在新南威尔士州的海福特牛群被拍卖出售。几周前位于巴鲁纳的A. A. 丹格尔先生最喜欢的短角牛群解散，不久之前塞缪尔·加德纳先生的布恩达尔帕克牛群（澳大利亚最好的牛群之一），也被廉价出售了。在这些牛群成立之初，以及之后的很多年，优等种牛的价格过高。仅仅几年后还是这些牛，但是目前即使是最优秀的和最流行的种牛的价格都非常低，因此，一些繁育场如果继续维持下去的话将给他们的所有者带来相当大的损失。目前低价格的一个明显优势是，现在很多移民地的牛群逐渐使用纯种公牛。也许这些繁育场面对的困难也反映出阿伯丁－安格斯牛种的崛起，以及在澳大利亚首次由这个品种带来的行业竞争。

　　1926年，巴尔德·布莱尔繁育场解散没有完全成功，繁育场育种工作继续进行。通过业务分离和合伙关系变化，巴尔德·布莱尔繁育场接受了此项重新组合。但是正因为怀特家族对于安格斯牛品种的坚定信念，巴尔德·布莱尔繁育场坚持到2008年的繁育场庆贺成立100年

贝尔特里斯繁育场集合在一起的牛群

　　但是在 1895 年，汤普森告诫说，无角阿伯丁牛等改良的品种，是以前从一般的牛通过明确的选择和繁育，才把优点遗传给现在的它们。"因此必须负起责任把这些优势保持下去，否则必然会引起退化，"他说。"在我看来，那些牛放牧吃草和沉浸在夏日的阳光下是如此别致的景象。值得庆祝的是，现在我们这里的牧民争相养殖这种赫赫有名的牛。安格斯牛在我们的展会上数量逐年增加，参展的质量也确实非常高。那些没有参与选择养殖这个品种的人，我敢肯定会因此感到后悔。已经毫无疑问，事实也证明了我们的土壤和气候非常适合它们。在乘船去往市场的路途中，如果适当饲喂和饮水，无角牛是唯一运输过程中活重还在增加的品种。不管是铁路运输还是乘船，它们可以更多地集中在一起，而且能够非常健康地到达目的地，这可以确保它们比起其他品种，牛肉和皮毛获得的价格更高。"

　　但是关于阿伯丁－安格斯牛的争论并没有结束。新南威尔士州皇家农业协会 1913 年度报告说，这种黑色无角牛似乎并不是在任何地方都流行。饲养这种牛似乎仅限于少数爱好者，并且当在主要的展会上获得参赛资格后，这种牛往往都是由个别人送来参展。在悉尼展会，专门为黑色无角牛分开设置的展位是空的，这使得人们理所当然地认为，要保证这个品种无论是什么样的外形都能受大众欢迎是一件很困难的事情。对于这样的气候，人们推断它的颜色似乎是所有牛中最不适应的，或者说一切黑色的东西在人们看来或多或少有些野性的感觉，不过十分确定的是，这需要一些非常惊人的特性或发展成果来引起养牛人对黑色无角牛或任何杂交牛的养殖兴趣。但是，在史密斯菲尔德市场，在屠户眼里没有什么能比黑色无角牛和短角牛杂交一代牛更受欢迎的了。仅两年之后的1915年，一位在为《新南威尔士州 RAS 年刊》工作的作家，对这个品种的优点大加赞赏，如胴体品质高、产肉性能好、早熟性、卓越的繁殖力和杂交能力等。

另一个知名的早期繁育场科尔，位于新南威尔士州宾加拉，由蒙罗先生创建于1912年，当时引进了该地区的第一批纯种阿伯丁－安格斯牛。这些公牛购买自爱丁拉瑟繁育场，用来与短角牛母牛进行杂交。之后在1918年，从新西兰特瑞哈沃繁育场引进10头纯种母牛和一头公牛，饲养纯种公牛的目的是进行配种。1926年，H. 戈登·蒙罗接管了科尔繁育场的纯种阿伯丁－安格斯牛群，并将繁育场取名为布鲁姆卡。

乔治·克莱克的东塔尔盖繁育场也是早期的昆士兰繁育场之一，它邻近沃里克。虽然他已经饲养了很多年阿伯丁－安格斯商品牛，但直到1915年他才建立起自己的繁育场。其中的基础牛自1915—1918年从新西兰进口，1917年从格恩斯的博拉威尔繁育场购买了一些牛，还有一头公牛是在1919年在塔斯马尼亚举行巴鲁威尔繁育场解散拍卖时买下的。1915年在布里斯班举行的皇家昆士兰展会，来自东塔尔盖的牛参展，获得很多奖项，并在1916年获得了母牛类别的冠军。东塔尔盖的牛在昆士兰展会上自此始终都表现出色。另一个早期的昆士兰牧场主，来自古特彻的 W. M. 查尔斯，于1914年用一些巴尔戈尼母牛建立了自己的繁育场。1915年，查尔斯从新西兰进口了几头母牛，并在苏格兰进口了一头公牛，后来又从塔斯马尼亚买了一些牛。

南澳大利亚州和西澳大利亚州在引进阿伯丁－安格斯牛方面落后于其他州。西澳大利亚州第一头阿伯丁－安格斯牛被认为在1891年，由缪尔先生从苏格兰进口，他是一位来自苏格兰的早期移民，定居在满吉姆的迪赛德。缪尔先生把他的一些公牛卖给了一位罗伯茨先生，后者是丹达尔干地区的先驱之一。来自邻近金金（Gingin）地区的杜瓦家族，也购买了一些由缪尔培育的公牛，而且在此后的很多年这些公牛对他们的牛群产生了很大的影响。杜瓦夫妇最初来自苏格兰的珀斯郡，在那里他们的家族前辈制作威士忌酒，杜瓦夫妇还从位于穆尔伊宁的亚当·埃尔德的特维特代尔繁育场购买了一些牛。埃尔德也是一位苏格兰人，他在1911—1916年从苏格兰进口了一些牛。而现在因为卖公牛很难，他对这个行业变得很失望，因此他把整个繁育场的牛卖给了屠户，留下了那些由杜瓦家族购买的牛。埃尔德是澳大利亚阿伯丁－安格斯牛群名录协会早期成员之一。1922年出版的《牛群名录（第一卷）》，表明他的繁育场建立时购买了休伯特·道克的布赛拉姆博繁育场的3头母牛，其位于维多利亚州；还有萨瑟兰的一头公牛，位于新南威尔士州的阿尔伯里。

诺曼·福斯特认为，起始于19世纪90年代初的铁路运输带来了维多利亚州牧区的繁荣，进而方便了乳品业的快速扩张。与此同时，维多利亚州大量的阿伯丁－安格斯牛繁育场纷纷出现。随着乳制品行业发展，导致了肉用品种公牛的需求放缓。福斯特认为这导致了很多繁育场的逐渐解散，随之而来的是大多数牛被转移到其他州。

　　阿德莱德的约翰·路易斯可能是南澳大利亚第一位安格斯牛养殖者，1893年皇家阿德莱德展览会上，他展出了当地仅有的无角安格斯牛——一头公牛和一头母牛。这是首次在阿德莱德展会上展出无角安格斯牛，路易斯也因此获得了每一头参赛牛2英镑的奖励。埃辛顿·路易斯的父亲，后来成为布鲁肯希尔私营公司的总经理和董事长，路易斯是一个真正的成功者，他在南澳大利亚立法会代表北部地区，并且是一位知名的畜牧师，而且是巴戈特史科斯＆路易斯有限公司的总经理、牧场和养牛站代理人、拍卖商和羊毛经纪人。他拥有位于北领地的纽卡斯尔沃特斯超过50年的租赁权，时间自1895年算起。另一个早期南澳大利亚阿伯丁－安格斯牛群由塞缪尔·福特汉姆·格里夫在大约1900年创建，他为罗伯逊家族管理着在东南地区佩诺拉和纳拉考特之间的地产。

　　养牛业没有取得像羊毛产业在19世纪的后五年那样巨大的成功。牛肉不具备相同的出口能力，而且牧场主在很大程度上依赖于国内市场。这倾向于人们把牛肉产业推向养羊无效益可图的地区，包括维多利亚州的山区和新南威尔士州及干旱的内陆地区。19世纪90年代的牛价较低和1900—1902年的干旱并没有给养牛业带来帮助。但是随后干旱结束，价格出现反弹，因此1903—1914年是畜牧业相当繁荣的时期，这进一步刺激了澳大利亚阿伯丁－安格斯牛数量的增长。

（夏传齐　译，白萨茹拉　校，李欣　复校）

位于新南威尔士州盖拉的巴尔德·布莱尔繁育场的安格斯牛，代表未来肉牛的发展方向

第四章
信息传播

1919 年澳大利亚牛群名录协会的成立是澳大利亚阿伯丁－安格斯牛发展的最大动力之一，这仅仅是因为一小群昆士兰人的决心而产生。1918 年 8 月 12 日，在鲍恩帕克的阿弗莱克豪斯，牧场主们举办了第一场会议，规划协会事务，达成一个简单的目标，即成立一个保存谱系的协会。尽管只有少数牧场主参加了这个会议，还是决定由 R. S. 梅纳德先生为协会起草一份章程，在稍后的时间里提交给各牧场主。

1919 年 5 月 9 日，在布里斯班皇后街 303 号举行的第二次会议上，与会业主们决定正式成立澳大利亚阿伯丁－安格斯牛群名录协会。三位昆士兰人——来自东塔尔盖的乔治·克莱克、来自古特彻繁育场的麦金托什·查尔斯和 R. S. 梅纳德——采纳了被提议的章程，以及递交的规章制度。除了保护澳大利亚纯种阿伯丁－安格斯牛的谱系，成立协会的另一个目的是为了保障和提升进口商、阿伯丁－安格斯牛养殖者和所有者，以及参与本行业的普通民众的最大利益。来自爱丁拉瑟的詹姆斯·科布·怀特被任命为第一任主席，梅纳德被任命为名誉秘书长，协会给予他们职权运作本协会。1919 年 8 月 21 日，在布里斯班皇后大街秘书办公室，由乔治·克莱克主持举行了协会第三次会议，怀特正式当选为主席，同时还有一个由 S. 塔洛克·斯科特、汤姆·克劳福德及梅纳德组成的委员会，汤姆·克劳福德是一位曾在昆士兰务农的原苏格兰屠户，现在成为一位肉品检验员。

1920 年 7 月 29 日，在鲍恩帕克的阿弗莱克大厦举行的第二次年度会议上，这个新成立的协会进展出现困难。"对一个新协会而言，需要一些时间来巩固和完善，"名誉秘书说。这个协会现在仅有 9 名成员，以及价值 116 英镑 2 先令 [1] 6 便士 [2] 的资产。在场人员决定在 1920 年 12 月底完成《牛群名录（第一卷）》，并尽快在新的一年出版发行。会议还

---

[1] 先令，英国的旧辅币单位，1 英镑＝ 20 先令。于 1971 年英国货币改革时被废除。

[2] 便士，英国的辅币单位，1971 年之前采用旧制，1 先令＝ 12 便士，1 英镑＝ 240 便士。1971 年英国货币改革后，1 英镑＝ 100 新便士。

决定邀请威尔士亲王伊斯殿下作为协会的名誉赞助人。怀特再次被推选为主席，克莱克成为副主席。

　　早期会议的地点选在了布里斯班，因为那段时期它是阿伯丁－安格斯牛养殖领域的中心地区。1920年《阿伯丁－安格斯牛综述》中由梅纳德撰写的一篇文章是这样表述的，昆士兰州的阿伯丁－安格斯牛养殖者比其他任何州都多，塔斯马尼亚可能排第二，新南威尔士州位列第三。除了纯种繁育场，还有很多安格斯高代杂交牛群，表明了这个品种牛在那些追求高品质牛的人中的受欢迎程度。以哈罗德·怀特先生拥有的巴尔德·布莱尔牛群作为例子。这个牛群始建于1886年，通过最好的阿伯丁－安格斯公牛与一群良种海福特母牛杂交而来。从那时起就已经开始使用纯种阿伯丁－安格斯公牛了，现在这个牛群拥有7 000头母牛。这些牛都是纯黑色，大约10%为黑色无角牛，因此它们非常好的性状被保留了下来。现在牛群名录已经启动，工作仍将继续，要不了多久，澳大利亚将赶上那些在之前发现阿伯丁－安格斯牛育种价值的国家。

　　1922年第一本《牛群名录》出版，书中列出了14名协会的创始成员。书中包括65头公牛、313头母牛，附录中还有很多牛，基本展示了澳大利亚阿伯丁－安格斯牛繁育场的历史概况，以及列出了往年皇家览会的获奖者。书中也指出，协会的目标是进行谱系采集和验证，这是一项耗时且乏味的任务，但是协会现在能够出版自己的《牛群名录（第一卷）》，相信书中所有的细节都是准确的，这也为未来的工作奠定了基础。

伊丽莎白·怀特夫人（左一），她的儿子萨姆及儿媳柯丝蒂和孙子阿尔伯特，在巴尔德·布莱尔繁育场

1929 年悉尼皇家展会金牌获得者来自巴尔德·布莱尔繁育场

2005 年，澳大利亚国王学院展出了一头由卡米拉罗安格斯牛繁育场培育的一头公牛，它位于新南威尔士州的梅里瓦，在所有品种胴体展会上成为最优奖获得者

这 14 位创始成员包括一些阿伯丁－安格斯牛养殖者的名字，如来自爱丁拉瑟的詹姆斯·科布·怀特，来自巴尔德·布莱尔的哈罗德·怀特上校，来自阿宾顿的诺曼·福斯特，来自布赛拉姆博的休伯特·道克及来自东塔尔盖的乔治·克莱克。他们中不乏具有远见的杰出人物。某些人有着苏格兰背景，因此选择了他们故乡的本土品种牛。其他人则认识到黑色无角牛适应恶劣气候的能力、较高的繁殖力及较高的牛肉品质。

该协会的记载显示，1924 年 4 月 15 日，在悉尼展览场地由詹姆斯·怀特主持召开了一场全体大会，探讨这个品种的未来，并助力推动其发展。所有养殖者都知道，黑色无角牛还有很多不被人所熟知的特性，尤其是它适应这个国家炎热天气的能力。在怀特与来自温顿、万塔兰亚的约翰·奇泽姆的讨论中，纷纷讲到他们的经验，表明了黑色无角牛在最炎热地区的生存能力，而其他品种就不那么耐热。最终决定在 8 月召开年度会议之前，给秘书拨付 50 英镑，相关事务由他全权处理，通过养牛者寻找安格斯牛在世界其他地方的成功案例，还有它们对于澳大利亚环境的适应性。

而此时养牛业严重萧条，协会决心继续坚持工作。这种情况得到扭转是在主席告诉协会成员们，新南威尔士州皇家农业协会已经增加了资金，并在 1925 年举办的悉尼皇家展会上为阿伯丁－安格斯牛提供更多类别。1925 年 4 月召开的会员大会，仅有两名成员到场，听说位于维多利亚州库荣的米歇尔家族拥有很多优良的阿伯丁－安格斯牛。牛场经理想要知道这些牛应该满足什么条件才能被《牛群名录》的附录 A 接受。

正当协会的事务得到解决的时候，受人尊敬的在任主席詹姆斯·怀特去世了。诺曼·福斯特是位于阿米代尔的阿宾顿繁育场场主，他对怀特大加赞赏：澳大利亚阿伯丁－安格斯牛品种极大地受惠于已故霍恩·J. C. 怀特；没有他和他的已故搭档 F. J. 怀特选用这个品种，那些早期进口的牛的后代，在养牛业低迷时期将会有相当比例衰退为普通牛。然而，在爱丁拉瑟繁育场得到这些牛后，谱系得以保存，并且无论成本，它们定期引进顶级公牛以将其血统保持在高水平。

已故霍恩·J. C. 怀特也是澳大利亚阿伯丁－安格斯牛群名录协会倡议者和创始人之一，并且是它的第一任主席。毫无疑问，这个协会的成立（1919 年）及由协会加快步伐完成牛群名录的编著是澳大利亚养牛史上最伟大的事件。

詹姆斯·怀特去世后，他的侄子——来自巴尔德·布莱尔的哈罗德·F. 怀特上校，于 1927 年经过选举成为新任主席。他在这个职位上工作达十年之久，是这个协会任期最长和最具影响力的主席。怀特上校是一位谦虚的人，还是社区的杰出人物，非常热情，帮助本地区的很多人做了很多事。他非凡的成就很多，包括他所做的有远见的农业活动、令人惊叹的战争履历，及他为阿伯丁－安格斯牛品种做出的巨大贡献。

第一次世界大战期间他获得了一系列的荣誉，在短短几年间从二等兵上升至上校军衔。在 1917 年 6 月 14 获得杰出贡献勋章。"在梅西恩斯山战役中，哈罗德·F. 怀特少校指挥连队进行整场战役的右侧攻击。在他守在前线的 96 小时内，这位军官表现异常的勇

敢，并忠于职守，"他的指挥官写道。"自始
至终，他的连队遭到了不间断的猛烈炮火攻
击，伤亡人数多达 65%。靠着他惊人的乐
观精神，不屈不挠的意志及不知疲倦的状
态，将个人生死置之度外，使得他始终保持
较高的士气，在火线上击退局部反击，取得
近乎令人难以想象的胜利。他也因此被授予
了法国军工十字勋章。"

怀特上校是他那个时代阿伯丁-安格斯
牛主要养殖者之一，他在评比会场所展示的
牛及产品获得成功。他还是澳大利亚阿伯
丁-安格斯牛品种性能记录的倡导者。1898
年 4 月，他的父亲以 5 500 英镑买下了巴尔
德·布莱尔繁育场，包括牛群和场棚。就对
澳大利亚安格斯牛品种做出的贡献而言，几
乎没有哪个家族能与他们相比。他们在协会
中有五位家族成员担任过主席，这个家族杰
出的记录持续到现在。其家族拥有的资产还
包括巴尔德·布莱尔、普莱恩斯和位于盖
拉地区的唐雷，以及位于猎人谷的贝尔特
里斯。

早期会议记录表明，作为协会主席的怀
特上校也得到了诺曼·福斯特等人的帮助。
在 1928 年悉尼展览场地举行的协会全体大
会上，福斯特对该品种的培育强制推出了一
系列提议。其结果就是所有进口牛都需要在
协会牛群名录上进行登记，并决定仅限在牛
群名录有记录的牛才有资格在布里斯班、悉
尼和墨尔本展会参展，这项举措使协会成为
一个联系两者之间的新中转体系。

在最大的一次变动中，福斯特建议协会
任命一位新秘书，要求是这个人能够承担起
增加澳大利亚安格斯牛经济效益的责任。值
得感谢的是，梅纳德从 1918 年以来就以名

来自盖拉东部平原的格雷汉姆·怀特和玛丽·怀特

来自盖拉东部平原的安德鲁·怀特和萨利·怀特

誉会长的身份负责协会的建设工作。福斯特说，是时候改变了。他认为协会需要一位全心全意为阿伯丁－安格斯牛种服务的人。福斯特说，养殖者需要一位无论何时都能站出来为阿伯丁－安格斯牛说话、只要有机会就推广这个品种的人。梅纳德还是海福特牛协会的名誉秘书，在这种情况下，不能把阿伯丁－安格斯牛推到与其他牛种对立的位置。福斯特得到了主席怀特上校的支持。

梅纳德回答说，他很感谢这个职位，如果能找到合适的人，就不介意退下来。"如果你能找到一位全身心倡导阿伯丁－安格斯牛种的秘书，对这个品种有着传教士般的热情，那将会是很明智的，"他说。最后 A. J. 坦纳尔当选为秘书，并获得每年 50 英镑的报酬。

从 1915 年开始的一段时间，澳大利亚阿伯丁－安格斯牛养殖业快速发展，协会成立于第一次世界大战之后，黑色无角牛也确实获得一些发展势头。直到牛群名录建立时，所有州都有了繁育场和商品牛群。1916 年 12 月 20 日《新西兰农业杂志》说道，11 月，有价值 6 000 英镑的阿伯丁－安格斯种公牛和母牛分五批乘船从新西兰前往昆士兰。由约翰·莫伊尔先生代表布里斯班牧场和养牛站主要厂商，承运这批牛。这是莫伊尔先生第三次承运来自新西兰的安格斯牛，他 12 个月之前担保了 50 头牛，在那之前还有一次，但数量较少。昆士兰对于阿伯丁－安格斯牛的需求源于这样一个事实，即在该州干旱后期，人们清楚地意识到它忍耐逆境的特性或适应环境的能力超过所有其他品种。这个品种以耐性著称，从它的发源地苏格兰东北部祖先那里获得这种特性，这种特性使得安格斯牛展示出自己抗旱的能力。

在巴尔德·布莱尔繁育场的一群安格斯牛

福斯特是在此期间从新西兰挑选牛的那批人之一，并在 1918 年和他的父亲托马斯·里士满·福斯特创建了阿宾顿牛群。他们购买了特罗杨·阿非利加家族 H. B. 威廉姆斯的 10 头母牛，以及伯纳德·钱伯斯的一头名为德鲁穆尔柴特的公牛。福斯特的父亲 T. R. 福斯特在 1891 年获得了在阿宾顿的地产，那时它被 F. R. 怀特买下并交给他的女儿凯特·怀特托管，她在那一年嫁给了福斯特。他们的儿子杰弗里·福斯特在 1920 年获得阿宾顿的管理权，继续进行牛品种改良工作。与此同时，他的兄弟诺曼的任务是运营阿宾顿阿伯丁－安格斯牛繁育场，他做得非常出色，把它变成了州内最好的繁育场之一。福斯特认为 1934 年的悉尼皇家复活节展会上取得冠军的牛阿宾顿·布莱克·博克瑟是他所培育的最好的公牛。但是他还培育和展示了 9 头州级冠军牛，以及 6 头州级后备冠军牛。

福斯特作为委员很多年，并担任了协会的第四任主席，并为此做出了重大贡献。除此之外，福斯特还为这个品种留下了宝贵的遗产。1941 年，协会秘书 D. 马格里奇写信给成员们，通知他们苏格兰阿伯丁－安格斯牛协会正在收集该品种新的历史资料。请求诺曼·福斯特为关于该品种在澳大利亚的相关历史信息提供帮助。凭借着必要的才智（和打字技能），福斯特开始执行这项任务，并于 1944 年向苏格兰提交了他的调查研究报告。遗憾的是，福斯特没有能等到《阿伯丁－安格斯牛品种：历史》在 1951 年出版，最终因为困扰他一生的肌肉萎缩症于 1949 年去世。虽然这本书关于福斯特对澳大利亚行业做出的工作记录不多，但他的调查研究被保存了下来，通过这本书，我们可以了解到 1870—1945 年的阿伯丁－安格斯牛品种重要的形成历程。现在它也是关于澳大利亚安格斯牛繁育场早期历史最好的也是仅有的资料来源。

福斯特自 1939 年至 1941 年担任协会主席职位，但是他所做的工作对该品种的影响是深远的。1945 年，新任主席林·桑德森，来自新南威尔士州纳拉布里的瓦拉，写信给福斯特，代表协会感谢他为了阿伯丁－安格斯牛品种做出的工作。"这么多年来你坚持不懈的工作，把自己的时间奉献给了发展养牛业，我们会议上的很多演讲者们向你致敬。"然后理事会给他史无前例的荣誉，邀请他担任理事会的顾问。在他去世后，阿宾顿繁育场于 1950 年解散，存栏牛卖给了来自澳大利亚各地的买家。一头名为弗德伍斯·格雷缇德的进口公牛卖出了创价格记录的 2 800 基尼，而来自昆士兰塞勒姆的伊顿·韦伯斯特，为一头澳大利亚培育的公牛向阿宾顿·格拉夫顿支付了创价格记录的 1 950 基尼。

福斯特认为协会成立是澳大利亚牛品种发展至关重要的一步。他相信自 19 世纪 90 年代直到大约 1916 年，这个品种或多或少停滞不前。福斯特说，后来世界大战那些年所有育肥牛价格暴涨。价格之前从未达到这么高，这些高价格，再加上养殖者们为保护牛群配种使用的阿伯丁－安格斯公牛所经历的困难，导致了 1916—1919 年这段时期从新西兰大量引入安格斯纯种牛。1919 年后牛价的下滑重创了养牛人，人们所预测的阿伯丁－安格斯牛价格繁荣没有再次出现。事实上，尽管期间这个品种的数量逐渐增加，但直到

山姆·怀特和巴尔德·布莱尔繁育场的部分安格斯牛群在一起

大约 1927 年，人们对于这个品种的兴趣才再次变得活跃起来。

　　苏格兰阿伯丁－安格斯牛协会以出口售卖公牛的方式在品种发展上起到实质性的作用，这无疑在适当时候给予了安格斯牛品种发展必要的刺激。其他从苏格兰、加拿大和新西兰相当大规模的进口接踵而至，一直持续到世界大战开始。

　　福斯特和怀特上校是英国协会 1927 年首批进口的 5 头公牛买家之一。1933 年协会的第二批牛是 9 头公牛和 15 头母牛，随后是 1934 年第三批的 3 头公牛和 12 头母牛。

　　阿尔伯特·库克是另一位协会 14 位创始成员之一，他来自麦凯、格林蒙特，也在购买那批新西兰进口牛的买家之列。库克将这个品种引进到了昆士兰北部沿海地区，于 1917 年创建了他的繁育场，当时进口了 6 头母牛和一头公牛，母牛来自新西兰特瑞哈沃的 H. B. 威廉姆斯牛群；而公牛来自新西兰费尔菲尔德的 W. 布兰森牛群。在一封 1924 年给阿伯丁－安格斯牛评论的信中，库克说，他一辈子都在和海福特牛打交道，在两处内陆放牧场地运营着 6 000 头牛的牛群。但当他试图在沿海地区养牛时，库克形容阿伯丁－安格斯牛像其他品种那样温顺，如果管理得当，它们将是极好的觅食者，成熟快及容易装运。他认为阿伯丁－安格斯牛适应沿海气候条件的能力要比海福特牛要强，并远远超过短角牛。

阿宾顿繁育场的剪毛者的厨房和餐厅

阿宾顿繁育场的安格斯牛

　　乔治·克莱克是最有影响力的协会创始人之一，他来自图文巴与沃里克之间的东塔尔盖，正是因为他的工作使得协会能够起步。协会早期记录显示，他在协会的建立过程中发挥了关键作用，并且在主席缺席的情况下主持了很多次早期年度会议，因而广受尊敬。福斯特写到，正是克莱克的贡献，使得在1919年行业衰退后的那些生死攸关的岁月，阿伯丁－安格斯牛的"旗帜"能够保持在昆士兰州南部飘扬。东塔尔盖繁育场在20世纪30年代解散。并随着1941年克莱克的去世，安格斯牛也失去了一位它最忠诚的养殖者。麦金托什·查尔斯是另一位协会创始人及早期协会的委员，他来自昆士兰的古特彻。在1914年，查尔斯利用一些巴尔戈尼母牛创建了他的繁育场。1915年，他又从新西兰购买了几头母牛，还从苏格兰购买了一头公牛。

　　约翰·奇泽姆是另一位创始人，来自昆士兰北部万塔兰亚的温顿。他告诉诺曼·福斯特，自1891年起，位于温顿的埃尔德斯利养牛站就已经有了阿伯丁－安格斯公牛。1918年，奇泽姆创建了万塔兰亚阿伯丁－安格斯牛繁育场，他的牛购买自新西兰维多利亚州和昆士兰州。万塔兰亚为昆士兰西北角的盖尔夫农村地区各牛群提供公牛。随着它成为一个大规模繁育场，万塔兰亚牛也在《牛群名录（第一卷）》中有了登记记录。它的公牛改变了北部牛群的发展方向，为安格斯牛品种的扩张提供了相当大的帮助。福斯特对奇泽姆非常了解，说此时万塔兰亚牛在北部展会上的展示对安格斯牛在北部地区的推广起到很大的作用。在大约1940年，他卖掉了万塔兰亚，这个繁育场也随之解散。

一位畜牧业者位于阿宾顿的屋舍

阿宾顿餐厅

乔治·戴尔是协会的另一位创始人，来自维多利亚州利利代尔。1919 年位于塔斯马尼亚的巴鲁威尔牛群解散时，他买下了 3 头母牛与 1 头小母牛，并由此创建了梅多邦克繁育场。这些母牛与名为阿尔伯里·罗韦尔的公牛进行交配。阿尔伯里·罗韦尔是由位于锁龙岗的萨瑟兰的繁育场培育的。1919 年，梅多邦克在皇家墨尔本展会上展示了这头仅有的阿伯丁－安格斯牛，它是自 1912 年以来那里展出的第一头安格斯品种牛。1920 年和 1921 年，墨尔本展会上，戴尔的母牛获得了所有主要奖项，而在 1922 年展会上，梅多邦克拥有了专门为它的阿伯丁－安格斯牛设定的类别。

詹姆斯·哈利斯，阿宾顿繁育场的所有者

　　休伯特·S. 道克是协会的另一位创始人，来自维多利亚州旺加拉塔。他在 1919 年第一次世界大战末期创建了他的布赛拉姆博繁育场，其核心群购自苏格兰。牛场最初的牛由詹姆斯·怀特选择，他来自苏格兰安格斯郡的黑斯顿农场，所购的牛是公牛布维尔·恩威和黑斯顿·金格，以及母牛黑斯顿·比缇 91 号。比缇在澳大利亚着陆两周之后产下了一头小母犊，起名为佩林森·比缇。它的父亲佩林森，是一头苏格兰公牛，以创价格记录的 6 000 基尼卖给了美国。这些进口公牛之后在 1920 年和 1921 年皇家墨尔本展会上展出，黑斯顿·金格获得了冠军，布维尔·恩威前后两次获得了预备赛冠军。这两头公牛体型巨大，恩威重达1 976磅，金格重达2 035磅，都称重于1921年9月27日。

1920年，布赛拉姆博繁育场购买了爱丁拉瑟繁育场的40头母牛，实力因此获得提升。道克通过在皇家墨尔本展会上布赛拉姆博育肥牛的成功，使安格斯牛在南部各州的知名度大大提高。布赛拉姆博育肥牛还会定期被挑选出来进入纽马克特进行出售，主要被来自墨尔本的屠户买走。到1946年，布赛拉姆博繁育场拥有澳大利亚登记在册的最大的阿伯丁-安格斯牛群。独特之处是，自1920年起，布赛拉姆博繁育场没有再引进过一头母牛。休伯特·道克也宣称早期的成功出口是1925年将两头公牛搭船运到南非。

2007年，约翰·道克仍有一小群这些牛的后代，毋庸置疑这是澳大利亚所有品种最具有历史意义的牛群之一。繁育场已经不存在了，但是牛群相关记录被保存了下来。"仍旧是当初来自41头母牛的那15个牛家族，而且只有当我们需要的时候才购进公牛，"他说，"我们现在仅有每个牛家族的4或5头牛，一共大约70头母牛。我有点震惊，因为他们还保留着原始的系谱信息。没有多少人可以把他们的牛追溯那么久远，包括从休·沃特森所生的凯勒·比缇1号算起，谱系可以追溯到奥尔德·乔克。这段时间越来越难找到这个品种的纯种公牛。他们中的大多数有美国牛血统，更多的是为育肥场而不是放牧场培育。它们的腿更长，并且目前它们身上几乎没有肉。我们的牛没有它们那样高，但是体廓更深，我们期望它们能产更多的肉。我们把牛卖给了育肥场，因为他们付给的钱最多，并且他们对这些牛也很满意。"

诺曼·福斯特的研究调查显示，J. A.麦金托什有一个阿伯丁-安格斯牛繁育场，场内的牛大约在1916年进口于新西兰。这些牛是由来自基拉尼莱恩、希尔格罗夫的R. C.斯本胡森负责购买的。斯本胡森也购买了一些巴尔戈尼饲养的牛，它在《牛群名录（第一卷）》有记载。来自格伦艾琳、纳南格的詹姆斯·康纳，在大约1917年用新西兰牛建立了一个繁育场，之后他的一些牛被来自塞勒姆的W.伊顿·韦伯斯特买走，而其他牛去了位于肯博穆比、卡布加的佩雷特·布拉泽斯那里。来自博里格罗夫、金格罗伊的托马斯·布朗，同时也购买了12头新西兰母牛和1头公牛。福斯特注意到昆士兰南部的很多其他养殖者在1916—1919年从新西兰购买了一些牛，可能养殖公牛是为了他们自己的牛群，但是这些牛在牛群名录中没有留下可追溯的后代。

另一个早期繁育场是G. W.德维特所有的耶特曼繁育场，位于新南威尔士州波加比拉附近。它建立于大约1916年，所购买的牛性状特别优良，主要是来自新西兰格莱德布鲁克繁育场的进口苏格兰母牛和公牛的后裔。这些牛的后代在新西兰牛群名录上持续登记了很多年，但是相信没有人发现它们收录到澳大利亚牛群名录的途径。牛群名录中南澳大利亚第一个繁育场是A. L.邓恩所有的沃勒塔繁育场，它位于阿什伯恩，建立于1920年，当时的牛购买自P.萨瑟兰先生，他来自维多利亚州沃东加的锁龙岗。南澳大利亚存在时间最长的繁育场毫无疑问是位于奈尔恩的泰勒家族的贺加斯繁育场，它开始于1934年。它的牛来自 R. T. 梅尔罗斯的罗斯班克繁育场，为南澳大利亚登记在册的第二大牛群。贺加斯繁育场，在1939—1952年的皇家阿德莱德展会上取得了成功，每一头母牛均获得冠军。

在1944年1月14日的报告中，他写道："目前阿伯丁 - 安格斯牛在这里已经根基稳固了。在联邦所有州都有高标准的繁育场，方便向需要的牛群提供公牛。这个品种终于在北领地获得了立足之地。发展的舞台已经搭建好，澳大利亚阿伯丁 - 安格斯牛的命运就掌握在阿伯丁 - 安格斯牛养殖者自己手中。整个联邦有着宽松的政策，养殖者们对该品种非常热衷，使得阿伯丁 - 安格斯牛以它们毋庸置疑的优势有资格独领澳大利亚养牛业。"

福斯特预见到这个品种巨大的潜力，它会扩散到澳大利亚的每一个角落，包括远离大陆西北部的金伯利地区。福斯特注意到，1933年，11头青年纯种阿伯丁 - 安格斯公牛和小母牛从布里斯班达尔文路运到布鲁姆，它们的新主人是斯特里特和梅尔两位先生，他们在布鲁姆附近有一处大的养牛场。"最新的报告说，这些牛和它们的后代现在很兴旺，而且它们在当地对这个品种的推广发挥了很大的作用，"他说。福斯特预计安格斯牛品种将会遍及金伯利这个养牛大区，它的主要进出口岸是温德汉姆，那里有肉类加工厂可以经由陆路穿过北领地地区，如果季节合适就可以直接到达昆士兰。

整个路程中运输的都是活畜，期间饮水的地方较少且相隔较远，甚至是在好的季节也是如此。虽然现在的季节和条件适合开始这样的长途跋涉，但因为这些牛在路上将达3个月之久，气候很容易在旅途完成之前就变得很糟糕。之后，当然是转为长途铁路运输，去往屠宰场或育肥场。为了能忍受这些，所运输的牛必须体格健壮，而且发育良好，当它们到达屠宰线时，还能取得一些最终效益。但是拥有阿伯丁 - 安格斯牛养殖实践知识的人都知道，它们不仅能够经得起严格的检验，而且都能顺利通过并取得"大胜利"，或许更恰当地讲，最终出现"大理石花纹胴体"。

福斯特说，第一位把阿伯丁 - 安格斯牛引入到北领地的，应该归功于马尔科姆·纽曼，他来自昆士兰卡尔布彻的卡布尔查繁育场。"安东尼的勒格恩牛场饲养着很多短角牛，在纽曼先生买下这个牛场之后不久，他决定把勒格恩牛场转型为饲养阿伯丁 - 安格斯牛，"福斯特写道。1933年5月，他从自己的卡布尔查繁育场调运了很多纯种阿伯丁 - 安格斯公牛及还带着公犊的母牛到安东尼的勒格恩牛场，这些紧随母牛的犊牛当时仅有两个月大。

关于这些牛从卡尔布彻长途运输至安东尼的勒格恩牛场这件事本身都可以写段故事。这段路程有着 1 450 英里①的铁路运输，还有600英里的陆路旅途，共计10周，包括搭乘火车运输122小时，这期间只有四次短暂休息，用于给牛饲喂和饮水。陆路前行600英

---

① 英里，英制长度单位，1 英里≈1.61 千米。

里，这段路程有很多是乡村的砾石路，还有长达 30 英里为无水路段。然而这些牛之前一直饲养在小型农场内，有着充足的饲料和饮水。而在运输旅途的条件下，它们正经受着严峻的考验。负责承运这些牛的 J. K. 利特尔先生告诉笔者，经过这次旅程后，他对阿伯丁－安格斯牛多了一些敬重，因为它们有着忍受长途运输的耐力，在拥挤的货箱中还能保持丰满体型的能力，甚至那些两月龄的犊牛在经过 10 周抵达安东尼的勒格恩牛场时，还变得更大更壮了一些。那批公牛的结果最令人满意。1940 年 2 月，第二批 79 头牛离开卡布尔查繁育场前往安东尼的勒格恩牛场；1940 年 11 月，又一批 36 头公牛犊前往安东尼的牛场。

阿宾顿繁育场的部分安格斯牛群

当第一次往安东尼的勒格恩牛场运送阿伯丁－安格斯公牛时，周围的养殖户反对将这个新品种牛引入当地。为了解决这个问题，纽曼先生称，可以用短角牛交换任何一头断奶后的黑色无角犊牛。但是，没有人愿意这样交换。接下来的结果是，1942 年 9 月 24 日在悉尼霍姆布什育肥家畜市场上，布鲁内特唐斯牛场（邻近安东尼的勒格恩牛场）培育的 8 头黑色无角小公牛，被交付给位于莫斯韦尔布鲁克的爱丁拉瑟繁育场（在那里进行育肥），其售卖价格可达 19.9 英镑，平均价格为 19.35 英镑。纽曼先生的这些小公牛，被形容为"一批优秀的交付物，是在霍姆布什很长时间里所看到的最好的一栏牛"。现在，那些在布鲁内特唐斯（北领地北部，南回归线以北大约 350 英里或更远）繁育并长大的小公牛，将经由陆路去往新南威尔士州边境（1 200 英里直线距离），稍作停歇，再乘铁路运送到位于新南威尔士州的莫斯韦尔布鲁克，在爱丁拉瑟繁育场进行育肥。它们不仅能够经得起气候和牧场多变的环境，还在澳大利亚肉牛养殖的每一个环节都通过了实践检验。此外，肉牛生产最重要的环节，是在育肥结束后通过市场反馈的价格和屠宰后的胴体情况，判定出表现优良的牛。

"怀特·布罗斯兄弟，当然知道阿伯丁－安格斯牛的优点，事实上，他们也愿意把布鲁内特唐斯牛场的短角牛换成阿伯丁－安格斯牛，"福斯特说。"这样的转换说起来容易做起来难。然而，有些人利用这个牛群不容易进行品种改良或换群作为宣传口号来反对阿伯丁－安格斯牛品种，而且他们没有同时指出进行如此大规模的转换存在的困难，尤其是在没有围栏防御的乡村更是增加了困难，"福斯特写道。用足够数量的达到要求的阿伯丁－安格斯公牛（即使是分批进行）顺利替换这个年出栏 9 000 头短角牛公牛的牛群，将是几乎不可能的任务；另外，这会带来极大的经济损失，而且在分批进行转换过程中还要避免母牛与公牛（隔离防御）随意杂交，更是困难，或者更确切地说，是不可能办到的事儿。

另外，还有其他的困难，比如在价格较低或不确定的时期，加上新南威尔士州育肥场所在南部地区与旱季的抗衡，还有交通设施完全缺乏、北领地地区没有相应的屠宰场、政府干预无时不在等。毫无疑问，牛群转换可能只是已故霍恩·J. C. 怀特或他的已故兄弟 F. J. 怀特（怀特·布罗斯的最初合伙人）的一个梦想。为此，他们在爱丁拉瑟建立了很大的阿伯丁－安格斯牛繁育场。位于达尔文的花费 1 000 000 英镑的韦斯特屠宰场如果正常运行，那么这个梦想有可能会成为现实。但是这些屠宰场破产与它们所雇佣的或间接为其提供服务的屠户们、码头工人和其他劳工有很大关系。

他们不断提出要求，包括更高的工资、更短的工作时间和更好的工作环境，否则就实施罢工或进行攻击。最后梅塞尔·韦斯特别无选择，只能关门大吉。现在达尔文矗立着一处车间，最初花费了 1 000 000 英镑就这么闲置起来，然后逐渐变得老旧，并随着时间推移被废弃。那处车间曾经对澳大利亚，乃至牧场主们及整个北领地每户居民都产生过很大价值。它正常运行的那些年已经成为过往，损失难以估价，可以肯定地说，数以百万英镑。

在福斯特称之为一次真正的国家损失。他相信连接起巴克利高地和达尔文的铁路必然会带来达尔文屠宰行业的稳定发展。他认为这将为最好的肉牛屠宰冷冻后的运输提供便利，之后出口的这样的产品，没有哪个品种能超过阿伯丁－安格斯牛，因此这个品种的引进和发展是一个自然而然的结果。那时正值英国作为澳大利亚最大的牛肉市场的时期，比美国汉堡市场的崛起要早十多年。理论上他是对的，但在实践中不断变化的市场和瘤牛品种的到来将会使它变得困难。福斯特大胆预测道："阿伯丁－安格斯牛不久将在澳大利亚北领地独领风骚，可以肯定的是，这将使出口牛的质量和适宜性得到改善。"

（曹元、夏传齐　译，白萨茹拉　校，李欣　复校）

布鲁姆卡繁育场的牛

第五章
崛起于微末

第二次世界大战结束，澳大利亚大批养殖者以及展商们纷纷进入阿伯丁－安格斯牛品种领域。亨利·沃尔特·威廉姆斯和他的父亲欧内斯特于1946年创建了维克托里阿伯丁－安格斯繁育场，它位于维多利亚州，吉普斯兰，邻近达尔摩。亨利·威廉姆斯相信阿伯丁－安格斯牛品种在澳大利亚具有取得成功的所有优秀品质，他只是没有意识到，在他漫长而杰出的职业生涯后期，该品种不得不为取得最终胜利而斗争。

在他从业早期，阿伯丁－安格斯牛被认为是"穷人的品种"，因为这种商品牛不像海福特牛那样卖得好，威廉姆斯回忆说。当海福特牛和短角牛在20世纪40年代和50年代是最主要的品种时，很多非常富有的人选择饲养安格斯牛，在他们之中有一位伟大的英国小说家、战地记者和航空先驱——内维尔·舒特·挪威。他在1950年移民澳大利亚，并在墨尔本以外的莫宁顿半岛为他的家庭建造了一所新房屋。他在自己的蓝瓦林农场饲养了一些阿伯丁－安格斯牛，并继续写书。每天早晨他都把自己封闭起来写作，这些书之后卖给世界各地的人们，使他成为20世纪最受欢迎的小说家之一。早晨没有人能够打扰他，但是到了下午，他从文学世界解放出来，在自己的农场进行劳作，陶醉于他的阿伯丁－安格斯牛及农场其他活动。

在第二次世界大战以后，澳大利亚开始养殖阿伯丁－安格斯牛的人迅速增加，而挪威和他的妻子弗朗西斯·挪威博士也是其中之一。虽然挪威夫妇只拥有大约40头母牛的小型牛群，但"牛的品质很高，牛群十分出色"，他们的前任农场经理弗莱德·格林伍德说。"我们有不超过15头牛的登记档案。它们都是纯种牛，但是我们没有把它运营成一个繁育场。它们的后代被送往丹迪农市场，在那里屠户们正准备抢购。出于某种原因，阿伯丁－安格斯牛似乎比这附近的其他牛种卖得好，而且它们一直是这样。"

当挪威夫妇住在海灵岛时，那里位于远离英格兰南部海岸的汉普郡，格林伍德的妻子露丝负责把牛奶交给挪威夫妇。第二次世界大战期间，她的父亲查理·威尔逊曾经是挪威夫妇的家庭园丁。当挪威夫妇决定移民澳大利亚时，他们邀请威尔逊一家跟他们一起过去。威尔逊成为挪威夫妇的蓝瓦林资产的经理人，当威尔逊退休后格林伍德替代了他，而露丝继续帮助挪威博士处理家务事。"挪威先生爱上了莫宁顿半岛，并决定在这里建立自己的家庭，"格林伍德夫人回忆说。他为社区、消防队和教堂做了很多事。格林伍德在英国一个农场长大，但对澳大利亚农业知之甚少。挪威愿意资助他去杜基农业大学进行为期六个月的澳大利亚农业学习，并为他支付学费。

写作和养牛只是挪威生活的一小部分。作为一个杰出的人才，他还是一位职业航空工程师，在两次世界大战期间经营自己的航空工程公司并且做得很成功。后来他将公司卖掉，专注于写作。当生活在莫宁顿半岛时，他写出了一些经典之作，如《艾丽斯城》《雷恩之安魂曲》《在海滩上》《遥远的国度》《工具室托管者》和《在西部》。

此时，阿伯丁－安格斯牛开始变得非常普及。伊顿·韦伯斯特是昆士兰塞勒姆繁育场的所有者，之后成为澳大利亚阿伯丁－安格斯牛协会主席（1959—1961年）。1948年的《阿伯丁－安格斯牛评述》中声明："这是对澳大利亚阿伯丁－安格斯牛很重要的一个年份——有史以来该品种最好的时期。它在展会上的进步是有目共睹的，体现在我们的黑牛进一步突破其他品种的壁垒脱颖而出，高品质黑牛在东部各州主要待售寄养场的比例不断增加。这自然地反映出人们对繁育场和公牛的需求。发展如此之快，以至于繁育场养殖者很难跟上它的步伐。发展速度快很大程度是由于亚历山大·基斯（阿伯丁－安格斯牛协会的秘书和《阿伯丁－安格斯牛品种：历史》这本书的作者）在1947年访问这个地区引起的。他肯定引起了轰动。我衷心希望澳大利亚阿伯丁－安格斯牛委员会能够支持和参与他所做的工作，使之继续进行下去。阿伯丁－安格斯牛在东部各州的推广反响真的非常大——这是毋庸置疑的。"

韦伯斯特说，人们对于该品种商品母牛的需求无法得到满足，这也证实了基斯的观点，他认为应该给予商品牛群方面更多关注。"维多利亚州虽然是阿伯丁－安格斯牛取得最大进步的地方，但以小群体牛场为主，而在昆士兰州，规模化养殖场较多，"韦伯斯特写道。在维多利亚州养殖黑牛的人数要远远多于联邦其他地方，但是在昆士兰从事养牛的人员较少，而养殖场规模较大。由于阿伯丁－安格斯商品母牛不易获得，养牛人都在利用阿伯丁－安格斯公牛与海福特牛和短角牛母牛进行杂交。在受热带影响的北领地和昆士兰中部同样也取得了巨大的成功。无论黑牛走到哪里，都会赢得美誉。

现在这种快速发展的局面，与1919年澳大利亚阿伯丁－安格斯牛牛群名录协会成立之初形成鲜明对比。成员的数量从1922年第一部牛群名录中的14个，增加到1936年的67个，再到1948年的173个。第二次世界大战以后本品种迅速扩张，到1958年已经有490家登记在册的牛场，而其中商品牛群增长强劲。但是随着阿伯丁－安格斯牛品种取得巨大的进步，昆士兰瘤牛品种的日益普及迫使英国品种衰落。从20世纪60年代开始状况变得更加艰难，欧洲品种的到来对英国品种实施进一步的压制。西门塔尔牛、利木赞牛和夏洛莱牛品种及瘦肉型牛种竞争带来的威胁，使安格斯牛种在20世纪70年代和80年代一度陷入困境，促使养殖者们开始关注牛的体型大小。因此，安格斯牛从第二次世界大战前"小黑猪"似的外形向着更大的体型转变。

哈利·威廉姆斯在他7岁时就已经决定做一个农民，并在早年喜欢上了短角牛和道奇牌汽车。他们曾在杜基农业大学养殖过海福特牛和无角海福特牛，但毕业后他确信安格斯牛品种要比其他任何品种更有发展前途。"它们没有角，是当今养牛领域中最古老的无角品种，

哈利·威廉姆斯和他的父亲欧内斯特及进口自苏格兰的穆尔本·欧文（牛名）

和一些屠户交谈中，他们告诉我说比起其他品种，他们能够能从安格斯牛上得到额外的100磅牛肉，"他说，"我已经养了62年安格斯牛，觉得没有遗憾了。"

威廉姆斯从小就展示出他的能力，在1949年首次参加公牛销售会。那时繁育场产业还不像今天这个样子，威廉姆斯回忆道。肉牛养殖被认为是富人的特权。阿伯丁－安格斯牛在牛胴体比赛上的成功，以及自20世纪50年代初开始在皇家墨尔本展会上大约30年内22次获奖的经历，使威廉姆斯对阿伯丁－安格斯牛的信心得以增强。他还相信，安格斯牛在艰苦的乡村表现最好，它们可以攀爬很高的山，比其他品种更能忍受艰苦的环境条件。来自贝尔特里斯的迈克尔·怀特过去曾证实安格斯牛可以爬得更高，而且比其他品种更能适应寒冷的地区，他说。

安格斯牛占据了威廉姆斯的生活，他对澳大利亚安格斯牛的成功做出了巨大的贡献，并在战后数年内，在养牛领域收获甚多。威廉姆斯在20世纪50—70年代获得了一系列

展会奖项，并在那个年代的墨尔本、悉尼和阿德莱德皇家展会上荣获很多次冠军。在2008年，他已经养了62年安格斯牛，并且刚从他任职服务了53年的维多利亚州安格斯牛委员会退休。他同时还在1965—1967年担任澳大利亚安格斯牛协会的联邦主席，并在联邦委员会任职多年。

威廉姆斯出生在墨尔本郊区的艾芬豪，在他3岁10个月的时候就骑着自己的昔德兰矮马在皇家墨尔本展会上行走。"当我17岁的时候，我去了杜基农业大学进修文凭，学习了三年农业课程，"他说，"我很幸运，我有一个家庭，能够给我这片土地。"

1908年，威廉姆斯的祖父亨利开始让亨利·威廉姆斯和儿子们从当地农民那里购买水果和蔬菜进行食品加工。他在莫宁顿半岛的肖勒姆还有一个农场养着红色无角牛，主要由他的儿子欧内斯特协助管理。他的加工厂逐渐成为澳大利亚最大的私营果蔬罐头厂，雇用了400个人，来制作果酱、泡菜、酱汁、蔬菜罐头和水果罐头。他在本迪戈附近有一家番茄加工厂，在特拉斯代尔附近有一家芦笋加工厂，在达尔摩还有一处农场，那里有六台大型机器用于给豌豆脱壳。威廉姆斯回忆说，在它运行效率最高的时候一天可以给52吨豌豆脱壳。但在1947年，这企业卖给了英国的莫顿公司，它是比彻姆出口集团的子公司。

凭借着这个家族的商业智慧，威廉姆斯和他的父亲欧内斯特建立了维克托里牛群。维克托里的基础母牛购买自林·桑德森的瓦拉繁育场、格斯·斯科特的位于新南威尔士州的米隆繁育场、克里夫·明特的卡鲁繁育场及道克斯的布赛拉姆博牛群，据他估计这些牛的体况评分在5～5.5。1947年，哈利·威廉姆斯去了趟苏格兰，买了3头母牛和1头公牛（穆尔本·欧文），这头公牛的母亲与非常有名的公牛穆尔本·艾姆博塞斯有3/4血缘关系。穆尔本·艾姆博塞斯被引进到新西兰后，之后以1 500基尼的价格卖给了昆士兰塞勒姆繁育场的伊顿·韦伯斯特，创当时澳大利亚价格记录。穆尔本·艾姆博塞斯被一些人认为是苏格兰出口的那些牛中最好的公牛，它有着美观的头部、漂亮的皮毛和非常棒的体型。

"20世纪40年代和50年代，当我购买自己的牛时，最重要的一点是它们个头要大，"威廉姆斯说。"第二次世界大战之前安格斯牛品种被认为是穷人的品种。但在第二次世界大战之后他们开始变得引人关注。然后情况开始发生逆转，就是人们开始喜欢个头小点儿的牛。很多品种继续保持体况评分在3或4，我的父亲问'我们要不要跟他们一样？'我说'不，我们的牛能产更多的肉，我们应该坚持下去'，不久之后就应验了。那时，我被安排在评比会场的最后一排，直到最后出现转机，我们在比赛中赢得了冠军，我们那时曾经在澳大利亚出售顶级公牛。"从那以后他们增加母牛的体型，体况评分为现在的6或7。维克托里展出最好的一次，是1977年在沃东加举办的澳大利亚第一届国家安格斯牛展览推介会上，威廉姆斯展出了最优奖获得者，即名为维克托里·维戈斯缇克T130的公牛，以最高价格售出。

2006年，在澳大利亚肉牛品种协会登记的犊牛中每四头就有一头是安格斯牛，这与1920年情况大不相同，1920年安格斯牛协会刚刚成立一年，那时协会还带着9名成员挣扎求生存

威廉姆斯是20世纪50年代抵制把牛转换为"皮带扣"体型牛的少数人之一，那时已经有很多其他养殖者转变了，此时小型阿伯丁－安格斯牛被称为"小黑猪"。人们开始饲养小型牛，因为它们吃得很少，也有一些人认为养殖这种牛效率更高。20世纪60年代新南威尔士州农业部门特兰吉研究工作站在他们的安格斯牛繁育场发起了一个研究项目，利用积极选择的方法，为一岁大的牛设置3种模式生长：低生长组、高生长组和对照组。这个试验的结论，很清楚地揭示了集中选择是怎样改变育种的方向，低生长组成为劳莱恩品种的基础。"特兰吉研究工作站联系了安格斯牛协会，想看看我们的意见，认为它们怎么样。"威廉姆斯说。我当时在委员会，于是我们建议他们将这些牛屠宰，它们显然没有前途。1920年，特兰吉阿伯丁－安格斯牛繁育场在特兰吉农业试验站成立，它距悉尼大约600千米。它的基础牛是加拿大品种，来自著名的格林卡诺克繁育场，那里产生过很多悉尼皇家复活节展会的冠军。特兰吉安格斯牛繁育场一直持续到现在，因为其超过80年的历史而成为国家最悠久和最重要的牛群之一。它仍然是肉牛育种规划非常有价值的资源，同时还是安格斯牛精英后裔测试的主体牛群。特兰吉研究工作站在其他州催生了一些卫星牛群，用于CRC3肉牛饲料转化率和母体遗传特性的研究。工作站多年来收集包括DNA在内的大量数据，用于当前和未来基因组研究。

20世纪70年代定期参加国家主要安格斯牛展会的牛超过200头，随着来自墨尔本皇家展会的维克托里展览团队的消失，马利格朗获得国家安格斯牛第一参展商的头衔。1973年在墨尔本举行的马利格朗皇家展会第一位冠军的产生，预示着未来一段时期将由它统治展会。随之而来的是它在墨尔本、悉尼、堪培拉和阿德莱德展会上连续32次获得最成功展览商奖项，并多次获得种间杂交类别的冠军。1995年，马利格朗的一头母牛在墨尔本获得冠军后，结束了其辉煌的展览生涯。12个月后马利格朗把所有超过3岁的母牛进行了低价出售。

1959年，菲尔·柯林斯和格温·柯林斯用7头母牛建立了他们的马利格朗安格斯牛繁育场，位于维多利亚州高宝谷的坦尼森。这些母牛中有部分来自维克托里，同时也被证明是最好的一些牛。当在展会获胜成为一个繁育场能力的衡量指标时，马利格朗始终走在前列。"展览是一种很好的方式，可以使我们的牛尤其是母牛，展现在大众面前，并且我们最终会取得一些很成功的销售。"菲尔说。在60年代和70年代，菲尔和格温及他们的五个孩子，带着他们的安格斯牛、陶赛特羊、长白猪和大白猪辗转各地的展会，包括本迪戈、伊丘卡、罗契斯特和谢伯顿。菲尔回忆称金字塔山展会上这三个物种的裁判员竟然一样。"男孩们虽然年幼，但他们能够担当起展示我们的羊、牛和猪的职责了。这也许就是他们现在都是非常有才能的畜牧从业者和养殖者的原因。"菲尔说。

来自维多利亚州坦尼森的马利格朗安格斯牛繁育场的菲尔·柯林斯（中间），在1995年的墨尔本皇家展会上非常难得地取得所有安格斯牛的冠军，由他的儿子皮特持有的马利格朗威尔科勒K187，是一头获得最优奖冠军的成年母牛，而由布雷特·杨持有的马利格朗苏格兰威士忌（牛名，译者注），是一头获得最优奖冠军的成年公牛。马利格朗还展出了青年冠军公牛和母牛，也都是很成功的参展牛

　　人工授精出现的早期，菲尔就获得了专业技术人员职业资格证书，并通过这项技术得到最优秀的遗传基因。马利格朗是首先使用胚胎移植的主要繁育场之一。菲尔曾在维多利亚州委员会担任过三年主席，菲尔回忆说，在一次委员会会议过后，唐·劳森跟他说，"我计算过你的牧场盈亏，但是我怎么也想不通你是怎样用胚胎移植获得经济效益的。"柯林斯回忆说，在那之后不久，胚胎移植成为劳森牛场运营中的重要组成部分。

　　菲尔·柯林斯和格温·柯林斯获得安格斯牛协会终身会员资格，当协会处于困境时，菲尔临危受命负责联邦委员会事务。2004年菲尔从时任主席的杰克·西摩那里获得了维多利亚州皇家农业协会主席奖章。但是格温和菲尔最大的成就是他们培育优质安格斯牛的传统能够由他们的孩子和孙辈所继承，其中两个儿子——皮特和格雷汉姆，成为皇家展会裁判员。我们共开设了5处农场，5个孩子每人一处，除了一处外其余都在坦尼森地区，格温说。皮特运营米兰黛勒安格斯牛繁育场，而皮特13岁儿子杰西刚刚开始接手梅里杰克繁育场。格雷汉姆和他的家庭运营着梅里布鲁克繁育场，达瑞尔和他的儿子海登运营着米兰唐斯繁育场，四儿子诺埃尔在墨尔本工作，并同时在现在菲尔和格温居住的坦尼森牧场养牛。他们唯一的女儿詹妮弗和她的丈夫吉姆在金字塔山附近运营一处商品牛场。

为纪念土地拥有者和科尔家族而立的纪念碑

林·桑德森是另一位著名的阿伯丁－安格斯牛养殖者，他来自新南威尔士州纳拉布里的瓦拉。他在 1934 年创建了瓦拉繁育场，于 20 世纪 60 年代在阿伯丁－安格斯牛领域赢得了首屈一指的声誉。他的牛群在哈泽尔迪恩、巴尔德·布莱尔、维克托里、罗斯雷等很多著名的繁育场及贝尔特里斯等优秀商品牛群中发挥了重要作用。除了协会成立初期长期担任主席的詹姆斯·怀特和哈罗德·怀特上校，在协会担任主席超过一届的人一共有三位，其中一位就是桑德森，另外两位是 H. G. 蒙罗（1947—1949 年，以及 1953—1955 年）和皮特·格里夫（2000—2002 年，以及 2006—2007 年）。桑德森第一次担任澳大利亚安格斯牛协会主席是 1945—1947 年，第二次是 1951—1952 年。

桑德森解决的最棘手的问题之一是如何应对澳大利亚牛肉产业，并在 1946 年《阿伯丁－安格斯牛评述》的一篇文章中予以表述。它涉及怎样使澳大利亚牛肉出口市场获得利益最优值。桑德森建议，澳大利亚应该对它多年的主要市场——英国增加优质肉类出口量。但是在第二次世界大战爆发后，英国抛弃了澳大利亚，并未向遭到袭击的澳大利亚伸出援手，战后澳大利亚最终摆脱了英国的控制，消除了殖民地痕迹。这是涉及阿伯丁－安格斯牛品种至关重要的问题，将深刻地影响其接下来 50 年的命运。在为本国牛肉苦寻新的市场中，澳大利亚将目光转向美国汉堡行业，使之迅速成为澳大利亚牛肉头号市场。它改变了澳大利亚牛肉生产的历程。桑德森输掉了拯救高品质牛肉市场的战役，导致澳大利亚数十年里仅限于低质低价的贸易模式。虽然美国汉堡贸易被证明是一个有价值的市场，但它对阿伯丁－安格斯牛品种最大利益不利，而是鼎力支持 20 世纪 50 年代才开始在澳大利亚有立足之地的瘤牛品种。

另一位致力于提高澳大利亚牛肉质量的是布鲁姆卡繁育场的休·戈登·蒙罗，他来自新南威尔士州北部的宾加拉。在 1947 年的《阿伯丁－安格斯牛评述》中，蒙罗说澳大利亚应该启动某些改革，包括对当地消费的牛肉进行分级和品牌化，以提高牛肉生产的质量。"分级的原则用于出口，为什么不对本地消费市场实施呢？"他问。如果不这样做，与品质较差的牛的价格相比，我们将永远不会得到高质量牛生产所带来的可观的报酬。我们不应该仅从品质较差的牛的养殖和交易中盈利。

随着回归到和平时期，好的质量应该是物有所值，而不是只追求数量而不顾质量。澳大利亚阿伯丁－安格斯牛养殖者盼望以质量谋利益，因为这样他们才能获得相应的回报。总的来说，英联邦对于品种的兴趣一直在增加，很高兴能在那些展会上看到很棒的成果展示，同时在那里育肥牛类别再次被提上日程。

布鲁姆卡很多年以来就是澳大利亚最好的阿伯丁－安格斯牛繁育场之一。蒙罗是第一位从美国引进公牛的人，即在 1935 年芝加哥举办的国际家畜展会上购买了巴尔·克雷特 2 号，它来自艾奥瓦州、艾兰特克的韦兰德霍普利。巴尔·克雷特 2 号取得了很大的成功，使布鲁姆卡迈向国家级成功牛场的道路上。1912 年，休·戈登·蒙罗将爱丁拉瑟繁育场的阿伯丁－安格斯公牛引进到科尔，与短角牛母牛进行杂交。他又在 1918 年从新西兰吉斯伯恩附近的特瑞哈沃繁育场引进了 10 头母牛和 1 头公牛。1925 年休·戈登·蒙罗为这些牛做了担保，之后在 1927 年购买了苏格兰公牛恩莱维，它与苏格兰冠军母牛是半同胞，来自苏格兰一个广为人知的家族。

休（左一）和朱丽叶·蒙罗（左二），以及他们的儿子辛克莱（左四）和他的妻子乔安娜（左五）及他们的孩子阿拉贝拉和迪格比

　　蒙罗在 1928 年访问了新西兰，并购买了另外 10 头母牛，结果证明这批牛给繁育场带来了很大的成功。接下来他又从诺曼·福斯特的阿宾顿繁育场引进了 5 头母牛。多年以来，他从苏格兰、美国和新西兰进口了很多公牛，而随着最新育种技术的出现，精液和胚胎也比之前被更多人使用。这为布鲁姆卡的成功做好了准备，使之成为国家顶级阿伯丁－安格斯牛繁育场之一。布鲁姆卡取得持续多年的成功，很少有安格斯牛繁育场能够与之相比。今天这个繁育场由辛克莱·蒙罗和他的妻子乔安娜运营，他们现在居住在历史上著名的科尔庄园，辛克莱的父母休和朱丽叶·蒙罗，则居住在另一居所，那是一所由格伦·马库特设计的具有现代风格的住宅。

　　桑德森在 1947 年《阿伯丁－安格斯牛评述》中综述了澳大利亚牛品种的发展史，非常具有启迪作用。在西澳大利亚州西南角有一带乡村，非常适合三叶草的生长，黑牛在这里迅速得到普及，新的养殖者的加入使得养殖队伍逐渐壮大。他写道："在这片牧区养羊已经出现某些问题，因而很多人开始转向养牛。"

　　近年来，安格斯牛数量在维多利亚州显著增加。这个州有很多优质牧草，气候及降雨适合当地三叶草和黑麦草等牧草生长。人们发现阿伯丁－安格斯牛在这种饲喂模式下，每头牛都长势良好，并且像羊一样圈在小牧场中表现也一样良好。早熟的特性使得它们周转速度很快，对于这里昂贵的土地是很有必要的。此外，与澳大利亚其他地区市场相比，墨尔本市场对高品质牛肉支付的费用更高。维多利亚州有很多繁育场，但是主要的用途就是肉牛育肥及养羊。

布鲁姆卡·奎拉，出生于 1963 年，是因福雷尔展会上最好的展品

布鲁姆卡繁育场的出售日

新南威尔士州西部地区几乎完全致力于养羊，而中心地区适合种植小麦和混作，并生产羊毛，在某些地区适合肉牛育肥。然而，在东部和北部地区养牛占大多数，自澳大利亚阿伯丁－安格斯牛协会成立以来，这里的诸多阿伯丁－安格斯牛繁育场使得新南威尔士州成为这个品种的聚居地。整个新南威尔士州东半部，从北到南绵延着一条高原地带，海拔平均在海平面以上 2 000～4 500 英尺 [①]。正是在这个地区，阿伯丁－安格斯牛得

———————————

① 英尺，英美制长度单位，1 英尺≈0.30 米。

以繁荣兴旺，即使是在气候严酷的冬天。尽管牧草营养价值很低，黑牛总会为自己赢得一席之地并生存下来。除了这些聚居地，人们还可以在主要沿河流域富饶的乡村发现它们的足迹，虽然天气炎热，苍蝇和蚊子的存在可能使这个地方环境与它们的故乡苏格兰截然不同，但是它们依旧肥硕丰满。

昆士兰的事例表明阿伯丁－安格斯牛可以适应沿海地区气候，阿伯丁－安格斯牛数量在罗克汉普顿和格莱德斯通地区逐渐增加。它们的发展稳步前进，并在其他品种生存的聚居地逐渐普及开来。安格斯牛最引人注目的一点是，无论它们饲养在富饶的或贫瘠的乡村，气候寒冷或炎热，如果合理育肥，它们都能生产出外形美观的牛肉胴体，而且也没有像其他品种那样的多余脂肪和过高的骨重。

事实也是如此，澳大利亚领土广阔，对于那些经常迁移的人来说，不同牛群之间距离相隔很远，但是养牛人注意到黑牛在每个育肥牛场的比例在逐渐增加。就像在新西兰那样，安格斯牛已经占据主导地位，相信在澳大利亚那个时刻终将会到来，它们将开拓道路，勇往直前。

安德鲁·米勒、哈里·威廉姆斯、罗布·威廉姆斯和吉姆·威尔逊（维多利亚州委员会主席）

1951年《阿伯丁－安格斯牛评述》夏季版强调了本品种在维多利亚州的快速发展。

书中指出，维多利亚州繁育场的数量从 1939 年的只有 8 个增加到 1951 年的 100 个，这反映出商品牛群的显著增加。1951 年在墨尔本牛市上每周都有 20～30 栏阿伯丁－安格斯牛展出，相比较而言十年前仅有 2 或 3 栏。在 1955—1956 年的评述中，桑德森写道："毫无疑问，安格斯牛生产的胴体在世界各地赢得各种比赛，这比其他所有品种加起来还要多。这个品种肯定有某些品质，如果加以广泛利用，将能够提高澳大利亚出口牛肉的标准。然而，事实上我们的品种总的来说没有在澳大利亚被广泛应用，特别是在那些出口牛肉主产区。1955 年 1—6 月，澳大利亚牛肉出口数据表明，昆士兰生产的牛肉占到了牛肉供应的大约 9/10，其中很少一部分是阿伯丁－安格斯牛肉。"

另一项对阿伯丁－安格斯牛领域十分有意义的法令是，自 1960 年 2 月 1 日起决定对这个品种的名字使用缩写词。从 19 世纪早期称之为黑色无角牛，到后来 1885 年称为阿伯丁－安格斯牛，在与养殖者们长时间探讨后，这个品种名字正式简化为安格斯牛，各养殖者最终确定采用这个较短的名字。

饲养阿伯丁－安格斯牛的繁育场，它们对该品种在澳大利亚的发展和成功发挥了不可估量的作用。很多养牛者穷其一生致力于品种改良，在养牛岁月里，他们获得的回报较少。但是现在他们可以自豪地站在澳大利亚阿伯丁－安格斯牛养殖场伟大的创建者行列中。正是在澳大利亚，他们通过更加艰苦漫长的奋斗取得了最终的成功，相比较而言在世界其他地方要容易得多。

驱赶牛穿过圭迪尔河，去往科尔

雷兹是这些养牛家族中的一员，他来自新南威尔士州亚斯的纳兰古伦。为了他的儿子乔治和妻子玛丽，安德鲁·雷兹在 1933 年创建了纳兰古伦安格斯牛繁育物。安德鲁·雷兹自 1937—1939 年担任澳大利亚阿伯丁 - 安格斯牛协会第三任主席，而他的儿子乔治·雷兹成为第四任主席，任期为 1941—1943 年。遗憾的是，他死于战争，留下玛丽继续运营纳兰古伦达几十年。这个繁育场从引进苏格兰巴林达罗奇的 8 头小母牛组成核心牛群开始，逐渐成长为澳大利亚最大和最著名的阿伯丁 - 安格斯牛繁育场之一，直到 2006 年解散，开始专注于它的商品牛群。它产生了很多皇家展会冠军，并在很多其他主要的繁育场创建中起到了重要作用。

很多阿伯丁 - 安格斯牛繁育场为这个品种的发展发挥了重要作用，甚至很多现在几乎被人遗忘。它们包括林赛·尼古拉斯的特里纳尔姆繁育场，位于墨尔本附近的利利代尔繁育场；还有位于新南威尔士州杨附近的陶特家族的万班姆巴繁育场。

位于卡尔姆的凯利家族巴维吉繁育场是维多利亚州西部非常有名的繁育场之一。1946 年，查尔斯·凯利创建了巴维吉繁育场，并从克里夫·明特的卡鲁繁育场购买了 17 头成年母牛，它位于新南威尔士州莫斯·韦尔附近。这其中有 5 头牛原是新西兰母牛，由杰克·坦纳尔挑选出来成为卡鲁的基础牛群部分，另外 5 头牛最初为巴尔德·布莱尔母牛。查尔斯·凯利说他创建繁育场的目的是为他的商品牛群中 1 800 头能繁母牛培育公牛，这被认为是澳大利亚所有品种中最好的牛群之一。该商品牛群建立于 1935 年。

1947 年，J. C. 威尔逊创建了普恩亚特繁育场，位于维多利亚州西部坎伯当附近。因为他想验证一下相对于其他品种，安格斯牛在干旱条件下忍耐力究竟有多好。普恩亚特由具有优秀血统的牛组成，包括从位于巴克斯马什的索尔·格林的安德班克牛群在解散出售时购进的一些杂交品种母牛，以及一些来自纳兰古伦的巴尔德·布莱尔和布赛拉姆博的母牛。他还在诺曼·福斯特的阿宾顿繁育场解散时购进了 13 头出类拔萃的母牛。

迪克·休斯是塔斯马尼亚畜牧业伟大的领军人物之一，他来自朗福德的克鲁顿纽里。他 13 岁时就开始参加畜禽展览，那时他展出了一只雄鹅。这件事给了他信心，在第二年展出了一只雄鹅和一匹矮种马，但当他下马时，被一个树根绊倒了，摔破了一只胳膊。这个不幸反而把他带进了繁育领域，开始是养殖产于英格兰南部的无角短毛羊，后来是无角陶赛特羊，但最终选择了阿伯丁 - 安格斯牛，并成为安格斯牛协会的终身会员。具有讽刺意味的是，他在 1957 年的朗塞斯顿展会上认真观察了那头阿伯丁 - 安格斯公牛总冠军。"它个头仅到我的皮带扣这里，但是哈利·威廉姆斯却授予它冠军头衔，"他说，"记得 20 世纪 90 年代，我所展示的最后一头公牛差不多到我肩膀这么高。"休斯开玩笑说，他当初冒险进入阿伯丁 - 安格斯牛养殖领域的唯一原因是，因为他的邻居都养海福特牛，"安格斯牛很小，如果有牛跑出去，你就能轻易看到。我很高兴选择了安格斯牛，因为它们表现非常棒。"他说。

与此同时，1965 年，哈利·威廉姆斯和他的妻子贝蒂把维克托里搬到贝纳拉，同一

布鲁姆卡·豪斯提尔是进口苏格兰公牛普兰斯米洛斯的孙代牛，在 1966 年悉尼皇家复活节展会上获得最优冠军安格斯公牛奖。它在评比会场上从未逢对手，后来它被以创当时记录的 10 000 美元①卖给了位于新南威尔士州杨的基尔马诺克安格斯牛繁育场的艾伦·博伊德

20 世纪早期，一位畜牧业者用巴尔德布莱尔烙铁点燃了他的手卷烟

---

① 美元，是美国等国家的法定货币。

年威廉姆斯成为澳大利亚安格斯牛协会第三任维多利亚州主席。威廉姆斯回忆称，协会中的新南威尔士州和维多利亚州的养殖者之间一直存在分歧。"这场矛盾由来已久，新南威尔士州人认为他们更优秀，因为协会总部就设在他们州，"他说，"我的父亲曾在安格斯牛委员会任职两三年的时间，它由新南威尔士人运营。父亲说：'如果你不给维多利亚人一个机会，我们将独自前行'。协会成员中有1/3来自维多利亚州。当我在委员会时，我们不得不自力更生。我进入委员会时正值30岁出头，而其他人都已经50或60多岁。之后我成为副主席，但后来意识到我几乎没有时间参与委员会事务，因此我辞职数年，直到后来再次加入。按照规定，我像往常一样在会议外等候，委员会任命我为候补议员，以此给予维多利亚州更多的代表席位。当我成为主席的第一天，我打住了两个家伙没完没了的讲话，并将会议时间从原来的两天缩短至第一天下午5点结束。"

威廉姆斯在他的养殖生涯中创造过多个"首次"，包括首次把澳大利亚公牛送到新西兰，从19世纪90年代出口名为戴维·赛姆的牛开始的。他还首次把澳大利亚公牛出口到日本，以及把母牛出口到英国和苏格兰。在他的儿子运营维克托里20多年后，于1987年把这个繁育场迁往格伦罗旺。罗伯·威廉姆斯说，正是通过专注于提高牛肉大理石花纹含量才取得今天巨大的回报，并直言安格斯牛品种将取得进一步的成功。哈利·威廉姆斯在1978年成为澳大利亚安格斯牛协会名誉终身会员。因其为协会所做出的贡献，在2006年获得澳大利亚勋章。他为安格斯牛品种所做的贡献是巨大的，包括品质改良，还有将很多公牛及母牛卖出了创澳大利亚品种记录的价格。他在这个行业的生涯渐近尾声，但他认为安格斯牛品种有着巨大潜质，有待进一步挖掘以实现更大的成功。"同样的事情也在美国发生，那里的消费者们信心满满地认为，经过认证的澳大利亚安格斯牛肉是市场上最优质的肉，"他说，"澳大利亚养牛人，养安格斯牛可以多赚100多美元，当然也可能还有额外的50美元。"

（夏传齐　译，白萨茹拉　校，李欣　复校）

新南威尔士州比朗河谷的派恩克里克繁育场，图为对峙中的青年公牛

第六章
优良的性能

　　安格斯牛养殖者詹姆斯·利奇菲尔德在他的哈泽尔迪恩农场收到一封匿名恐吓信，某人扬言他在新南威尔士州南部蒙埃罗的农场将在1976年的一场丛林大火中毁灭。接下来是澳大利亚安格斯牛协会年度全体会议，利奇菲尔德提议，请求协会能够为优秀的商品母牛另开一条途径，以登记或附录的形式在牛群名录中体现出来。根据利奇菲尔德计划，精英母牛将会通过国家肉牛性能记录服务系统，以及相应的视觉分类程序进行标示。经过几代优秀性能和分类筛选后，其后裔牛才能有资格出现在牛群名录中。

　　年度会议上，辩论变得异常激烈，利奇菲尔德遭受了相当多的人身攻击。1965年澳大利亚安格斯牛群改良团队合作社成立，它是澳大利亚第一家开始对牛进行性能记录的团队，从它成立起各种批判就已经开始了。艾伦·博伊德是合作社主席，他来自基尔马诺克，在一次关于澳大利亚肉牛育种规划的报告中说，1965年安格斯牛协会一直都是在记录成员和系谱，但是对于肉牛产业而言，所做的还很少。"主要的衡量标准就是皇家展会结果，"他说，"这样的判定经常是由一位有声望的养牛人来执行，往往由协会民主选举任命，他在结果判定时会自己杜撰一些词，比如fleshing，通常指某头牛总体上可能肥一些。"

　　博伊德指出，继安格斯牛群改良服务站（AHIS）、肉牛育种规划和澳大利亚牛肉研究所（ABRI）之后，这家合作社的启动再一次把安格斯牛推向肉牛产业的前沿。他相信对牛肉生产进行基准测试，设定目标并记录性能，这些举措对整个行业发展起到重要作用。"在这种情况下，几乎总是需要'有影响力的人物'来改变局面，指的就是1966年17位安格斯牛养殖者，他们远见卓识，可以放手一试，"他说。合作社成立于1966年6月23日，得到了安格斯牛协会及包括很多安格斯牛养殖者在内的理事会成员的全力支持和帮助。1970年，合作社和它的所有资产移交给了安格斯牛协会，附带条件为所有在职原始成员应该继续进行性能记录服务。

安格斯牛群改良服务站（AHIS）成立于 1970 年，利奇菲尔德任主席，其他人包括布鲁姆卡的戈登·蒙罗和贝尔特里斯的迈克尔·怀特。利奇菲尔德说，"1970 年在新英格兰大学举行的肉牛业大会是最隆重的活动之一，在这场会议上澳大利亚的所有品种性能记录方案得到了公众的广泛认可。在这个会议上，成立以麦克·琼斯博士为主席的委员会，来执行这一理念，委员会包括三个部分：第一，在阿瑟·里卡兹博士的指导下，由农业经济研究所开发一个数据记录系统和可兼容计算机程序；第二，在基斯·哈蒙德博士指导下，由动物遗传和育种单位（AGBU）对肉牛的商品性状的遗传学基础进行评估，并可针对肉牛表现性状进行客观测量，并开发选型公式；第三，ABRI 和 AGBU 的主要参与者合并为技术小组委员会，由我来出任主席。我的任务是检验农场技术应用实际问题。1972 年，国家肉牛记录方案（NBRS）正式发布，很大程度上归功于 AHIS 的

哈泽尔迪恩农场的所有者，吉姆·利奇菲尔德，他是詹姆斯·利奇菲尔德的儿子，1965 年，他因创建了之后发展成为肉牛育种规划的性能记录而备受批评

开创性工作，安格斯牛品种提供给 NBRS 最大规模的性能记录。如今肉牛育种规划取代了 NBRS，但安格斯牛性能记录仍然占优势地位，并成为世界领先的肉牛养殖遗传评价体系。"

利奇菲尔德表示，在同一时期世界上其他地区也在做着遗传评估项目，尤其是美国。"但是不为人所知的是，AGBU 研究团队突破性的成果正是建立在肉牛育种规划的基础上，"他说。肉牛育种规划已经被广泛采用，并大大强化了在世界范围内遗传评估的作用。由 AGBU 开发的新技术，使得 ABRI 有机会帮助超过 20 多个国家进行评估程序的升级，以及整合他们的牛群名录。因此实际上，我们现在拥有一个可供选择的世界级基因库。

当肉牛育种规划在 20 世纪 70 年代初成立时，利用人工授精技术对基准公畜进行选择，以此作为初始牛群参与性能记录的纽带。来自特·马尼亚繁育场的安格鲁·格宾斯说，这样鼓励了这些养殖者开始使用人工授精，并将人工授精作为重要的配种方式。

"来自新西兰的派因班克 V53 是最优秀的早期参照公畜之一，通过对它的后代进行称重，我们开始弄清楚哪些公畜对牛群影响最大，"格宾斯说。对安格斯牛品种所做的另一个明智之举是，消除人工授精应用过程中的抑制因素。通过消除精液应用的限制因素，使得人们在整个牛群中使用优良公畜更具有可行性，而且使品种改良进展以更快的速度进行。

但是成功往往不是一帆风顺的。可以预见的是，随着对国家肉牛记录方案（NBRS）理解的深入，NBRS 在行业内的支持度不断增加，这诱发安格斯牛协会"保守派"的抗议。"他们将其视为协会和他们地位的威胁，而认为传统的展会或评比会才是选择安格斯牛品种优势的最好的方式，"利奇菲尔德说，"NBRS 向商品牛群的扩展是这场矛盾的中心问题，尤其是与下面这类养殖者的想法背道而驰，即那些发现他们的性能表现最好的母牛，并继续建立核心牛群来生产公牛，并将过剩的牛提供给与他们志同道合的其他商品牛养殖者。我相信就这一点而言，我被他们视为头号敌人。"

利奇菲尔德指出，澳大利亚南半部安格斯牛的数量大幅增长主要有三个原因。首先，安格斯牛比其他品种有着更高的胴体率，这能满足消费者的需求，尤其是在日本市场上。其次，相较于其他人，安格斯牛养殖者更愿意将先进的遗传评估技术应用于他们的育种计划中，并经常从全球基因库搜寻遗传材料。再次，安格斯牛品种已经成功地提高了经济效益，这被那些运营商品安格斯牛场的人所喜爱。他认为这三个方面引起了待售寄养场的牛价格上升，以及从养殖其他品种转向养殖安格斯牛的人数大幅增加。

"蒙埃罗安格斯牛养殖者协会建立于 20 世纪 70 年代，我是其第一任主席，它在引领本次养殖潮流上做得非常成功，"他说。这个协会首次举行了澳大利亚商品母牛年度拍卖会。30 多年后，它仍然是别人判定的基准。我相信它在很大程度上提高了人们对于所有高品质肉用母牛的认知，无论它是什么品种。这反过来又为提高整个牛肉行业标准提供了强劲的动力。

来自新南威尔士州比朗的莎伦和格雷格·富勒，庆祝在展会赢得胜利。在过去的十年里，富勒夫妇的派恩克里克安格斯牛繁育场、来自新南威尔士州库纳巴拉布兰的 DSK 安格斯牛繁育场，以及来自维多利亚瓦南布尔的安德鲁·安德森的洛桑德安格斯牛繁育场在悉尼、阿德莱德和布里斯班安格斯牛展会上占据统治地位。其中，他们赢得了很多种间杂交育种冠军，被载入高级安格斯牛档案。到 2007 年为止的十年中，安格斯牛最优奖公牛和母牛双冠军，经常由这三个参展商获得。2006 年，富勒夫妇赢得一次特别的成绩，即由他们的女儿克里斯蒂培育的布莱克·戴蒙德·迪瑞克森 Y309，在悉尼、布里斯班和墨尔本展会上获得"三连冠"

在保守的畜牧业，利奇菲尔德在使人们认可安格斯牛品种的客观评价方法中起到非常重要的作用。安格斯牛养殖者中采用肉牛育种规划的比例，比其他品种养牛者更大，是这些有远见的养殖者追求经济成功和技能的客观反映。它导致了安格斯牛团队利用肉牛育种规划——先进的遗传评估系统，为安格斯牛各个性状提供了全方位的遗传描述，包括繁殖力、生长率、母体遗传能力和胴体性能。

唐·劳森是桑布瑞安格斯繁育场的创建者，现在被称为劳森安格斯繁育场。他说，安格斯牛养殖者心甘情愿地进行性能记录源于他们的态度。"我记得很多年前来自戈尔夫希尔和库里班帕克赫里福德的杰克·巴伯曾在马可斯奥德汉姆农学院做过一次精彩的演讲，"劳森说，"杰克说，当他小的时候短角牛是最主要的品种，但是之后它们被苏格兰牛种取代了。海福特牛也发生同样的情况，他的建议是如果可以重新开始，他会选择安格斯牛。我饶有兴趣地听他讲话。他是一位牧场主。同时，他也是一位优秀的自然界观察者。他总是会说，看看你现在处于哪里，历史习惯于重演。"

动物遗传和育种单位（AGBU）高级顾问韦恩·阿普顿乐观地讲，安格斯牛品种不会遭受其他品种那样的命运，这是因为它采用了新技术。AGBU 在阿米代尔的总部，与澳大利亚安格斯牛协会合作密切。"已经采用遗传评估技术的安格斯牛的质量可能要好过排名第二的品种 10 倍之多，"他说，"我们的这项评估是基于这样一个指标值，即试图用来衡量以盈利为目的的遗传潜力。安格斯牛品种的平均指标值每头每年提高了近 3 美元，而排名第二的品种还不到 1 美元。"

阿普顿说："安格斯牛品种遗传改良的速度要比其他品种快得多。部分原因是，之前安格斯牛种做过很多记录，可用的信息也就更多更好。一般来说，谁改良最快，就可以反映出谁做的记录最多。"他说："我们已经修订了肉牛育种规划，让它涵盖更多的重要性状，安格斯牛比其他品种进展相对更快一些。这又回到我们的假设上来，安格斯牛的指标目的在于描述效益，这也是所有性状的中心目的，它反映了总绩效情况。"

阿普顿和他的同事 AGBU 研究员斯蒂芬·巴洛博士说，牛种遗传绩效改良进程才刚刚开始。他们认为由肉牛育种规划提供的遗传改良，是自 18 世纪末和 19 世纪初英国现代牛种发展以来最深刻的变革。虽然他们坦言这只是在单一性状上产生了显著变化，但巴洛说没有什么能比之前发生的这样改良更实质的了。

"我们现在急需解决的是饲料采食效率，与动物年龄密切相关，"阿普顿说，"这将是未来 10 年研究的当务之急，因为饲料仍然是养牛业最主要成本之一。这是我们必须去做的下一件大事，并且我们通过对安格斯牛品种初步研究，也已经认识到这一点。"

1978年，在沃东加举行的"铃木经典"安格斯牛肉展会中的冠军——顶级公牛特·马尼亚·尤雷尼厄姆，以及来自特·马尼亚的养殖者安德鲁·格宾斯，来自维多利亚州蒂布巴拉安格斯繁育场的买家维维恩·克尔和饲养员罗·麦克康比

昆士兰繁育场主戴维·拉夫在澳大利亚养牛业性能记录中发挥了主导作用。1972年，他的牛群是第一批报名向国家肉牛记录方案（NBRS）登记的。以位于布里斯班西北400千米处德里汉姆的曼迪布兰加牧场为基础，拉夫·安格斯繁育场曾经是过去30年昆士兰最有名的安格斯牛繁育场之一。拉夫20世纪80年代初曾在澳大利亚安格斯牛协会委员会任职，那时协会开创性地决定采用安格斯牛团队的育种计划，成为澳大利亚第一个这样做的养牛协会。"它的目的是帮助繁育场识别目标家畜优秀的性状和不良的性状，进而向商品公牛买家提供数据，来帮助他们选择那些具有优良性状的公牛，能够对他们的育种计划带来经济价值。"拉夫说没有人怀疑这样一个事实，那就是育种计划为那些养牛地区提供与经济效益相关的有价值的牛的性能方面的数据。但他同时告诫说，还有很多性状不能被育种计划衡量，其价值对于营利行业来说同等重要，或不亚于那些估计育种值（EBV）。

在所有的领导人中，山姆·怀特谱写了安格斯牛育种史的新篇章，他来自新南威尔士州新英格兰地区盖拉的巴尔德·布莱尔繁育场。1947年，他的祖父哈罗德·怀特上校

在 2007 年悉尼皇家复活节展会上，获得"霍登·特罗菲"种间杂交育种奖项的安格斯牛团队。霍登·特罗菲奖是首个种间杂交育种的奖项，这是 10 年来安格斯牛第七次赢得此奖项

澳大利亚画家伊凡·达兰特创作的画作——PS Powerplay（是安格斯牛的重要品种之一），图中人物是来自桑布瑞安格斯繁育场的唐·劳森

在《阿伯丁－安格斯牛评述》上发表过一篇学术论文，论述了肉牛生产中育种和饲喂的重要性。过去和现在的差异显著。现在山姆·怀特利用特殊的基因标记技术来改良由他的牛群所生产的牛肉质量，其亮点是大理石花纹、嫩度和饲料转化率。巴尔德·布莱尔繁育场是澳大利亚测定和筛选净采食量（饲料转化率测量值）的先驱者之一。怀特参与到肉牛和牛肉质量合作研究中心的研究项目中，为鉴定和筛选出具有优秀的饲料转化率的动物探索新的和更简便的方法。

"这导致了像巴尔德·布莱尔这样的牛群的饲料转化率遗传改良速度加快，我们正在测定和筛选这种性状，"他说。巴尔德·布莱尔支出大量资金用于测定个别公牛饲料采食量和体增重来开发饲料效率数据，是澳大利亚少数这样做的繁育场之一。巴尔德·布莱尔已经在盈利状态下饲养家畜，并保留繁育场所有权，还通过它来收集盈利情况和各种遗传性能数据。"像这样的研究是很重要的。经验表明，300天的肥育期结束后，大理石花纹评分为2和评分为3的育肥牛之间，它们的价值相差300～400美元。"

他还关注牧草开发，并讲述了他的那个经过修整的小牧场，将牧场内的岩石破碎和移除后，种植上新的牧草品种，使得牧场的家畜承载能力在12个月内翻倍。他称，整修牧场要比再去购买土地划算得多。"曾经我们骑着马都很难翻越的地方，现在可以很轻松地驾车通行，"他说，"我们把那些非常糟糕的小牧场改造成了非常好的牧场，前后反差是极大的。"

2007年4月，澳大利亚经历最难熬的干旱季节，当时在位于维多利亚州西部科拉克举行的格宾斯和麦克法兰家族年度特·马尼亚安格斯牛展销会上，人们一开始情绪很阴沉，但在展销会接近尾声时，乐观情绪替代了悲观情绪，每个人都展望着干旱结束后的情景，期待养牛业最终恢复正常。特·马尼亚将121头公牛每一头都卖出了平均7 306美元的价格，总营业额达到884 000美元。这场售卖吸引了来自整个澳大利亚的买家，甚至还有像帕克家族的联合畜牧公司这样的重要养牛从业者。"销售结果很惊人。在这样的干旱期间，我们原来并不期望有什么结果，"合伙人玛丽·格宾斯说，"我们这次有一头公牛拍卖出了43 500美元的价格，是至今为止最高的价格。"

特·马尼亚展销会是每年安格斯牛售卖的一个缩影。2006年，全年181个主要的展销会中，卖出了7 544头公牛，总价值3 350万美元。2007年的结果由那些主要繁育场所主导，像劳森的桑布瑞繁育场，268头公牛以113.5万美元的价格出售；来自澳大利亚西部的库加希尔斯繁育场，36头公牛以平均每头7 153美元的价格出售；昆士兰的拉夫安格斯牛繁育场，其99头公牛以557 000美元的价格出售。在新南威尔士州阿德罗森繁育场的54头公牛以平均价格7 019美元出售；位于塔斯马尼亚的克鲁顿纽里繁育场，其45头公牛以平均4 376美元的价格出售；塔斯马尼亚的兰德弗繁育场出售了75头公牛，总销售额为318 250美元。

安格斯牛的生产性能是所有肉牛品种中最好的，并且近几年还在一直稳步提高，英国和欧洲每年有一半数量的安格斯公牛在澳大利亚出售。它为澳大利亚令人瞩目的肉牛产业革命提供了大量信息。正是由于这些现代安格斯牛养殖者的远见卓识，在过去的 15 年中，安格斯牛养殖从落后走到了所有其他温带肉牛品种的前列，成为澳大利亚最大的农业产业。在它逐渐发展的过程中，很多牧场相继转为养殖安格斯牛。

　　安格鲁·格宾斯通过他超前的眼光，在牛场中采用成功的技术，为他人做出了榜样，也为这个品种发展做出了重大贡献。他说，在他从事养殖业的岁月里，安格斯牛从仅仅是一个小品种发展成为最大的品种，部分是由于它专注于高新技术。"肉牛育种规划多年来为我们的育种计划做出了令人难以置信的贡献，"他说，"特·马尼亚有了提高我们牛肉质量的机会，我们必须像养猪业和养鸡业那样专业，因为我们是在同他们竞争，高品质的牛肉是我们参与竞争的底牌，我们要做的就是让它名副其实。"

　　日本市场迫使生产者培育出品质一流的高档产品，很多养殖户也予以接受。活体出售的出现大大推动了安格斯牛的发展。黑色给人一种错觉，就是它们看起来要比红色或红白色的牛要小一些。但是当在市场上进行称重时，人们忽然意识到，安格斯牛比他们原来认为的要重。当把它们卖到屠宰场后，反馈回来的结果就是，买家终于认识到这个品种牛肉产量如此高。

　　格宾斯家族在推动澳大利亚安格斯养牛业发展中发挥了重要作用，他们于 1971 年从新西兰特·马尼亚引进了 56 头母牛和 2 头公牛，组建了澳大利亚特·马尼亚安格斯牛核心群，最初是与玛丽·格宾斯的兄弟弗兰克·怀尔丁合伙来做的。安格鲁·格宾斯说，那时候，新西兰的牛比澳大利亚的牛生长要快，而且个头也大。弗兰克·怀尔丁是牛性能记录的一位先驱者，而且是首位在新西兰安装磅秤来对牛进行称重的人。哈泽尔迪恩和巴维吉已经将新西兰特·马尼亚公牛成功地引入到他们的牛群中。

　　1982 年，第一批通过新科科斯岛检疫站的来自北美的牛完成装运并起航，这给澳大利亚的安格斯牛养殖业带来了很大的推动作用。哈利·威廉姆斯和他的儿子罗伯，连同来自塔斯马尼亚的朗塞斯顿的兰德弗安格斯牛繁育场的杰拉德·阿切尔（亨利的女婿），进口了名为萨梅特克雷斯·帕沃尔佩雷 MO 32 的牛。同属一批牛的还有特·马尼亚繁育场的 V. P. I. 洛德·博帝，以及来自科林·里昂斯的格伦·博尔德繁育场的普罗斯佩科特·斯格和来自澳大利亚南部康奈尔家族库卡昆加繁育场的罗姆代尔·瑞福特。"这些公牛对澳大利亚和新西兰的安格斯牛育种产生了深远影响，并将安格斯牛的体尺提高到了人们可接受的水平，"科林·里昂斯说。

　　1985 年，在加拿大埃德蒙顿举办的第五届世界安格斯牛论坛上，里昂斯发表演讲指出，北美公牛的使用，对澳大利亚育种产生了引人注目的影响。"现在澳大利亚大多数登记在册的安格斯牛群都在使用北美繁育出来的公牛。举一个例子可以说明北美公牛的成功，即在 1984 年的皇家墨尔本展会上，有 88 头牛进入了展会的初级阶段，其中大约有

来自新南威尔士州库纳巴拉布兰的 DSK 安格斯牛繁育场的克里斯·诺克斯。而诺克斯的拥有者是 21 世纪初评比会场上的一位出类拔萃的参展商，作为获得冠军称号小公牛的筹备人和参展商，他的实力是无与伦比的

一半是北美公牛的后裔。除了一项外，他们基本占据了每个类别的第一名和第二名，冠军公牛和后备冠军母牛是加拿大公牛后裔，而冠军母牛和后备冠军公牛则是美国公牛后裔。北美血统的引入增大了澳大利亚安格斯牛的体尺，这要比常规选育快得多，而且这是非常必要的，因为比起其他多数品种，澳大利亚安格斯牛受到早些年代'小型紧凑'观念的影响更大。"

安格鲁·格宾斯同意这一观点，即来自美国的新安格斯牛增加了澳大利亚安格斯牛的生长速度和体尺。"它们体长较大，而且产肉量很高，"他说，"当 V. P. I. 洛德·博帝在

13岁（由于牙齿缺失）最终要被淘汰时，它的体格还像刚来澳大利亚时那样完美，它的蹄部从来不需要修整。洛德·博帝体况评分为7，这在那个年代被认为是非常好的。我们购买的下一头公牛 S. V. F. 伊姆帕特，甚至有着更大的体尺。"

"人们采购更多进口精液用于高品质胴体市场。美国养牛人先于澳大利亚人寻找牛肉带有大理石花纹、肉嫩度好和产量好的公牛的精液，那些进入澳大利亚的精液在促进澳大利亚高品质牛肉生产上起到最重要作用。苏格兰·卡普、新设计 036 和最近的'未来方向'（均为公牛的名字，译者注）公牛的精液在这一领域做出了重大贡献。"

萨梅特·克雷斯·帕沃尔佩雷·MO32，是一头体况评分为6的3岁公牛，站立时肩峰高度为60英寸①，体重达 2 250 磅，目前还在增加，脂肪厚度为6毫米。哈利·威廉姆斯说它是从美国买回来的最好的公牛，可以活到13岁。它有着外形漂亮的蹄部，而且从来没有修剪过。在这之后几年，维克托里又从美国进口了18头公牛和5头母牛，包括很多成功的采精公牛，尤其是苏格兰·卡普，它是帕沃尔佩雷的半同胞兄弟，其一管精液售价可达 200 美元。帕沃尔佩雷一生中有远远超过 6 000 头犊牛后裔，苏格兰·卡普也超过了 3 000 头。布鲁姆卡·西奥·T30 是另一头成功的采精公牛，卖出了 13 000 管精液，它的一些后裔在私人销售中处于顶级位置。

派恩克里克销售日。富勒家族每年向澳大利亚售出大约 120 头公牛

①　英寸，长度单位，1英寸≈2.54厘米。

威廉姆斯说，在 20 世纪 90 年代初，体尺超大的美国公牛的影响在开始时备受质疑，到了 20 世纪 90 年代末，维克托里恢复使用澳大利亚培育的公牛。罗伯·威廉姆斯说，维克托里现在专注于寻找澳大利亚最好的公牛，用以提供高品质精液。"使用我们的稳定性预测器，我们购买了布鲁姆卡·西奥，它成为澳大利亚养牛业中三头最有价值的公牛之一，"罗伯·威廉姆斯说，"我们将布鲁姆卡·西奥的精液所有权卖给了艾格里珍，并在 2003 年以 111 000 美元价格将这头公牛租赁给了库鲁马安格斯牛繁育场。我们现在有了一头令人兴奋的用于转换改良牛群的公牛——麦里克·里弗斯，它生长迅速，受到澳大利亚和新西兰养牛人的欢迎。"

唐·劳森于 1967 年在维多利亚州耶伊创建了他的桑布瑞繁育场，所用种牛为博特家族的纳兰格希牛，它们"之前横扫所有墨尔本展会胴体方面竞争者"。"纳兰格希牛专注于胴体质量和肉品质，它的牛肉最终出现在牛肉和酒类品鉴俱乐部，有着非常好的声誉，"他说，"安格斯牛肉一直比其他品种大理石花纹丰富，而且纹理细腻。巴辛、贝莱德、兰德弗、桑布瑞和伯特安格斯等牛种都受到纳兰格希牛的影响。我们很幸运，能够买到很多具有纳兰格希牛血统的种母牛及全部的小母牛，因为人们在干旱时期减养和处理掉很多这样的牛。"

"通过卡哈勒·兹迪克、麦斯弗和佐罗这三头公牛，新西兰肉牛基因对澳大利亚牛群产生了非常重要的影响。蒙埃罗繁育场德里格特站还买入了普基图·比克，它很有影响力。之后我们引进了更多新西兰这个血统的牛。"

已故科林·凯利是性能记录的先驱之一，他来自维多利亚州卡尔姆特的巴维吉，他的商品牛群曾经作为安格斯肉牛育种规划数据库的来源。当他的父亲查尔斯·科尔曼·凯利去世后，科林接管了牛场。但他不擅长靠肉眼进行判断，但非常热于客观测量。他的助手乔伊·豪利回忆说，当她 1965 年刚来巴维吉工作时，这个牛场就已经使用澳大利亚西部计算机系统收集性能数据，并进行了很多年。

"巴维吉产出了 1 000 头犊牛，这些犊牛在出生时就都进行了标记和称重，在断奶之前和断奶时还进行了至少一次称重，"豪利说，"科林·凯利非常热衷于他所做的事情。在此之前他还买过一些其他品种的牛，如德文牛、圣热特鲁迪斯牛、荷斯坦牛，可能还有西门塔尔牛。他养了有几年时间，之后开始养殖安格斯牛。他在邓肯·麦金农有一位特殊的牧场主朋友，因此他们能在抽象数据和牧场主的实践期望之间取得平衡。"

"他认为自己能够准确知道牛的状况，他善于观察公牛的血统和种别，并且在卖牛时可以准确地判断出牛的重量。他还在巴维吉繁育场拍卖会出售商品种牛，这样做很不错，因为这样可以为更多的商品养殖者提供购买公牛的机会。对于肉牛从业者来说，这是非常新鲜的事物，因为奶牛养殖者已经这样做了相当长一段时间，而肉牛养殖者更多地专注于参加展会或评比会。"

"科林去过很多地方，观察英国和美国的人们在做些什么，他以前还测量牧草产量。他是一位十分具有创新意识的养牛人，总是在思考更好的做事方法。他追寻答案时付出的韧性和毅力是他得以成功的部分原因。他在20世纪50年代初示范用两岁的小母牛产犊，而其他的养殖户仍然在3岁时产犊。他还专注于繁殖力性能记录，如果母牛没有怀上小犊牛，那么它将会被杀掉。"

劳森说，很多早期养牛场业主参与到性能记录中，包括哈泽尔迪恩繁育场的利奇菲尔德、1960年来自南澳大利亚纳拉考特邻近塔尔里帕克的凯文·斯米伯特，以及维多利亚州西部巴维吉的科林·凯利。劳森认为，来自维多利亚州卡斯金的芒特·埃德加牧场的吉姆·科尔斯，是首次通过拍卖会出售经过性能记录的肉牛第一人。

劳森是第一批参与到性能记录的人之一，他是通过牛的性能测定团队——伯特安格斯牛团队参与进来。这项工作始于1970年，由弗莱德·格里姆韦德、斯米伯特和格宾斯组成。弗莱德·格里姆韦德来自维多利亚州布拉德弗德的格伦鲁安格斯牛繁育场，斯米伯特和格宾斯来自维多利亚州特·马尼亚地区。劳森说，伯特安格斯牛团队是第一家进入市场的性能测试团队，而且持续时间最长，从1968年或1969年到1998年。弗莱德·格里姆韦德的儿子马丁·格里姆韦德接管了伯特安格斯牛团队，并运营至今。

"伯特安格斯牛团队最大的成就是帮助南澳大利亚州养牛场建立性能记录方案，"劳森说，"现在在南澳大利亚州，如果没有性能记录，你将很难卖掉一头公牛。"劳森说："在性能记录方案执行早期阶段，很多养殖协会反对他们，把他们视为真正的威胁。甚至在那个时候安格斯牛协会也产生分歧，反对性能记录。伯特安格斯牛团队模仿了新西兰马斯特顿地区的韦格里珀，那是一群志同道合的养殖者，因为在那个时候，你需要团结力量来抵抗反对派，将方案实施下去。之前的饲养方式遮掩了遗传效应，现在我们由主观饲养转变到了客观育种和遗传。在20世纪70年代初，两岁大的安格斯牛最大也不过1 100磅。现在，你可以做到在牛11～12月龄时就能达到那个体重，而且比之前要高3～6英寸。我们中很多人没有意识到这种变化，因为很多人目光没有那么长远。1970年，他们仅瞄准国内市场，但是日本市场却已经提高了胴体重量和大理石花纹的等级。现在美国使用基因库来帮助我们提高胴体重量和大理石花纹等级。"

劳森说，安格斯牛品种仍然能够实现显著的年遗传增益，因为它始终专注于顶级家畜。"它所做的一切就是为了将你的牛群中平均10%的顶级牛运走，"他说，"你只有通过严格的筛选才能达到那个水平。澳大利亚和美国的差距在于澳大利亚还没有认识到最顶层10%的牛的价值。美国堪萨斯州的加德纳安格斯牛大牧场，针对母牛的这项数据要比公牛更高。他们每年都卖掉几头母牛，价值200 000美元或更多，而同批次胚胎移植的兄弟可能平均价值为45 000美元。"

1981年，在沃东加举行的"铃木经典"安格斯牛肉展会中的冠军——顶级公牛特·马尼亚·庞德麦克。与它合影的是饲养员罗·麦克康比，供应商安德鲁，来自特·马尼亚的玛丽·格宾斯，来自南澳大利亚斯特拉萨尔宾的布莱克伍德·帕克的联合买家伊万·沃特曼先生，以及来自维多利亚州查茨沃斯库兰娜的约翰·格宾斯

　　劳森说，事实上，如果没有日本在澳大利亚肉类产业、饲育场和加工厂的投资，安格斯牛品种就不会取得这样显著的效益。"基本上，安格斯牛现在能够经得住市场的考验，主要是由于它的肉品质，这也是我们为什么30多年前进军安格斯牛领域的原因，"他说，"在未来谷物价格较高的情况下，我们必须专注于尽快产生大理石花纹，因为你是无法和昆士兰北部低成本生产的牛肉相竞争的。随着世界上人们想要吃更多的牛肉，他们需要一定的大理石花纹牛肉来给烹调增加风味。我们关注的焦点是，辨别那些能够较早产生大理石花纹的牛。通过识别优秀的母牛就可以取得效益。行业内一直痴迷于同系繁殖，但是在商品牛群中实现遗传增益应该是首要目标。我们参与的威勒比研究小组试验结果表明，胴体之间的价值差异可以达到500美元以上。"

　　劳森认为，本领域在接下来五年的变化速度，和过去的30年一样快，将会取得巨大的进展。现在我们面临的挑战是提高早期生长率。你必须找到生长曲线的拐点，使之开始速度最快，之后再变得平稳。随着这些牛生长到现阶段，育肥时间将不得不降下来，因为谷物价格不太可能恢复到原来的水平。行业中的每个人都不得不为此生存下去。美国安格斯牛现在被认为要比夏洛莱牛生产效率低很多。牛的体尺需要进行部分控制，但是如果你是要生产牛肉，那么它就没有相关性了。安格斯牛品种应该尽力在早些月龄达到 650 千克体重，并且具有丰富的大理石花纹。

ABS 澳大利亚牛肉经理比尔·康奈尔说他可以预见，安格斯牛品种正在成为行业巨头。"它有自己的经过认证的澳大利亚安格斯牛肉产品，而其他品种则没有，这基本上可以说已经获胜了，"他说，"我们将看到肉牛养殖业会像养猪业和养鸡业经过的历程那样，很多肉牛品种会逐渐消失，或者它们至少也就变成某些人的业余爱好或濒临灭绝的品种。但是安格斯牛将是唯一不会消失的品种。"

（夏传齐　译，白萨茹拉　校，李欣　复校）

每年 1 月，成百上千的八岁以上的年轻的肉牛爱好者参加年度安格斯牛青年集会，在那里的重点任务是进行培训和参加社交活动。贝琳达·麦克利什来自新南威尔士州库南布尔的奥特维斯特繁育场，是这场集会的常客

第七章
海外澳大利亚年轻人

约翰·宗德曼来自维多利亚州吉普斯兰岛埃菲尔德地区的皮诺拉安格斯。1980 年，他以首位"澳大利亚安格斯牛学者"的身份抵达美国伊利诺伊州立大学进行学习和深造。澳大利亚针对年轻人设置了肉牛业奖学金项目，他不会想到自己会是这个最成功和最有影响力项目的先驱者之一。在接下来的 28 年里，安格斯牛协会委派了 67 位有雄心壮志的、充满热忱的澳大利亚学生，到美国密歇根州和伊利诺伊州的大学，以及新西兰、英国和巴西进行学习。这些奖学金获得者的名单就挂在位于阿米代尔的安格斯牛协会会议室最显眼的墙上。这些名字时刻提醒着人们，有很多学者成为国内和海外肉牛行业有影响力的人物。

1979 年，戴维·康奈尔赞助来自伊利诺伊大学的道格·帕雷特，到阿德莱德和珀斯皇家赛中担任安格斯牛的裁判。没过多久，康奈尔说服帕雷特为澳大利亚年轻人提供年度奖学金，在大学里学习一个学期，但是没有实现。1982 年，康奈尔家族赞助了另一位美国人担任阿德莱德和墨尔本皇家队的裁判。密歇根州立大学的戴维·霍金斯接受了担任评委的邀请，第二年就获得了密歇根大学的奖学金。从那时起，新西兰、英国和巴西也设立了额外的奖学金。而安格斯牛青年集会每年 1 月在新南威尔士州各中心举办，其中维多利亚州包含了最大数量的安格斯牛青年爱好者，安格斯牛奖学金项目在扶持澳大利亚年轻人中做得非常成功，他们中很多人现在在澳大利亚肉牛行业颇具影响力。

（夏传齐 译，白萨茹拉 校，李欣 复校）

1980—2007/2008年奖学金获得者

美国密歇根州立大学

1983	Alison Inglis, SA
1984	Paul Williams, WA
1985	Steven Hayward, QLD
1986	Michael Glasser, QLD
1987	Maree Merker, QLD
1988	Lisa Sutherland, Vic
1989	Rebecca Wiltshire, SA
1990	Gavin Iseppi, QLD
1991	No Award
1992	No Award
1993	No Award
1994	No Award
1995	Andrew Slatter, NSW
1996	Jeremy Cooper, NSW
1997	Emma Weatherly, Vic
1998	David Slatter, NSW
1999	Sam Phillips, Vic
2000	Simon Bayne, SA
2001	Michael Campbell, NSW
2002	Travis Parcsi, NSW
2003	Tom Perry, TAS
2003	Neil Davis, SA
2004	Judith Grauer, NSW
2005	Dougal Purcell, VIC
2006	Melissa Neal, VIC
2007	Alex Aylan-Parker, VIC

美国伊利诺伊州立大学

1980	John Sundermann, Vic
1981	Mark Barnett, TAS
1982	Greg Chappell, TAS
1983	Peter Inglis, SA
1984	Dick Whale, NSW
1985	Geoff McInnes, Vic
1986	Peter Moir, Vic
1987	Robyn Stewart, TAS
1988	Ewen McLeish, NSW
1989	Netta Holmes, NSW

年份	获得者
1990	Jason Strong, NSW
1991	Steven Scott, NSW
1992	Tim Vincent, NSW
1993	Garry Edwards, NSW
1994	Erica Halliday, NSW
1995	Ben Hill, QLD
1996	Tim Scott, NSW
1997	Sam Owen, WA
1998	Donald Patch, QLD
1999	Rodney Gibson, NSW
2000	Dr Lucie Manifold, TAS
2001	Donna Knox, NSW
2002	Hayley Moreland, VIC
2003	Fiona Lindsay, VIC
2004	Diana McLeish, NSW
2005	Christie Fuller, NSW
2006	Jason Schulz, SA
2007	Penny McArdle, NSW

新西兰塔斯曼交流学者

1995	Fiona McWilliam, NSW
1996	Patricia Scrivener, NSW
1997	Annie Reen, NSW
1998	Alex Koch, NSW
1999	Emma Tolley, NSW
2000	Susan Fuller, SA
2001	Michael Connors, NSW
2002	Rebecca Rundell, VIC
2003	Jess Fletcher, VIC
2004	Christie Fuller, NSW
2005	Jack Moore, QLD
2006	Angus Newcombe, NSW
2007	Kate Tickle, QLD

英国安德鲁交流学者

2006	Jason Siddell, NSW

巴西交流学者

年份	获得者
2008	Andrew Cary, VIC

澳大利亚某个育肥场中，饲槽旁的一长排安格斯牛

第八章
育肥场革命

1858 年，乔治·派平在德尼里昂斯附近开始养殖新改良的美利奴羊，从那时起，瑞福利纳辽阔的平原就成为澳大利亚羊毛产业的中心地带。美利奴羊养殖业成为这个国家近一个世纪以来最伟大的财富创造性行业之一，但是现在辉煌不再。1990 年澳大利亚经济衰退，瑞福利纳经历了最大变故，国家养羊业逐渐衰退，随之而来的养牛业成为澳大利亚更大的财富来源。

大型育肥场共养殖着 60 000 多头牛，伴随着它们的发展，澳大利亚源源不断地向日本消费者提供牛肉，这种变化背后隐藏着一场养殖革命。1912 年，在畜牧师塞缪尔·麦考伊先生的带动下，马兰比季河灌溉区得到开发，育肥场的出现也创造了类似的经济效应。他将这个地区转变成了一个富饶的农业大省。而在 1817 年，探险家约翰·奥克斯利顺着拉克兰河沿河而下，到达现在布里吉尔镇所处的位置时发现了这块土地，他将其描述为"这片土地荒芜、孤寂，我认为没有比这更差的地方了"，这与现在的状况形成鲜明的对比。

当育肥产业蔓延到了位于新南威尔士州南部纳兰德里和利顿之间的杨科时，日本最大的肉类公司伊藤食品和三菱公司于 1989 年共同出资创立了罗克代尔牛肉公司。罗克代尔畜牧经理艾德里安·威蒂记得 1989 年在罗克代尔中心矗立着一处老旧的养羊场，它的肉品加工主管是保罗·特罗亚。特罗亚透漏，在他刚刚为伊藤公司和三菱公司买下罗克代尔和邻近的水稻种植农场布里普莱恩斯时，他们打算在这片土地上建立一个育肥场和屠宰场。特罗亚的话成为现实，育肥场在 1991 年开始运营，而屠宰场则在 1993 年开始运营，它们的发展成为该地区的救星。此前的利顿罐头厂很多年来一直是该地区的支柱产业，但后来遭受了巨大亏损。

罗克代尔牛肉公司成为该地区最大的企业，每天大约有 500 人在育肥场和邻近的屠宰场上班。他们有的来自当地城镇，甚至是来自瓦加瓦加和阿尔伯里，而非本镇人大多来自福布斯、堪培拉和墨尔本。企业带给本地区的效益是很明显的，卡车运载着大量谷物和饲草源源不断地涌入罗克代尔，为育肥场内 50 000 头牛供应每天达 850～900 吨的食物。

利顿通过罗克代尔牛肉公司创造的利润增长实现经济复苏，这个镇有着内陆乡镇少有的繁荣：很多的工作机会、繁忙的商店、紧俏的停车位。利顿镇委员会经济开发部经理加里·斯托尔对育肥产业的重要性毫不怀疑。他认为对于乡村地区而言，很难找到更有价值的行业。瑞福利纳受益于肉牛、谷物、饲料等带来的巨大市场及各项有价值的工作。当地企业享受着通过经济流通带来的资金。机械师、电工、钢铁制造工甚至教育工作者都可以在这获得工作。

育肥产业成功的关键在于日本消费者对于澳大利亚牛肉，尤其是安格斯牛肉的需求。国际贸易的压力迫使日本牛肉市场在 1991 年 4 月 1 日部分自由化，关税取代了配额制度。自由化引发日本企业投资澳大利亚养殖业，以保证高品质澳大利亚牛肉供应日本市场。从贸易自由化开始之后，澳大利亚出口到日本的牛肉市值增加了近 2 倍。2006 年，

新南威尔士州北部格伦英尼斯的兰杰斯·瓦利育肥场，可能是这个世界上养殖纯种安格斯牛最多的牧场

日本从澳大利亚购买了 416 184 吨牛肉，价值为 22.7 亿美元。澳大利亚育肥产业在 2007 年达到了饲养 120 万头牛的能力。

这种成功背后是运气、技术和养牛观念综合作用的结果。养殖业有幸选择了可以满足市场需求的肉牛品种，并具备对安格斯牛种进行改良的意识。结果就是高品质日本牛肉市场迅速超过美国汉堡贸易，成为澳大利亚牛肉最有价值的市场。日本牛肉需求的猛增，重塑了国内牛群结构，并帮助澳大利亚完成了它历史上最伟大的畜牧革命之一。安格斯牛种已从 1990 年占国内牛群数量的 6%，增长至 2008 年的 25%。由此，牛的生产性能更高，供应给消费者的牛肉更好，澳大利亚肉牛的需求增加，价格也更高。

育肥场革命也有助于提高牛肉的质量。随着育种计划的发展，使得牛肉的生产效率大幅提升，牛肉价值也更高。这些影响还包括大约 50% 的澳大利亚安格斯牛肉运往日本。对未来至关重要的是，育肥产业在澳大利亚和日本肉类部门之间建立了错综复杂、相互制约的联系。

日本市场的崛起导致育肥场数量的增加，2007 年澳大利亚有 692 家育肥场在营。由于国内外消费者对于优质牛肉需求量的增加及羊毛产业的衰落，1991—1992 年，牛肉超过羊毛首次成为澳大利亚最有价值的农产品。国家牛肉产值从 1990 年的 35 亿美元上升到 2007—2008 年的 75 亿美元。澳大利亚年加工肉牛数量也略有增加，从 820 万头提高到 860 万头。澳大利亚牛群整体生产力更高，而牛肉价格也比之前更高。

当机遇出现时，保罗·特罗亚正在日本的澳大利亚肉类和畜牧公司任职，于是他返回澳大利亚并创建了"罗克代尔牛肉公司"。"我们建在南方粮食主产地带上，这是因为你就应该把养殖场建在农区附近，"他回忆说。"将谷物运输到牛场容易一些，我们一开始想用英国肉牛品种。合伙人选择安格斯牛是因为其遗传基础较好，事实上的确差异不是很大，因为被毛黑色，它们外表看起来很像神户牛。对牛进行为期 200 天的育肥，目的是定位特殊的市场。"

罗克代尔育肥场（以下简称罗克代尔）开始仅仅养殖安格斯牛，当时的牛数量远远少于 2008 年。虽然罗克代尔现在也饲养其他牛种，但亮点仍然是安格斯牛，因为这种牛生产的牛肉质量能够满足高端市场的需求。安格斯牛品种已经成为市场上的关键部分，如果没有它，就不会有安格斯牛肉带来的溢价。在 150 公顷高低起伏的丘陵地带，罗克代尔有一半以上的育肥场圈养着安格斯牛。每周都有另外一批 400 头安格斯牛进入到育肥场饲养 240 天。这个拥有 50 000 头牛的牛场包括 18 000 头纯种安格斯牛，以及大约 18 000 头安格斯杂交牛，其他的牛则为英国品种杂交牛和一些婆罗门牛。

罗克代尔和国内各地数以百计的育肥场正在迅速改变着肉牛养殖格局，使之从传统草食畜牧业转变为生产具有高附加值的高端消费品行业。安格斯牛育肥场实现成功转变始于 20 世纪 90 年代初，当时英国牛种中的海福特牛和无角海福特牛处于主导地位，占澳大利亚商品牛群数量的大约 40%。很多农业行业家族和大型畜牧公司也偏重于海福特牛，随着市场开始关注胴体特性，这一趋势很快转向了安格斯牛。随着农业利润率紧缩及一些行业家族的消逝，很多养牛者已经开始顺应市场的变化。

每年在罗克代尔饲养的 77 000 头牛购买自澳大利亚南部区域，由艾德里安·威蒂和 12 位买家构成采购小组，他们来自昆士兰罗马地区到南澳大利亚的甘比亚山地区。除了安格斯牛，罗克代尔育肥场还饲养英国品种和杂交牛种（育肥 150 ~ 180 天），以及瘤牛（育肥 50 ~ 60 天），以供应国内市场。通过直接从生产者手中购买牛，可以更直接了解它们所来自牛群的历史，这些牛一般会有很好的增重及较高的大理石花纹，购买者能够为此支付相应的溢价。

育肥场由向日本供应安格斯牛肉的运营商控制。运营商主要位于瑞福利纳、新南威尔士州北部新英格兰地区，以及昆士兰达令草地。他们包括澳大利亚肉类控股公司（AMH）、嘉吉公司、日本肉品加工厂、兰杰斯·瓦利和罗克代尔，其他还包括日本永旺集团塔斯马尼亚育肥场，这明显增加了塔斯马尼亚地区安格斯牛的需求量。育肥场效益是很明显的，它们占到澳大利亚专供国内消费牛肉生产份额的大约 50%。几乎所有由昆士兰科尔斯和沃尔沃斯出售的牛肉都为谷饲饲养，而在新南威尔士州这个比例为 80%，在维多利亚州为 50%。

澳大利亚肉类控股公司（AMH）是国内最大的育肥场运营商，它在安格斯牛育肥行业发挥了重要作用。前首席执行官约翰·凯拉认为很多年来本国牛肉都处于行业中等水平。1991 年，AMH 继任执行官皮特·怀特作出决定，仅出售经过定级的牛肉，让那些能够生产更多大理石花纹牛肉的胴体变得更具有吸引力。当 AMH 着手对牛肉进行分级，并专注于个体动物的生产特性时开始意识到，安格斯牛和短角牛大理石花纹要好过海福特牛。凯拉表示在此之前只有忠实的信徒才会信任安格斯牛。结果在 1993 年，断奶阉割后进行长期育肥的安格斯牛在日本市场上变得最抢手，因为它产生大理石花纹牛肉的能力要比其他品种更可靠。

"如果你往前推 15 ~ 17 年，会发现我们销往日本的牛肉产品是以'饲喂天数'为基础的，"凯拉回忆说，"肉牛进行 100 或 150 天的饲喂，在那时被认为是长期育肥了。我们根据澳大利亚肉品质系统中对肌肉颜色和脂肪颜色的定义而进行个体分级，然后出售。这样做很明显地说明了一些品种的大理石花纹比其他品种的好。那个阶段安格斯牛养殖者承认说，自从开始选择大理石花纹这个性状后，他们牛的销售情况比以前得到很大改善。"

凯拉在 1995 年告诫养殖者们要谨慎选择这种黑色牛，虽然安格斯牛是一种很有名的品种，也应当引起注意，但是 AMH 购买它们主要是看中了这些牛的肉品特性，而不是因为它们是一个特别的品种。他建议说这些牛大理石花纹还有溢价的空间，尤其是那些大理石花纹评分达到 5、具备产品溢价能力的牛。但他同时也承认安格斯牛种的未来充满希望。

凯拉根据肉牛育肥时间的长短将澳大利亚育肥场划分为三种不同的类别。①长期类

大理石花纹丰富的澳大利亚安格斯牛肉

别：年饲养大约 600 000 头安格斯牛和一些神户牛。AMH 是这个类别最大的运营商，在瑞福利纳的普莱姆城育肥场年饲养大约 210 000 头安格斯牛，其他的位于新南威尔士州的卡罗纳和穆林迪，另一个位于达令草地的牛肉之城屠宰场附近。凯拉估计，日本肉类加工公司主要在它的怀阿拉育肥场饲养，年饲养大约 150 000 头牛，其他的由罗克代尔和其他的企业（如澳大利亚农业公司及兰杰斯·瓦利）饲养。凯拉相信，至少有 500 000 头长期育肥牛是安格斯牛或安格斯杂交牛。②第二类别：大约有 100 万头牛，它们饲喂 60 ~ 70 天，主要供应国内连锁超市。在维多利亚州主要使用英国品种，而在昆士兰主要是一些瘤牛。③第三类别：年饲养大约 110 万 ~ 130 万头牛，运营商对这些牛饲喂粗放，并且没有与任何终端用户签订包销协议。这些牛少数卖给国内市场，另一些卖给了长期育肥市场。AMH 从其他养殖场业主那里购买了大约 200 000 头这样的牛。

长期任职于安格斯牛协会的首席执行官格雷汉姆·特拉斯科特认为，如果没有日本市场，安格斯牛肉就没有溢价可言。安格斯母牛基础繁育的地位非常重要，通过大规模进军海外牛肉市场，为澳大利亚养牛业带来了巨大利益。

安格斯牛需求量的快速增长伴随着澳大利亚育肥产业规模的扩张，到 2006 年已达到了 260 万头牛，这是自 2003 年美国因疯牛病恐慌、被禁止与世界市场进行贸易起，三

澳大利亚肉类公司控股的牛肉之城饲育场中的一头安格斯小公牛，它位于昆士兰州图文巴

塔斯马尼亚邻近珀斯的塔斯马尼亚育肥场，准备饲喂安格斯牛

塔斯马尼亚邻近珀斯的塔斯马尼亚育肥场，正在饲喂安格斯牛

新南威尔士州格伦英尼斯的兰杰斯·瓦利育肥场

年中上涨了 28%。它从 1983 年市场价值仅为 1.737 百万美元的相对较小的贸易，成长为 2008 年价值超过 26.7 亿美元的产业。行业预测这还将继续强劲增长，而日本牛肉消费也预计从 2005 年的人均 5.6 千克增长到 2015 年的 7.7 千克，与此同时猪肉、鸡肉和海鲜类产品消费量则下降。

一项澳大利亚育肥场业主协会（ALFA）的研究表明，育肥场投资对当地的影响是巨大的，包括在 2002 年提供了 1 570 份全职工作，还对其多个相关行业产生了间接的影响。行业自 1983 年发展以来，从一开始每年消耗 519 000 吨饲料，到现在每年已经超过 300 万吨。每年养牛行业所需的饲料，至少需要 100 万公顷的土地来种植粮食和牧草。同样地，本行业资本投入从 1983 年的 4 070 万美元攀升至 2008 年的超过 15 亿美元。

科威洛特育肥私营公司是澳大利亚最悠久的家族式育肥企业，自 20 世纪 70 年代初就开始谷饲安格斯牛并出口日本。它的创始人——罗宾·哈特，1965 年在昆士兰达令草地图文巴附近的乔达雷恩创建了科威养殖育肥场。他经历过 1974 年澳大利亚肉牛产业的衰退，这严重打击了日本一些早期育肥场投资者，并于 20 世纪 80 年代初开始通过哈特家族的斯多克亚德肉类加工公司向日本进行牛肉出口，当时由于配额制度局限性使得市场举步维艰。

哈特还记得 20 世纪 80 年代末，市场自由化压力增加，澳大利亚牛肉公司开始与日本客户进行联盟。斯多克亚德是他们其中一员。1991 年 4 月 1 日市场放开，活牛可以像肥育牛肉一样进行出口，他们在与消费者交流中获得了很多宝贵经验。"在这段时间市场发展迅速，从低质量市场产品向高端牛肉转变，"他回忆说，"消费者的需求，开始推动英国肉牛品种也像谷饲牛那样饲喂较长时间，超过 100 ～ 120 天的饲养模式在那个时候是很普遍的事情。"

哈特注意到了这种变化，日本富士超市有意接近他，想与其建立密切的关系，以便能够保证定期供应高品质牛肉，从而开发一个特色的针对消费者量身定做的品牌。富士超市由菊池瑞穗所有，第二次世界大战后他最早靠着骑车卖杂货起家。他建立了富士超市连锁，坐落在邻近东京的横滨附近。斯多克亚德和富士超市合作开发了一个独特的项目，通过给安格斯牛饲喂特别设计的营养日粮，来生产高档牛肉产品。

富士开发了一个品牌，名为 Queenland Bimi Kuroushi，翻译过来就是"来自昆士兰的美味黑牛牛肉"。黑色在日本文化中有着重要意义。黑色用来描述品质、皇室和赞美之意。巧合的是，黑色同时也是受人高度尊崇的日本肉牛品种神户牛的颜色；黑色能够帮助斯多克亚德将安格斯牛这种相对陌生和未知的肉牛品种出售给日本人。

"富士开发的这一品牌在 15 年后仍然代表了始终如一的美味产品，"哈特说，"我们和富士之间的工作关系非常好，希望能够继续下去。"

哈特家族科威育肥场中的安格斯牛，育肥场位于昆士兰州达令草地图文巴邻近的乔达雷恩

　　斯多克亚德是澳大利亚第一家专注于安格斯牛育肥的企业，饲喂期长达300天。它的科威育肥场饲养着9 500头牛，绝大多数购买自新南威尔士州南部和维多利亚州，通过饲喂一种特殊的玉米青贮日粮，来生产所需颜色和风味的牛肉，其产品供应富士设在东京和横滨的50家超市。就哈特所了解到的，日本人有着令人惊讶的敏锐的味蕾，他们可以辨别出来自不同育肥场的不同口味的牛肉，满足他们的需求是相当重要的。

　　迪克·斯通是另一个育肥行业早期的榜样。在20世纪70年代中期，他通过DC8飞机以每次70 000～80 000美元的机载成本向日本运送肥育阉牛。他最初运输英国品种杂交牛到日本，但是很快意识到适合日本市场的牛种是安格斯牛。斯通经过特许使用DC8飞机，装载着超过300头牛，重达100～110吨。后来他使用大型喷汽式飞机，运送那些在他的育肥场饲喂300天的安格斯牛到日本。

　　斯通是由奥克利控股的家族企业，1855年开始于悉尼郊区的肉铺。1964—1965年，迪克·斯通经过大量试验后开始建立育肥场，通过自己在悉尼的肉铺连锁店销售牛肉，有的还销往日本。"人们花费了相当长的时间想了解为什么安格斯牛这么优秀，因为有时饲喂的营养不那么精准，"斯通说。他连同罗宾·哈特和罗伯·维克里，是当时最早的育肥场业主，后者在 20 世纪 70 年代初组建了澳大利亚育肥场业主协会。在斯通准备离开养牛行业前，他决定最后一次冒险，向日本出售了和牛，前 15% 以每头 28 500 美元售出，剩下的以平均略高于 23 000 美元的价格卖掉。

唐·尼科尔，1986—1996 年担任安格斯牛协会育种部主管，是这一时期育种成功的中心人物。他专注于那些实施性能记录方案的养牛关键地区，并关注日本对安格斯牛的需求。在那些日子，率先向日本进口商推广的是墨累灰牛（Murray Grey breed）。尼科尔很清楚地认识到，安格斯牛种应该紧密联系日本牛肉企业和育肥场。

安格斯牛协会开始启动一些项目，包括运送三头种公牛的 60 头后裔到日本，它们来自位于维多利亚州西部廷布恩的鲍勃·切恩牛群。这些牛于 1987—1988 年安置在那里的育肥场，一共饲养了 12 个月。一些安格斯牛养殖者组团去往日本参观那些牛的屠宰过程，这其中包括罗伯·米奇尼，他是已故昆士兰商人迈克·格雷的牧场经理。尼科尔回忆说，格雷和广告业领袖们如约翰·辛格尔顿，开始发现品牌牛肉的潜力，并着手开发安格斯牛品牌。

屠宰试验表明，这批安格斯牛表现非常优异，它们产量很高而且质量非常好。让这些澳大利亚人对日本市场大开眼界的是，一些和牛同时进行加工处理，它们的大理石花纹和产量明显更好。这也教会了他们，如果想让安格斯牛品种在日本产生重大的影响，很有必要提高安格斯牛肉大理石花纹含量。更重要的是，这项试验突出强调了"改善牛的肉品质特性"这句话的重要性。

安格斯阉牛

在新南威尔士州格伦英尼斯的兰杰斯·瓦利育肥场牛栏中的骑马者

经过这次参观，安格斯牛协会开始与日本贸易公司和育肥场建立联系。在20世纪80年代末，协会定期带领肉牛生产商考察日本市场，也定期带领日本参观者到新英格兰地区的育肥场进行参观。

协会运送了一批纯种母牛到日本进行繁育，这成为育肥场安格斯牛数量增加的另一个刺激因素。虽然市场还没有真正打开，但它促使了日本企业购买安格斯牛到他们自己的育肥场进行育肥。在达令草地度过隔离检疫期后，这些牛乘船前往日本，贸易量增加到每年大约20 000头牛。该企业开始涉及不同品种牛，包括短角牛、海福特牛和墨累灰牛，但是后来安格斯牛品种很快占据很大比例。这种情况仍在继续，虽然现在运输的大部分是和牛－安格斯杂交牛。

尼科尔回忆说，澳大利亚人接受了日本人的很多建议，而且他们自己也不得不开始注重大理石花纹，因为这样的牛肉存在巨大的溢价空间。从他的角度来看，在纯种牛群内改良胴体性状基因，是因为黑色这种颜色本身不能作为牛肉质量的保证。历史证明他是对的。育肥场的需求不断增长，是安格斯牛品种在20世纪80年代中期真正变得成功的主要原因之一。

尼科尔认为，现在的成功在20世纪80年代中期到末期就已经埋下伏笔，当时伊尼德·费希尔担任安格斯牛协会首席执行官，而阿德莱德商人戴维·康奈尔发挥了重要的主导作用。康奈尔在农业行业之外也表现得很成功，他通过了国家铃木株式会社特许经营权，并带来了重要的商业技能，包括针对安格斯牛的促销活动和消费者满意度调查。

尼科尔鼓励协会成员们关注日本中端价格市场，因为它占据了销售额的最大部分，也是澳大利亚养殖者最大的回报来源。安格斯牛协会首席执行官格雷汉姆·特拉斯科特认为，协会在 20 世纪 80 年代率先关注品种开发。当安格斯牛在日本肉类贸易中快速成为首选品种后，养殖者们意识到如果他们想要从中继续赚钱，他们需要培育出更多的大理石花纹牛肉。

在尼科尔的努力下，他成功地将育种计划推广给养殖者，对安格斯牛大量采用估计育种值（EBV）作为基础来进行品种改良。他早期帮助安格斯牛品种引入美国牛种的快速增长基因，之后引入晚熟、更高、更重牛种的基因，其回报就是获得更高的价格。

这个时期尚未进行针对大理石花纹的估计育种值（EBV），直到 1998 年才进行开发。在那之前，育肥场主只是建议繁育场使用大理石花纹最高的公牛做种牛。因为价值驱使，繁育场遵循了他们的建议，并且安格斯牛从 1994 年开始始终能获得 5%～10% 的溢价。

特拉斯科特认为大理石花纹估计育种值（EBV）这个单一指标驱动该品种发展，并创建了唯一的市场，因为溢价已经通过供应链传到市场这一环节。一旦大理石花纹估计育种值（EBV）确定下来，人们就可以开始在该品种牛群中测量这个值。直到 2007 年，这个方法才开始在商品牛群中普及开来。这个品种成功的另一个重要因素是由单一市场驱动，因为日本想要纯种牛。这意味着与杂交牛更受欢迎的其他国家相比，澳大利亚有更多纯种安格斯牛，这使得安格斯牛品种在澳大利亚具有重要的地位。

安格斯牛品种面临的主要困境是育肥场主和商品牛繁殖场主之间需求存在差异。育肥场主追求更快的生长速度、更高的大理石花纹和更低的皮下脂肪含量，而商品牛繁殖场主则有着其他不同的优先顺序。他们认为，首先要从小犊牛成活率上取得效益，其次是它的生存能力、泌乳能力和母性，之后才考虑生长性能。

新南威尔士州北部格伦英尼斯的兰杰斯·瓦利育肥场可能是这个世界上在一个地方养殖纯种安格斯牛最多的牧场。这里饲养着大约 30 000 头育肥时间在 300 天以上的牛，所生产的牛肉大多数出口到日本，也有一部分出口到韩国、中国台湾和泰国。丸红商事公司在 1988 年入股兰杰斯·瓦利育肥场，并于 1991 年获得所有权。

兰杰斯·瓦利育肥场畜牧经理理查德·埃尔德肖在 1989 年 4 月开始供职于这个公司，那个时候它在新南威尔士州仅仅饲养着 4 000 头各种品种的牛。埃尔德肖在去育肥场之前曾做过牲畜经纪人，回忆起那时的变化，日本的影响力开始慢慢遍及整个养牛业，同时安格斯牛需求量缓慢增加，包括 1985 年一份专门针对安格斯牛的订单，以及 1987 年在格伦英尼斯举办的一场安格斯牛和墨累灰牛拍卖会。这场拍卖会由一名日本买家占主导地位，他联合一位来自得克萨斯州的代理商，购买了首批 19 头牛。市场对于断奶和待售的安格斯牛的强劲需求很快变得很明显。

　　埃尔德肖说他永远不会忘记那天，他接到指示以后只准许购买安格斯牛或墨累灰牛。"你在开玩笑吧，"他回复到，"我们去哪里找到它们？"那个时候安格斯牛数量比现在远远要少。兰杰斯·瓦利后来成为第一家只购买安格斯牛或墨累灰牛的育肥场，并逐渐转变成所有存栏牛都是安格斯牛。

　　对埃尔德肖来说，把所有牛换成安格斯牛被证明是一件非常棒的事，因为这将他的业务范围向外扩展，遍及澳大利亚南部，从新南威尔士北部的坦特菲尔德到南澳大利亚东南部的甘比亚山。以瓦加瓦加为根据地，他购买了新南威尔士南部牲畜中心以南的很多牛，之前他在以北地区也是这样做的。埃尔德肖预见到安格斯牛将会面临新的挑战——对于超过240天的长期育肥的安格斯牛需求量会增加。他预料过剩的牛将逐渐进入到120天育肥市场，这一直是海福特牛的市场领域，在这里牛的生长速度将会变得更加重要。埃尔德肖设想养殖者们会专门从事和瞄准特定的市场部分，或者对快速生长这一性状变得不那么在意，并将目标转向大理石花纹。

哈特家族的科威育肥场位于昆士兰州达令草地图文巴邻近的乔达雷恩

他告诫说，安格斯牛对于澳大利亚肉牛业成败至关重要，但是为了继续保持它在行业中的重要地位，养殖者需要提高他们所养牛的大理石花纹含量和生长速度。他还提醒说和牛在这方面已经取得了一些进展，这对安格斯牛品种提出了挑战。

兰杰斯·瓦利育肥场经理格雷汉姆·马波特自 1987 年以承包商的身份参与它的建设起，已经在那工作了超过 20 年。他在担任育肥场经理的同时还通过了大学专业进修。在马波特的协助监督下，兰杰斯·瓦利育肥场从 2007 年的 30 000 头牛扩大到 2010 年的 50 000 头牛。市场研究表明，安格斯牛肉的需求将继续增长，自从马波特来到这里，兰杰斯·瓦利发生了巨大的变化，一些观察者说那时安格斯牛风靡一时。

他的任务之一是帮助兰杰斯·瓦利育肥场高效培育高档牛肉。刚进育肥场牛的体重为 420 千克，经过 300 天饲喂体重达 750 ~ 800 千克时出栏。育肥目标是 80% 的牛能够获得大理石花纹，评分为 3 或者更高，2007 年，这个比例为 85% ~ 90%。达成这样的目标需要较高的采食量，兰杰斯·瓦利每天饲喂大约 400 吨的谷物和青贮，相当于每年 144 000 吨。

罗伯·塞维尔长期担任 ALFA 执行董事，并于 2006 年退休。他认为安格斯牛长期以来保持行业领先地位。"我一直认为安格斯牛团队是最具有前瞻性的品种协会，"他说，"我认为他们很早就认识到，展会不是评价牛种的最好途径。协会成员似乎是一起行动去做性能记录，而且他们努力去交付育肥场中最好的产品。"

当塞维尔于 1994 年开始创建澳大利亚育肥场业主协会（ALFA）时，澳大利亚育肥场共有 30 万头牛，现在已经增长到 120 万头，这样的大幅增长往往发生在一些干旱时期。塞维尔说终于认识到在严重干旱的 2002 年，澳大利亚能够生产最好的肉牛，它们在育肥场育肥时间长达 12 个月。很明显，每当饲料耗尽时，牛的价格都没有被迫下跌，这是因为育肥场让养牛人将他们的断奶犊牛尽早卖掉，好让母牛生产另一头犊牛。

塞维尔在过去的十年里观察到随着澳大利亚肉牛养殖业变得成熟，并能交付育肥达 12 个月的高档牛肉。他说日本人认为澳大利亚牛肉比美国牛肉质量更高。他认为安格斯牛品种的成功是由于它在日本市场上发挥了关键作用。他相信安格斯牛将继续在高档牛肉市场上起到重要作用，而且仍然是育肥场行业的重要组成部分。

牛肉合作研究中心原主任伯尼·宾顿观察到在粮食生产允许的情况下，随着消费者生活水平的提高，对牛肉品质需求更高，育肥场规模也正逐步扩张。

宾顿提出未来的潮流对安格斯牛品种的影响非常有利。宾顿观察到澳大利亚人 20 世纪 80 年代由喜好瘦肉转变到高档牛肉。口味盲测试验表明，消费者想要富含更多大理石花纹的牛肉，因为它尝起来味道更好，而且更嫩，这将导致澳大利亚饲养更多的黑牛。

（夏传齐　译，白萨茹拉　校，李欣　复校）

2007 年中期，在爱丽斯泉北部，用直升机清点由纳帕比养殖场代养的特伊约恩养殖场的牛

第九章
北部境遇

在炎热的夏天，气温可达到 50℃，澳大利亚中部的特伊约恩养殖场与世界上大多数炎热地方一样酷热。在好的年头，本地牧草、三叶草和巴朗岩马齿草生长繁茂，养殖场生机勃勃，7 500 头牛茁壮成长。但是在糟糕的年头，它是澳大利亚养牛最艰难的地方，年降水量不足 100 毫米，大约为正常平均量的一半，特伊约恩养殖场的牛存在生存危机。

65 万公顷的养殖场绵延至南澳大利亚北部领土边境线南侧，位于正好处在澳大利亚地理中心的利拉·克里克养殖场以南 60 千米。特伊约恩以南是佩德尔卡沙漠，而距此仅 100 千米外就是辛普森沙漠。特伊约恩是该地区较好的养殖场之一，由定居在那里的史密斯家族自 1919 年经过四代人精心建造而成。他们是本地区幸存者之一，这些年来合并了很多租赁土地，以获得规模效益。

这个家族成功的另一个主要因素源于很多年前的一个决定，史密斯家族在澳大利亚内陆长期养殖安格斯牛，1925 年 6 月，当甘号铁路线到达阿伯明加，成为邻近的克朗波因特站的旁线，而克朗波因特站也由史密斯家族经营，在那时他们购买了阿伯丁 - 安格斯公牛，并运到特伊约恩与短角牛进行交配。艾伦麦克法兰位于南澳大利亚泰勒姆湾的威灵顿洛奇。这些公牛从艾伦麦克法兰搭乘火车出发，凌晨 2:00 到达目的地。当弗兰克·史密斯运载着很多小公牛向南去往阿德莱德的盖普斯克罗斯屠宰场的路上要求一个同事检查这些公牛情况怎么样时，后面传来回答："我不知道，弗兰克，这没有公牛啊，倒是有人送给你一栏黑猪！"

1926 年，在《阿伯丁 - 安格斯牛评论》中提到，这些公牛到了一个严重干旱的地方，这里从 1925 年 6 月到 1926 年 3 月都没下过雨。"这些公牛只有很干的草可以吃，自从我将它们从母牛身边运走，它们就处在这种环境下，这是我所见过的唯一可以吃这样糟糕的饲料的牛。"史密斯先生说。

自那以后，史密斯夫妇的安格斯牛群无论是在好的时节还是坏的时节始终证明着它的价值。在好的时节，场内饲养着 7 500 头牛，其中的 3 000 头繁殖母牛，产犊率为 72%。在坏的时节，如 1956—1967 年的干旱、1974—1979 年的肉牛市场衰落，以及国家布鲁菌病和结核病消灭运动，史密斯夫妇在他们饲养的安格斯牛的帮助下坚持了过来。"我们喜欢这里的安格斯牛，80 多年前做出的决定一直到今天还在给我们带来恩惠。"特伊约恩经理保罗·史密斯说。

越来越多内陆地区的养牛者养殖安格斯牛，这个品种现在达到了全国肉牛群数量的 25%。安格斯牛肉品质及出口市场需求高，导致了其价格较高，这促使着更多的资金投向纯种安格斯牛群或者是杂交繁育项目。安格斯牛协会认为，安格斯牛在澳大利亚的分布，与协会成员在不同州的分布情况类似——新南威尔士州有 50% 成员，维多利亚州有 26.8%，而其他州都在 5% ~ 7%。北领地地区只有 0.2%。

虽然没有对澳大利亚肉牛品种数量进行过统计，但安格斯牛协会表示，最好的证明是登记的牛数量和公牛出售数量。在温带澳大利亚出售的欧洲和英国公牛品种中，安格斯牛占到 50% 以上，这意味着澳大利亚南部的安格斯牛和安格斯杂交牛的商品牛群数将占总牛群数的至少 50%。

保罗·史密斯说："澳大利亚中部越来越多的人想要养殖安格斯牛。我同其他四个养殖场共同参与过爱丽斯泉地区的一个基准确定团队，在过去的几年里，其中三个养殖场饲养安格斯公牛用来给他们的母牛配种，另外一个早就已经饲养红安格斯牛，人们正在改变牛品种的原因是安格斯牛肉价格较高，而且安格斯牛繁殖力也很不错。"

1900 年，史密斯夫妇来到澳大利亚中部，杰克·史密斯将家迁到了爱丽斯泉地区。杰克接着成为当地的一名屠户，而两个儿子在西德尼·基德曼先生的克朗波因特养殖场工作。其中一个儿子弗兰克和他的妻子杰西于 1919 年成为史密斯家族最先运营特伊约恩养殖场的人，弗兰克在 1927 年为特伊约恩购买了第一头安格斯公牛。弗兰克很顺利并执着地买下了周围的地方。他的儿子鲍勃买下了邻近的新克朗养殖场，那是保罗的父亲安德鲁成长的地方，他在 1993 年接管了特伊约恩。之后保罗在 2004 年开始接手管理特伊约恩；如果他们打算继续干下去的话，他的儿子将会是第五代特伊约恩管理者。

特伊约恩养殖场成功的关键是拥有丰富的可食用的牧草种类，而且在夏天和冬天雨季都一样好。在好的时节，这些牧草在特伊约恩生长繁茂，那里是由花岗岩、耐盐的灌木丛、多岩石的高地形成的混合地貌。牧草种类包括米歇尔草、长毛燕麦、煤油草、扣子草、沼泽地三叶草，以及巴朗岩马齿草。史密斯说："它是一种生长在花园里的多汁植物，在沙丘和多石地带生长繁茂。当你的牛在巴朗岩马齿草上放养时，它们几乎不需要来回走动。我们已经购买了后备小公牛，最开始三个月饲养在沼泽地的苜蓿草上。在好的时节，可以在这里进行育肥，与你在东南部育肥效果一样快。当条件合适的时候，巴朗岩马齿草生长茂密。记得在 20 世纪 70 年代，我的父亲捡了两棵这种植株放在新克朗养殖场，仅两棵就占满了皮卡车的后备箱。"

"在澳大利亚中部养牛有它的可取之处，在这里我们不用忍受像其他地方那样的寄生虫困扰。这里没有水牛虻，没有虱子或肝吸虫，而且不用激素或抗生素，使用的化学物质几乎可以忽略不计。春天和晚秋的天气非常好，但是夏天像其他任何乡村一样考验着牛的耐热性。夏天温度可达到50℃以上，尤其是1月份非常热。过去两年的夏天气候情况真的非常严峻，长时间持续超过40℃，创造了新的高温纪录。我们在12月至翌年1月尽量少放牛，除非你不得不把它们转移到干燥的堤坝。如果出现这种情况，我们会在凌晨3：00开始放牧，上午11：00结束。"

"我们开玩笑说，今年的夏天已经延长到8个月了。天气炎热，饲料粗硬和短缺使得生存变得艰难。因为饲草没有多少营养，我们必须进行补饲。在冬天，天气变得寒冷，风会直直地吹向你，那种寒冷会穿透你的身体。一般来说，如果你对它们要求不太多的话，这些牛还是可以很好地应对这种环境条件。"

2007年，进入到严重干旱的第四个年头，史密斯一家进一步缩减存栏量，并考虑他们的下一步选择，如果干旱继续，他们准备封掉这个养殖场。2003年，两天内降水量达212毫米，养殖场被水淹没，这改变了乡村70多年的放牧习惯，特伊约恩从那时起一直持续干旱。2006年降水量仅有90毫米，低于其平均值的一半。

特伊约恩牛群减少到3 000头，母牛仅有1 800头。2007年，很多牛都离开这里转移到纳帕比养殖场代养，这里距离奇泽姆家族的纳帕比养殖场有六个小时路程。这保全了史密斯家族的基础牛群，但是如果干旱持续更长时间，那将严重考验特伊约恩的资金情况。保罗·史密斯的父亲安德鲁说，1957—1967年的干旱时间较长，最糟糕的是，很多牧场因没有牛存栏而告终，现在还活着的那些人仍记得这件事。但是他认为这段时期的经济困难，是因为各项成本变高了。

有一天在纳帕比的集会中，保罗·史密斯从早到晚忙着照应一组十二人的集会，安格斯牛对集会者们来说是很好的牛。罗德尼·门格尔在爱丽斯泉地区当过30年的直升机飞行员，他以直升机来比喻安格斯牛："一旦你把它们控制在正确的方向上，它们就会沿着那个方向很好的前进。"在当天结束的时候，他们

一天清点任务完成后的特伊约恩养殖场经理保罗·史密斯

在直升机上俯瞰特伊约恩安格斯牛

已经从 530 千米 ^{2} 的范围内聚集了大约 700 头牛，并把它们驱赶到 10 千米处的主场院内。最好的牛被选择出来，去参加 7 月举行的年度爱丽斯泉拍卖会来获得高价。剩下的牛将在 8 月出售。

保罗·史密斯认为他养的牛的体重和它们所产的牛肉质量都配得上高价格。他的父亲说，"爱丽斯泉地区的安格斯牛质量无疑已经取得了巨大的遗传改良。很多培育牛的体型至少要比它们 30 ～ 40 年前大一倍，"他说。"1945 年之前，母牛基本上没什么价值，人们也没有集中精力去改良。很多人就一次卖掉 1 000 ～ 2 000 头母牛，一些人靠着这些牛建立牛群，因为这总比把它们杀掉要好。"他认为北领地安格斯牛数量将会增加，虽然在热带地区养牛有些勉强。但整个北方，越来越多的婆罗门牛养殖者希望将英国牛种血统注入自己的牛群来提高胴体质量和繁殖力。

史密斯夫妇所养的牛在 20 世纪 90 年代末到 21 世纪初，有六年在爱丽斯春季拍卖会上取得最高价格，原因在于市场对高品质安格斯牛的需求旺盛。特伊约恩在 2007 年拍卖会上再次获得最高价格，但是如果没有在纳帕比进行代养，他们将没有任何牛可以出售。保罗·史密斯说，"当来自澳大利亚中部的安格斯牛进入到澳大利亚安格斯牛肉认证程序时，之前饲料的缺乏使它们的生产性能难以满足这种要求。"这是一个让人感兴趣的研究领域，于是他在 2001 年获得纳菲尔德奖学金后，去学习品牌牛肉策划、团队市场销售及采购规划。

干旱给特伊约恩地区的养牛企业带来了重大变化。"我们曾经是公牛生产商，把日本公牛饲养到 600 千克时，把牛肉卖给日本，"史密斯说，"我们期间也出售了一些备用牛，但是我们那时还没有生产大型公牛的能力。我认为我们将会转变到育肥阉牛，因为在干旱结束时，我们必须迅速改造完成。比起出售四岁大的公牛，我们将出售 14 ～ 16 月龄大的阉牛给育肥场或者任何出得起最好价格的人。"

估计育种值（EBV）的使用对特伊约恩养殖场的肉牛品质改良发挥了越来越大的作用。史密斯正寻找中等水平的牛。"没有足够的牧草和降水，将不能饲养高生产性能的牛，但我们也不想要太小的，避免最终回到'皮带扣'大小的牛的那个时

清点特伊约恩安格斯牛

代"，他说，"我们已经限制它们出生体重和增长率的遗传能力。这对我们来说意味着我们的牛可以在它们生命的前三年停止生长，而不是到了五岁时仍然试图生长。这也意味着我们限制了成熟牛的体重，因此它们不会长得太大，也不会太难维护，因为它们繁殖力强而且产奶量高。"

"我们限制了产奶量，并对公牛的实际脂肪含量进行提升，这对它们的犊牛来讲就可以有贮存脂肪的能力，以备艰难时期提供能量。这项估计育种值指标旨在培育出一种像欧洲牛那样可以快速适应环境的母牛。如果母牛把所有营养用来供给小牛，你将会得到一头很健壮的犊牛，但是在干旱时期这头母牛会死掉。因此我们需要那种既可以哺育牛犊，又能沉积能量用于以后存活的母牛。"

"如果其他的估计育种值（EBV）都符合预期的话就很好了，不需要把所有精力放在大理石花纹上，我还没有遇见一个买家宣称他们在意大理石花纹。人们很重视大理石花纹，但是我们不会因为它而得到更多的报酬，所以我们就没有去做。我们所能得到报酬的事情是出生犊牛的数量及牛的体重。"

"当我们创建特伊约恩的 EBV 框架时，我们朝着与澳大利亚安格斯牛主流不同的方向努力，但是现在很多其他地方都在谈论，人们趋向于中等性能的牛。高性能的基因产生高价值的牛，但是母牛维护成本很高，因此人们将他们的目标转向能够维持自身的能繁牛群。进口公牛的数量不够准确，我认为我们应该参考一下澳大利亚牛群中的公畜数量。澳大利亚有大的安格斯牛、小的安格斯牛，肥的或瘦的安格斯牛。我认为我们可以到乡村考察并筛选出我们需要的东西。繁育场决定遗传方向，但是商品牛群生产商应当对他们施加更大的压力，对遗传方向进行引导。"

该地区其他饲养安格斯牛的牧场包括富勒家族的德鲁斯希尔站，当 20 世纪 30 年代道格·富勒在弗兰克·史密斯工作时创建了他们自己的牛场。直到 1943 年，他买下了德鲁斯希尔站，它之前是特伊约恩西南大约 85 千米的一个小规模养羊场。他在站里的早期阶段，在繁忙时返回到特伊约恩工作，有时间就在牛场打理他的牛，这使得他能够建立一个健康的安格斯牛群。另一个当地安格斯牛场是由唐尼和科林·科斯特洛所有的新克朗站，它是基准研究团队的一部分。他们已经用安格斯公牛给他们的海福特母牛配种很多年。在过去的五年里，其他站都试着饲养安格斯公牛或从特伊约恩购买安格斯母牛，其中包括多林山，由马修运营。还有德比·布鲁特林，他运营着一个海福特－短角牛群，并用安格斯公牛给群里的母牛配种。提曲站的林赛和露丝·莫兰也从特伊约恩购买安格斯母牛，并用圣热特鲁迪斯牛或抗旱王肉用公牛给它们配种。

加里和巴布·丹恩是艾勒隆站的所有者，它位于爱丽斯泉以北 130 千米处，开始时饲养安格斯牛和海福特牛，生产黑色无角牛犊。他们打算通过瓦姆伯顿屠宰场加工牛肉，并打造有机和自由放养的品牌（如"中部澳大利亚人的黄金"）。牛肉将供应 Homestead Dinners（酒店名），酒店由他们和儿子特洛伊·丹恩创立。特许经营的牛肉将通过自动售货机出售高档牛肉餐。加里·丹恩说，"英国品种的牛肉尝起来更好吃一些，因此黑色无角牛一直供不应求。"他还期望从其他北领地生产商那里购买英国品种的牛，这取决于季节。

菲尔·霍姆斯博士来自霍姆斯家族公司，他曾给基准测试小组提过建议，认为他们转向安格斯牛是由于该品种提供巨大的基因库优势，包括可以使用较大范围的公牛，而安格斯牛品种的发展使养殖者更进步，从而使得基准测试团队更容易找到合适的牛。霍姆斯说，经济事实和科学表明，安格斯牛在基础生产力方面并不比其他品种好。这样不如说是，安格斯牛品种的成功是由于它们的大理石花纹和价格溢价促成的市场需求。他赞同那句老话，"种内差异要比种间差异要大"。

"比其他任何品种都更有效益的唯一出类拔萃的品种牛是黑色无角杂交牛，"霍姆斯说，"安格斯品种牛并不比其他品种牛更有效益，但是安格斯牛品种协会非常积极和具有创新意识。协会在商品牛肉生产上有着很好的眼光。最好的结果就是物尽其用。所有品种牛都必须适应中部澳大利亚的条件，但是它们在其他地方不一定可行。同样地，牛在国王岛上表现良好，但当把它们移到这里时就有些不适应了。这对所有肉牛品种有巨大的环境影响。"

霍姆斯说，安格斯牛无疑存在溢价。他的公司基准测试数据显示，黑色安格斯牛每千克活重溢价为 13 美分。但是价格溢价并不一定意味着更好的

一天的清点后进行圈饲

盈利能力，因为还需要权衡生产成本。霍姆斯认为如果生产成本没有竞争力，溢价就不一定让生产商从中盈利。

"在公平竞争的环境下，黑色安格斯牛溢价很容易实现，但是在现实生活中这很难发生，"他说，"如果你供应日本 B3 市场，你只需要安格斯牛就可以进入，但我敢肯定其中会有附加成本。一些市场有很高的合规成本，问题的关键在于溢价是否超过了那些合规成本。"

"安格斯牛的优点是可以让你进入除了顶级市场以外的每一个澳大利亚市场，而其他任何品种都做不到。比如你就不能将海福特牛打入日本 B3 市场。依靠安格斯牛，你可以打开所有市场的通道。我选择饲养黑色无角牛是有根据的，因为你可以从杂交优势中获得 13% 的额外产品，而且还没有额外成本，你可以进入到除了日本 B3 市场之外的任何一个市场。但是有三样东西是牛肉生产商不愿意改变的：他们的会计师、他们的宗教信仰和他们的肉牛品种。"

在杂交这件事上，霍姆斯认为澳大利亚安格斯牛协会是思想开放的，而其他协会则有些保守。"他们不把安格斯牛当作增加市场份额的机遇，或不去努力争取，"他说，"他们所担心的是杂交可能会变成一条单行道，而纯种牛群会就此消失。但是要想杂交取得成功，纯种牛群也是必不可少的。"

"牛肉生产商非常传统，你很难改变他们的想法，即认为纯种系是合适的，以及这些事情应该由代理商作主。人们仍然认为事情本该如此，所以坚持忠于安格斯牛。有纯种黑牛固然是好的，但是也不能忽视杂交的效益。你也可以用黑色无角牛同时获得价格溢价和杂种优势效益。黑色无角牛的溢价是安格斯牛溢价的一半，但当你把每千克牛肉 7 美分的溢价与额外获得 13% 的牛肉结合起来的话，你就走在了任何其他品种的前面。"

霍姆斯说，安格斯牛被毛黑色带来溢价，同时也存在某些疾病如眼癌，还有与其他品种杂交易出现分娩困难等问题，因此很多生产商对安格斯牛一直举棋不定。但是，他说人们为取得黑色溢价已经对这个品种改良很多，而对于生产成本方面基本没做过什么；如果他们的生产成本没有竞争力，溢价也就无从谈起。他认为效益中的 85% 的差异可以由生产成本和获得的价值百分比解释。"安格斯牛协会做得非常成功，他们也保证不会因为成功而导致自满，"霍姆斯说，"安格斯牛品种中已经出现产奶过多的问题。将其结合长期遗传趋势来看，产奶量会上升而体脂肪下降。对于母牛，如果你照着那样去做，结果会是繁殖力下降。问题在于这两者不可兼得。牛肉的大理石花纹是安格斯牛品种优势之一，但是大理石花纹基因却与产乳量相关，这是不利的，因为大理石花纹伴随着高产奶能力而存在，在很多地方这是一个劣势。"

越来越多的北部养牛站使用安格斯牛，因为它们的牛肉溢价能力及较高的繁殖力。其中一个是澳大利亚农业公司的黑丁利站，在昆士兰西北部乔治娜的芒特艾萨西南方向 200 千米的地方。它使用安格斯公牛和圣热特鲁迪斯母牛杂交，与圣热特鲁迪斯牛相比，其后代可以获得 20 美分的溢价。牛肉合作研究中心（CRC）研究表明，北部生产商通过在他们的杂交育种计划中使用安格斯公牛可以取得显著的效益。CRC 研究显示安格斯杂交牛后代有大理石花纹、较高的自然分娩百分比、较好的食用品质，而体增重则与其他杂交牛相似。

安格斯牛协会首席执行官格雷汉姆·特拉斯科特说，由于澳大利亚国内和国际对于高档大理石花纹牛肉的需求增加，全国安格斯牛群比例也会继续增长。"安格斯牛比其他任何牛种都适合市场趋势，以提供优秀的母牛群为基础，可以进一步优化其他特殊的市场，"特拉斯科特说，"它可以与欧洲公牛杂交，满足国内市场需求；与其他高品质公牛等纯种杂交，可以满足日本 B3 市场需求。我们相信世界对于优质牛肉的需求将继续推动温带地区对安格斯牛的需求。"

"当你来到澳大利亚北部，会发现我们比南方有更多的发展机遇，因为更多地方的安格斯牛为纯种牛，能够耐受更热的环境，但前提是该地区没有蜱虫。在北方，安格斯牛永远不会是占主导地位的肉牛品种，因为它还不能够适应这样的环境。在澳大利亚温带地区，根据记录那里有最多的安格斯牛，并且在那里有最大的遗传影响力。虽然在温带地区我们会得到另外 10% 的市场份额，北方增长潜力更大一些。那些地区将继续扩大杂交牛和纯种安格斯牛的数量，因为北方育肥场说他们将尽可能从北部地区获取安格斯牛，考虑到那里的运输成本较低。他们的安格斯牛有相当高的比例饲养在南方地区，最远可至塔斯马尼亚和南澳大利亚。"

特拉斯科特说，育肥行业推动了对安格斯牛的需求，而那些争取供应日本市场的昆士兰育肥场也加大了对于这种黑色家畜的需求。"这是通过昆士兰和北领地来推动黑牛的需求，"他说，"他们正在学习如何饲养黑牛，其目标就是培育被毛短而油亮的安格斯牛。我们知道在北方地区对养殖安格斯牛信心不足，可能是由于牛肉合作研究中心（CRC）和澳大利亚肉品和家畜研究中心（MLA）告诉他们必须改善和提高牛肉品质。"

特拉斯科特说，低生产成本曾经是澳大利亚北部牛肉行业的竞争优势，但已经落后于巴西和印度。这意味着北部养殖者必须改善他们牛肉的食用品质，以便继续开拓可以竞争的市场。因此，就如同牛肉合作研究中心（CRC）证明的那样，安格斯高档牛肉恰逢时宜地在北方牛群中找到了自己的定位。结果表明，在改良婆罗门牛生产性能而进行杂交试验所使用的九个品种中，安格斯牛杂交后代表现出最高的大理石花纹等级及最好的嫩度，而且在 300 天后体重仅比夏洛莱牛低 6 千克，特拉斯科特说。特拉斯科特乐观地认为在澳大利亚北部所饲养的五个主要品种——婆罗门牛、夏洛莱牛、安格斯牛、抗旱王肉牛和圣热特鲁迪斯牛，其中安格斯牛种地位将最为举足轻重。他还相信安格斯牛甚至将在昆士兰沿海和盖尔夫乡村的蜱虫地区进行养殖，通过引入含安格斯牛种血统的公牛来提高对该虫的适应性，而那时大多数杂交品种也会含有安格斯牛血统。"安格斯牛将会在养殖纯种牛的昆士兰中部和南部地区、养殖杂交牛的昆士兰沿海和北部地区，以及北领地和金伯利等广大范围产生深远的影响。"特拉斯科特说。

提倡北部地区养殖安格斯牛的另一位是格兰特·布鲁克斯，他在西澳大利亚皮尔布拉地区的马布尔巴附近运营着利姆斯顿站。这里被当地人称为澳大利亚最热的地区。但是这并没有阻止布鲁克斯的热情，他将短角牛群的80%转换成纯种安格斯牛。布鲁克斯的妻子温迪·麦克沃特·布鲁克斯说安格斯牛是非常顽强的牛种，就像在它的故乡苏格兰恶劣的气候所展示的那样。他们在利姆斯顿站养殖安格斯牛的主要原因是这种牛的养殖效率相当高。他们的生产目的是向活畜出口市场提供公牛，主要的市场是中东和印度尼西亚。

特拉斯科特说："安格斯牛协会为安格斯牛在澳大利亚北部地区的推广做出了很大贡献。我们觉得我们通过提供很多数据资料对市场产生了强烈影响，尤其是牛肉合作研究中心（CRC）的研究表明了养殖安格斯牛的效益。我们参观了一些育肥场，了解到他们需要更多的安格斯牛进入市场，并了解到北方的特殊要求，尤其对被毛光滑的牛的需求，我们将这些信息公之于众。结果，160家左右的牧场或我们认证的联系人对于安格斯牛品种的应用和该品种在北方日益增长的影响力表示非常乐观。"

在北方，杂交育种计划对高品质安格斯公牛的需求越来越多。北方很多养牛生产者将安格斯公牛引入到他们的供屠宰牛群中，以改善肉品性状及提高牛群繁殖性能。大多数市场为安格斯牛和安格斯杂交牛支付溢价，这成为很多生产者转向养殖安格斯公牛的主要原因。

其他优点包括安格斯杂交母牛高产，繁殖力和母性都非常出色。在国内和出口市场上高品质安格斯牛和安格斯杂交牛都可以获得很可观的溢价。这些溢价主要是由于安格斯牛饲草或谷物育肥产生的高档牛肉带来的良好声誉。

1997—1998年在布里斯班进行的澳大利亚肉品标准（MSA）试点项目，使北方生产者意识到在育种计划中引进改良的肉品质基因的必要性。根据MSA计划，大理石花纹评分为1或者更高的澳大利亚牛肉，在国内市场上将取得显著的溢价。安格斯牛遗传基因的利用是一种可以提高大理石花纹性能和肉品质的行之有效的方法。

为了适应热带地区的饲养环境，人们在杂交育种计划中使用安格斯公牛与婆罗门牛、圣热特鲁迪斯牛和其他改良的品种进行杂交。除了通过杂交取得更高的生产率，安格斯牛的引入还提高了牛肉的市场适销性，改善了肉品质，增强了母牛繁殖力，提高了颜色一致性和无角特性。

安格斯牛在澳大利亚的普及被世界很多地方效仿，使它成为世界第一大牛种。这得益于这样一个事实：在美国，安格斯牛数量比其他牛种明显要多。调查显示，在美国出售的所有公牛中，安格斯牛大约占到67%。消费者对于安格斯牛肉品牌的忠诚和喜爱大力推动了安格斯牛在世界肉牛养殖国家的普及。

（白萨茹拉　译，夏传齐　校，李欣　复校）

漫漫回家路

一天的清点活动

PROP: A.L & L.N SMITH & FAMILY
Home of the
NORTHERN ANGUS ‡ INTRODUCED 1927
PH: (089) 560993   FAX: (089) 560835

特伊约恩养殖场的入口处

黑安格斯牛在北部牛群中的影响力正变得逐渐明显

第十章
安格斯牛的影响力

　　伴随着市场营销者把"黑色"打造成一个有价值的特色品牌，过去人们对于黑色牛的偏见逐渐消失。根据澳大利亚安格斯牛市场销售经理杰夫·菲利普斯所言，在美国很多牛种流行纯黑色，比如利木赞牛、西门塔尔牛和盖普威牛。"在美国，虽然这些传统品种的黑色牛在与安格斯牛的竞争中，没有完全被安格斯牛替代，而是逐渐成为少数牛种，"菲利普斯说。他在过去的十年中经常去美国考察和学习美国的养牛业。"可能有人认为，红安格斯牛和墨累灰牛与黑色安格斯牛是同一种牛，只是颜色不同，并且事实上有证据表明，它们与黑安格斯牛表现相似，而且生产的胴体几乎没有差别。但是市场并不欢迎红色和灰色的牛，也不需要，因此这些红色和灰色牛的价格并不与它们的黑色同胞相匹配，"菲利普斯说。

　　"在 20 世纪 60 年代和 70 年代，墨累灰牛快速扩张，只有安格斯牛在育种计划中被使用。成千上万登记过的及纯种的商品安格斯母牛由墨累灰牛协会检查员进行评估，如果它们是可以接受的类型，那么将成为经过验证的安格斯牛，就可以与墨累灰公牛进行杂交，所生出来的灰色雌性后代将成为牛群名录中的 C 级母牛。这些安格斯母牛不再属于安格斯牛品种，安格斯牛饲养场非常欢迎墨累灰牛养殖者前来参观，因为他们能够为安格斯母牛支付比行业内其他任何部门更高的价格。"菲利普斯说，"20 年前墨累灰牛协会比安格斯牛协会有着更多的成员、更多资金和更多登记者。有很多例子说明安格斯牛繁育场转换到养殖墨累灰牛。但这一趋势已经发生改变，很多墨累灰牛繁育场和商品牛群现在转换为饲养安格斯牛，高性能的安格斯牛遗传基因现在被用于快速改良墨累灰牛品种，而之前黑色安格斯牛用于快速增加墨累灰牛数量，这是 30 年来的一大转变。历史告诉我们第一头墨累灰犊牛出现在 20 世纪初，位于锁龙岗的萨瑟兰家族的墨累谷安格斯牛繁育场，由一头红棕色短角母牛与一头登记的安格斯公牛杂交而得。"

　　布兰格斯牛品种需求日益增长，尤其是来自北方的生产者需要公牛，他们既想要安格斯牛的影响力，又想保留婆罗门牛的性能。很多思想先进的布兰格斯牛养殖者现在恢复到饲养布兰格斯牛的父母系品种——安格斯牛和婆罗门牛，来获得由这两种牛遗传改良带来的效益，而多年以前他们用这两个品种牛培育布兰格斯牛品种。"我们不能一直原地踏步而错过那些优秀的遗传改良基因，"一位主要的布兰格斯牛养殖者说。他是众多追求被毛光滑、轮廓分明的安格斯公牛的养殖布兰格斯牛饲养者之一，利用这些安格斯公牛良好的大理石花纹和胴体估计育种值（EBV）来加快布兰格斯牛品种改良进展。

红安格斯牛也不断受欢迎，注册数量迅速增长。以注册肉牛数量为依据，红安格斯牛成为 2006 年澳大利亚第六大最受欢迎的英国肉牛品种。除了被毛颜色，基本上它和黑安格斯牛是一样的品种，红安格斯牛是由隐形红色基因表达而来，偶尔会在黑安格斯牛群中出现。

赖夫斯·霍克来自位于南澳大利亚克莱尔的阿纳马红安格斯牛繁育场，他相信这个品种会在澳大利亚养牛业中发挥更大作用。自 20 世纪 50 年代该繁育场就开始养殖红安格斯牛，是拥有这个品种最悠久的繁育场。之所以一直养殖红安格斯牛，是因为他觉得这种牛表现良好，而这种牛在早年肉牛小型化趋势中显得格格不入。

"我的父亲决定养殖红安格斯牛，因为我们那时就有红色的牛，"他说，"位于布恩加里的红色安格斯牛，由居住在克莱尔的霍克家族的另一个分支所拥有，看起来和他们的黑色安格斯牛养得一样好。我们开始使用来自布恩加里的公牛，那里饲养着一大群黑色安格斯牛。他们从不同的牛群中挑出红色安格斯牛，我们再从中选出一些最好的公牛与我们的红色安格斯牛进行杂交。到 20 世纪 70 年代，我们已经有了第四代和第五代红安格斯牛，我们从新南威尔士州、维多利亚州和塔斯马尼亚购买各种不同的公牛。"霍克说，在小型安格斯牛年代，红安格斯牛比它们的同种黑色安格斯牛体格要大一些。另外，因为他来自澳大利亚温暖地区，霍克认为红安格斯牛在炎热的地方表现更好。阿纳马将公牛卖给大型畜牧公司，它们的存活率都非常高。"我们向北领地或南澳大利亚北部输送大量的公牛，它们通常被用来与短角牛或婆罗门牛杂交，"他说，"它们在提高产犊率方面非常成功。"20 世纪 70 年代初，阿纳马通过从北美地区进口精液而引入经过性能记录的红安格斯牛血统。霍克回忆起在 20 世纪 50 年代，一些红安格斯牛从美国引入到位于阿尔伯里的基瓦纳繁育场，它归弗兰克·霍德所有。来自新南威尔士州瓦拉繁育场的林·桑德森在苏格兰进行评估后引进了一头黑色安格斯公牛，之后他还帮助传播红色隐性基因。桑德森见证了 1970 年澳大利亚红安格斯牛协会的成立，并成为红安格斯牛协会的首任主席。

红安格斯牛协会表示，1969 年初，一些安格斯牛繁育场向澳大利亚安格斯牛协会提议牛群名录中可以添加"附录"。他们希望来自经过登记牛群的红色安格斯牛在三代以后能被准许收录进牛群名录。但是这项提议没有被接纳，于是 1970 年 5 月，在墨尔本举行的一场会议中一群养殖者决定成立红安格斯牛协会。来自维多利亚州西部里奇家族的布莱克·伍德牛群是其中著名的早期红安格斯牛场之一，在维多利亚州农业部门 A.C.T. 休伊特先生帮助下，它成为澳大利亚第一批进行性能记录的牛群之一。

今天，红安格斯牛在红安格斯牛协会或澳大利亚安格斯牛协会都可以进行登记。霍克说，红安格斯牛一直都在争取黑安格斯牛已经取得的溢价，尽管阿纳马享有这项溢价。阿纳马仍然居于红安格斯牛群领先者行列，在肉牛育种规划的红安格斯牛类别中，前十位有 3 或 4 头牛来自阿纳马。"我们在这些牛的遗传上做了大量的工作，"霍克说，"我们已经从特·马尼亚等澳大利亚主要安格斯牛繁育场中购买顶级安格斯牛。我们与黑安格斯牛的竞争实力不相上下。我们的红安格斯牛有着较低的出生体重、较高的生长速度和较大的眼肌面积。"

澳大利亚安格斯牛协会首席执行官格雷汉姆·特拉斯科特说，红安格斯牛在澳大利亚市场上历来都没有受到过高度青睐。黑色一直是澳大利亚安格斯牛公认的颜色，而且日本对黑色的条件要求增强了市场对黑色被毛牛的需求。当日本买家前来参观并提出他们对牛的要求时，很明确地偏向于喜欢黑安格斯牛，甚至如果黑安格斯牛身上哪怕有五美分硬币大小的白点都会被他们拒绝。因此，红安格斯牛对于日本市场需求来说没有任何意义。特拉斯科特说，"但是，红安格斯牛在澳大利亚北部发挥了一定作用，那里的人一直偏爱红色安格斯牛，因为它们对炎热环境有良好的适应性。一些畜牧公司的育种计划中就包括红安格斯牛，并且他们已经开始在北方很多牧场中实施。但是红安格斯牛在澳大利亚不是一个主流牛种，它们占安格斯牛数量的比例低于 5%。"

国内最大的肉牛公司——澳大利亚农业公司，用红安格斯牛建立自己的"盖尔夫组合"牛群，而北澳大利亚畜牧公司在他们的"基乌纳组合"中使用了红安格斯牛。红色安格斯牛一直是世界安格斯品种的重要组成部分，南非的安格斯牛群中有大约 80% 是红安格斯牛。在巴西和阿根廷有很多红安格斯牛群，而美国的红安格斯牛群也占到总肉牛群的大约 9%，在加拿大红安格斯牛也一样重要。在英国、智利和新西兰也有红安格斯牛群。霍克说中国和越南在过去 10 年里也从澳大利亚购买了不少红安格斯牛，而其他一些红安格斯牛则去了新几内亚。安格斯牛品种在澳大利亚其他牛种的发展中发挥了重要作用，其中墨累灰牛占登记数的 5.8%，红安格斯牛占 1.2%，布兰格斯牛占 2.3%，澳洲矮脚牛占 0.5%，奥彻利斯牛、希安格斯牛、塞内格斯牛、黑利木赞牛和西门安格斯牛占 23.6%。数量算下来的话，澳大利亚安格斯牛品种登记的影响力上升到至少 33.4%。现在人们对于黑色牛的追捧，放大了这种效应。一些安格斯牛繁育场培育第一代塞内格斯牛（塞内加尔-安格斯牛）出售给北部市场，因为它们具有热带适应性、良好的胴体、较快的生长速率和良好的肌肉性状。

（白萨茹拉　译，夏传齐　校，李欣　复校）

位于新南威尔士州悉尼郊外卡姆登的阿格勒酒馆，一份经过认证的澳大利亚安格斯牛肉（CAAB）

第十一章

澳大利亚的安格斯牛肉

大约 1 万年前，人类开始驯养牛。从此，牛和人类一直保持着密切的关系。不论是在战争年代、和平时期及休闲娱乐的时候，牛肉对于不同种族的人来说都是非常美味的食品。随着牛肉受到人类的喜爱，以及牛还可以用于耕作，提供牛奶、皮革，牛粪还可以作燃料等，使其成为地球上最重要的动物种类。牛的重要经济影响力已经从食物、穿着延伸到娱乐、历史、艺术和宗教。牛还扮演着重要的文化角色，如中世纪牛崇拜、西班牙斗牛、有名的潘普洛纳奔牛。在其他许多地域，包括美国的北部及蛮荒的西部、印度、亚洲、南美洲和非洲南部，牛一直具有重要的文化意义。

牛曾是澳大利亚大部分地区定居和发展的关键，并在其艺术和文化中起了重要作用。在澳大利亚国家的发展或精神构成中，没有什么比畜牧业者和妇女的作用更重要，这是毋庸置疑的。但在 21 世纪，牛最重要的作用是生产食物。肉牛生产是澳大利亚最大的农村产业，有 38 000 个初级产品从业者，饲养 26 000 000 头肉牛。他们在牧场生产了价值 75 亿澳元的肉牛，在 2007—2008 年总销售额 120 亿澳元。随着牛肉食品在澳大利亚和海外消费的增加，这个行业的价值远不止于此。它雇用了 10 万人，每年处理 860 万头牛，生产 200 万吨牛肉，其中 2/3 出口到世界各地。

在过去 20 年里，肉牛产业经历了革命性的变化，大大改变了肉牛的生产和消费方式。其前沿是安格斯牛肉的利用，特别是认证的澳大利亚安格斯牛肉（CAAB）。认证的澳大利亚安格斯牛肉不仅成为安格斯牛肉的旗舰，而且成了整个澳大利亚肉牛业的代表。安格斯牛肉在全澳大利亚的饭店出售，也通过数量不断增加的肉店和考尔斯超市、乌尔沃斯超市出售。悉尼主要的饭店，如皮特·道尔饭店、金斯利·史密斯饭店，他们经营金斯利牛排店和克拉豪斯饭店，每周接待数千名食客，提供以"认证的澳大利亚安格斯牛肉"为招牌的最上乘的牛肉。肉类批发商比克·约翰斯顿公司，由戴维·比克经营，拥有奥特拜克牛排餐厅、肉及酒类公司，以及乌尔沃斯有限公司和宾馆。

安格斯牛肉名气的提高，使这种牛在过去15年成为澳大利亚肉牛行业最具价值的牛种。澳大利亚每年至少处理200万头安格斯牛或安格斯杂交肉牛，价值达40亿澳元，约占全国肉牛的30%。由于在过去很长时间里更多地强调牛的颜色，而不是它们的胴体性能，使得安格斯肉牛在许多年里不受欢迎，其牛肉的质量被大多数养牛人忽视。在过去20年间，随着安格斯牛肉名气的提高，对其认识有了显著的变化。

在20世纪70年代以前，安格斯牛的牛肉质量没有被广泛认可。20世纪70年代后，随着日本市场的发展，以及这个行业转向以质量为基础来划分肉牛，安格斯牛肉受欢迎的程度稳步增长。自2008年以来，随着使用安格斯牛肉饭店数量的增加，安格斯牛肉成了一些饭店的首选。

在澳大利亚，对安格斯牛的认可也提升了国家牛肉产业的价值。2001年澳大利亚肉类和畜牧协会（MLA）做了一个战略规划，研究遗传学应用在肉牛产业所产生的经济效益，得出的结论是，在澳大利亚温带地区安格斯牛种的发展，使得牛肉从业者每年多增加了8 800万澳元的收入，相关产业增加了26 500万澳元的利润。这是安格斯牛种实质性的变化，反映了高度集中的遗传改良对国家养牛业的巨大贡献。

在英国，阿伯丁－安格斯牛品种的前身早在几个世纪前就因其牛肉而闻名，那时苏格兰牲畜贩子每年把当地的牛赶到南方的英格兰进行育肥。在19世纪80年代，伴随着工业革命和铁路的发展，苏格兰牧民在把肉牛运到伦敦市场之前已经开始对牛进行育肥。这个牛种主导了世界最重要的肉牛大赛——伦敦皇家史密斯菲尔德展会，使其名气大震。阿伯丁－安格斯牛或它们的杂交品种在20世纪的许多展会中是最受赞赏的肉牛品种。1900—1996年，该牛种赢得了61次展会最佳牲畜荣誉。1891—1955年，在每年举行8次的史密斯菲尔德比赛中，阿伯丁－安格斯牛赢了158次，阿伯丁－安格斯杂交品种赢了107次，短角牛品种赢了40次，加洛韦牛品种赢了14次，海福特牛品种赢了9次。在美国举行的肥畜展会中安格斯牛成为主导品种。1900—1952年举行的肥畜比赛中，阿伯丁－安格斯牛赢了186场比赛的138次，自从1879年在苏格兰成立阿伯丁－安格斯肉牛协会，这种牛优秀的食用品质使这种牛的受欢迎程度大大提高。

近年来，随着牛排在汉堡连锁店、牛排店和高档饭店的流行，安格斯牛品牌通过了牛肉认证计划，也随之越来越受欢迎。美国发展了美国安格斯牛肉认证（CAB），英国有阿伯丁－安格斯牛肉认证，新西兰运营纯安格斯牛，巴西、阿根廷和南非都有安格斯牛规划。2005年美国和加拿大在汉堡王供应安格斯牛肉汉堡，2006年在英国、爱尔兰和西班牙开始供应安格斯牛排。在全美和爱尔兰640家汉堡王店铺能够买到用100%认证的安格斯牛肉制作的汉堡。安格斯牛肉汉堡也在加拿大Harvey's（哈威）快餐连锁店大受欢迎。麦当劳于2006年开始尝试，在美国一些地区的快餐店供应安格斯牛肉汉堡。

在澳大利亚开展的澳大利亚安格斯牛肉品牌认证，对安格斯牛肉是一个有力的推动。这个品牌极大激励了安格斯牛肉的使用。在澳大利亚，它很快成为最成功的品牌牛肉产品，出口量和国内销售量增长迅速。认证的澳大利亚安格斯牛肉在越来越多的超市和肉铺出售，遍布澳大利亚全国所有地方。安格斯牛排登上了许多澳大利亚高档饭店的菜单，可以在大量的牛排店、宾馆、俱乐部吃到。在澳大利亚饭店，认证的澳大利亚安格斯牛肉成了质量和品位的代名词。少量的安格斯牛肉香肠和腌牛排也被制成，在乌尔沃斯超市，安格斯牛肉汉堡随传统的切割牛肉、炒菜用的牛排和肉馅出售。①

澳大利亚肉类和畜牧协会（MLA）市场总监拉赫·博特尔说，尽管认证的澳大利亚安格斯牛肉品牌还比较年轻，但在澳大利亚它已成为牛排知名品牌。博特尔认为它的走强在于末端饭店和餐厅的零售市场，还指出其最大的市场增长潜力是派（馅饼）、香肠、汉堡等产品。他认为还要密切关注将认证的澳大利亚安格斯牛肉产品打入快餐连锁市场，开发一个广泛售卖的馅饼（派）品牌。澳大利亚肉类和畜牧

比斯特罗阿吉尔假日酒店厨师长迈克尔·辛格尔顿

---

① 安格斯牛排业务在澳大利亚开展的一个重要原因是日本对安格斯牛排的需求。

协会早在1996年第一次会议起就引入了澳大利亚安格斯牛肉认证。博特尔描述说，这对提高牛肉的质量标准是一个伟大的胜利。他认为与澳大利亚嘉吉肉品公司、西部肉品公司及斯道克亚德私人有限公司签订协议集中开拓市场，是认证的澳大利亚安格斯牛肉成功的关键。

认证的澳大利亚安格斯牛肉品牌在1996年从仅仅12头牛、几千克初始试验的牛肉开始。到2007年，出产了12 000头牲畜，销售了9 000吨牛肉。在这过程中，它改变了澳洲牛肉产业。2007年的整体销售价值达7 500万澳元以上，比前一年提高了近80%。认证的澳大利亚安格斯牛肉成为澳大利亚肉牛产业的一个主要成就，并期望还会有连续几年的发展。它的成功在于围绕牛肉的大理石花纹建立一致性、完整的供应链。供应链的每个环节都需授权，通过DNA检测可跟踪追溯。它的质量还把澳大利亚牛肉带入到国际市场。这个过程证明了市场对认证的澳大利亚安格斯牛肉的奇妙作用，以及推动其进一步发展壮大。

担任CAAB公司主席和首席执行官的迈克尔·帕恩特指出，安格斯肉牛成了一个主要投资项目，其蓬勃发展超出了每个人的预期。通过对每个加工厂或认证者收取从业许可证的费用，认证的澳大利亚安格斯牛肉业务获得了高额利润。当然生产者也要支付一定的费用。帕恩特说，澳大利亚开展安格斯牛肉业务的一个主要原因是，日本对安格斯牛排的需求。以前，牛海绵体脑病（BSE）在日本和美国发生，以及市场出现了牛肉替代品，作为对牛海绵体脑病及其替代品的惩罚，一些人进了监狱，一些企业倒闭了。因为认证的澳大利亚安格斯牛肉是可信的，这给了认证的澳大利亚安格斯牛肉一个扩大市场的机会。

帕恩特在1988年出售了德威兹羊皮业务之后，参与到认证的澳大利亚安格斯牛肉业务，开始在维多利亚中部的亚历山大饲养杂交肉牛，"我需要潜心集中于一种肉牛，"他回忆说，"这时正赶上安格斯肉牛的扩群发展。我买了几头安格斯牛公牛，2年后，有些牛可以出售了。问题来了，我不知道它们值多少钱，但多年的经商经验让我明白产品应该值多少钱。"

"这促使我寻找更好的路径。1994年，安格斯牛协会在沃东加举办了一个年度活动，部分内容是一个专题研讨会。美国认证安格斯牛的创始者麦克·科尔文在会上做了一个报告。真是太奇妙了！我用了几个小时驱车回墨尔本，我一直在想，为什么我们没有做同样的事情。同时，澳大利亚安格斯牛协会开始制定高质量牛肉生产业务规划。"

那时，澳大利亚安格斯牛协会收到了保罗俱乐部饭店首席执行官特莱夫·比尔尼的一封信，表示对安格斯牛肉感兴趣。保罗俱乐部饭店在墨尔本罗克曼氏雷金丝宾馆很有特色。安格斯牛协会把信发给了维多利亚州安格斯牛协会主席迈克尔·帕恩特，并将麦克·科尔文的想法告诉了他，希望播下一颗实现这个设想的种子，组建了一个委员会负

在新南威尔士悉尼安格斯年度招待会上供应认证的澳大利亚安格斯牛肉

就任 CAAB 公司主席和首席执行官的迈克尔·帕恩特，兴奋地在超市展示认证的澳大利亚安格斯牛肉

库荣安格斯牛肉，澳大利亚几个成功的牛肉品牌之一

责监督品牌肉牛产品的开发。帕恩特认识戴维斯，他家经营着位于西维多利亚福斯特的普鲁姆肉品公司。迈克尔·帕恩特给老板约翰·戴维斯打电话，问他是否对生产品牌牛肉产品感兴趣。

在墨尔本澳大利亚肉类和畜牧协会办公室的一次会议上，大家同意抓住机会创建一个新的牛肉品牌。参加会议的人员有普鲁姆肉品公司的飞尔·戴维斯，澳洲肉类与畜牧联合会的杰拉德·阿切尔，维多利亚委员会成员玛莎·格里姆韦德女士（她拥有绿谷安格斯牛繁育场），她的丈夫安德鲁·格里姆韦德爵士（他拥有绿谷肉牛公司），安格斯牛协会首席执行官特莱夫·比尔尼、格雷汉姆·特拉斯科特、帕恩特。接着我们在曼菲尔德绿谷的格里姆韦德家开了一个会，有格里姆韦德夫妇、维多利亚委员会成员罗伯特·肯博尔。"那是 1996 年 6 月 23 号，我们决定组建合资公司，我们讨论了公司的结构、管理、名称及公司的徽标。"安德鲁·格里姆韦德爵士回忆道。同时，大家同意，如果公司办成功了，至少前 3 年所有公司的创始人维持其控制权，前 3 年期间不将股份转移给安格斯牛协会。

"会后，我注册了公司，名为'认证的澳大利亚安格斯牛肉私人有限公司'。然后，迈克尔，玛莎和我开始寻找设计公司，设计一个徽标。通过 3 家主要设计公司的有限竞争，徽标设计出来了，迈克尔、玛莎和我也做了很多工作。在墨尔本西部，我甚至站在设计师的背后，看着他对设计进行修改完善。拿到了设计，迈克尔和我选择了澳大利亚主要的商标注册代理公司戴维斯·科里森公司，负责认证的澳大利亚安格斯牛肉商标注册和法律协调工作，及时将认证的澳大利亚安格斯牛肉商标变成最具价值的资产。"

1996 年 7 月 4 日登记注册了"认证的澳大利亚安格斯牛肉私人有限公司"，5 名股份所有者是玛莎·格里姆韦德，维多利亚委员会前主席安托尼·穆乐，安格斯协会财务主管斯蒂芬·布莱尔、肯博尔和帕恩特。每人付了 20 澳元，作为总共 100 澳元的初始资金。最初的 5 名董事是帕恩特、安德鲁、玛莎·格里姆韦德、布莱尔和肯博尔。帕恩特说："安德鲁·格里姆韦德爵士的经验和专业知识证明对认证的澳大利亚安格斯牛肉是无价之宝，他成了认证的澳大利亚安格斯牛肉私人有限公司的副董事长。他创造的世界商标对澳大利亚的发展是至关重要的。"

安德鲁·格里姆韦德说："迈克尔·帕恩特和他本人丰富的商业经验，将他们集中到'采取行动'和'付诸实践'上，有时快速作出决定非常关键。然后向三个方向前进：首先建立一套商标，这是我的工作中心；迈克尔·帕恩特掌管另外两个活动，肉牛来源和屠宰，市场战略开发；然后，迈克尔·帕恩特和我尝试发展肉铺店，迈克尔不断扩大肉铺店的规模以保证经销商的供应。在发展过程中经常会讨论肉牛是应该采取谷物饲养还是采取放牧的方式。"

认证的澳大利亚安格斯牛肉董事会开始了尝试，安排普鲁姆肉品公司从基普斯兰的燕考威纳牛场的丹尼斯·吉恩那里买了 12 头肉牛，将处理后的 12 头牛的产品供应到了保罗俱乐部饭店，最后取得了很大成功。吉恩还保存当时的耳标，作为他参与的历史纪念。他能够通过完整的母牛 / 公牛划线记录、健康处理记录、年龄记录、处理地点及满足澳洲肉品规范的报告来辨别这 12 头从怀孕到出场的牛。

"然后我们跟考林·博尔德签订合同，他成了供货协调人，向 CAAB 提供牛。"帕恩特回忆道。"我们给位于皮切尔巴的 ICM 饲养场发了许可证，考林的角色是组织肉牛资源并发运到皮切尔巴，按照要求，这些牛必须是谷物饲喂的。那时我们做了一系列决定，认识到认证的澳大利亚安格斯牛肉产品必须是高质量的，同时还必须有足够大的数量，才能对安格斯肉牛的供应链产生影响。我们还冥思苦想，做了许多有关如何识别我们想要的产品质量的咨询。我们遇到了澳大利亚肉类和畜牧协会食味品质系统组的专家们，他们在制定食味品质等级系统，后来成为澳大利亚肉类标准（MSA）。我们认识到，这就是我们所需要的系统，我们相信在澳大利亚，认证的澳大利亚安格斯牛肉是澳大利亚肉类标准等级产品中的上等产品。从那时起，确实是每千克认证的澳大利亚安格斯牛肉产品都是澳大利亚肉类标准等级产品。"

"我们直接采用世界先进的技术。我们发现牛进入屠宰场前所采取的喂养方法，美国和澳大利亚存在很大的差别。我们知道必须建立一套质量保证系统以保证一年 365 天供应高质量的牛肉。美国有以等级为基础的诚信计划。我们决定建立一个传统的供应链，给供应和分销系统的所有人颁发许可，因此我们有了一个产品诚信，那时还不包括零售商（但现在包括）。供应链的每个环节，从生产到饲养场，到屠宰场、分销商、零售商，直到饭店，都实行许可

安德鲁爵士和玛莎·格里姆韦德女士，与认证的澳大利亚安格斯牛肉的最初成功是密不可分的

证制度。"

不久，维多利亚一些安格斯牛饲养者在保留所有权的基础上供应肉牛。肉牛在皮切尔巴饲养 150 天，然后屠宰，对肉牛进行等级检验后付给供应者钱。普鲁姆肉品公司对满足所有澳大利亚肉类标准要求的等级肉进行包装。达不到等级要求的牛排被普鲁姆肉品公司用作一般业务。认证的澳大利亚安格斯牛肉产品不断地进入保罗俱乐部饭店，以及位于维多利亚图拉克、马尔温路的皮特·博切尔肉店，并断断续续地被其他一些饭店和零售商使用。

帕恩特回忆说，安格斯牛协会开始资助认证的澳大利亚安格斯牛肉开发宣传和推广材料。那时安格斯牛协会决定，认证的澳大利亚安格斯牛肉从协会收到的所有钱都以借款的方式，因此所有开销透明。多年来协会提供给了认证的澳大利亚安格斯牛肉一系列服务，包括战略和商务规划、市场和交流、供应协调、财会、信息系统管理和文秘支持。

"1998 年，认证的澳大利亚安格斯牛肉第一次在悉尼市场销售。我们还决定如果这个品牌继续成长壮大，那肯定会涉及出口业务。因此，在 1998 年，我们写信给所有的肉加工出口商，以期获得其成为认证的澳大利亚安格斯牛肉特许加工出口商的意愿书。我们从 12 个出口商中收到了一半感兴趣的表态，我们跟他们进行了一些讨论，我们确实与泰斯·布鲁斯公司签订了协议，但后来他们不想参与了。接下来我们幸运地与来自嘉吉公司的安德鲁·麦克弗森签订了合同，他刚刚从美国与该组织合作返回。"

"安德鲁对美国的安格斯牛肉计划很了解，美国的嘉吉公司是认证的安格斯牛肉的加工者之一。我们与约翰·西廷进行了探索性的会谈，他后来成了嘉吉食品公司的总经理。经过多次谈判，嘉吉公司于 1999 年 7 月 1 日和我们签订了特许合同，成为认证的澳大利亚安格斯牛肉特许加工者。我们与嘉吉公司所做的非常重要的事情是建立国内分销商网络，后来成了特许分销商。当格雷汉姆·特拉斯科特去美国讨论认证的安格斯牛肉后，我们认识到了分销系统的重要性。分销对我们的成功是至关重要的。哈弗里克肉品公司起了关键性的作用，它的所有者是悉尼的约翰·安德鲁斯和他儿子皮特。约翰给了我们许多好的建议，最后证明，与比克＆约翰斯顿公司一起合作，是认证的澳大利亚安格斯牛肉在澳大利亚分销的非常重要的部分。"

比克＆约翰斯顿公司总经理戴维·比克说道："这是一个伟大的品牌，后面有伟大的产品做后盾。我最喜欢的是它的诚信。"他说："我认为，认证的澳大利亚安格斯牛肉计划确实比美国的计划好得多。因此维持系统的诚信很重要。虽然它很成功，但需要保持价格的可比性，因为有许多同类产品，只有一定数量的消费者愿意去购买品牌产品。"

哈弗里克肉品公司，是澳大利亚较大的食品服务供应商之一，从一开始就参与了认证的澳大利亚安格斯牛肉计划。约翰·安德鲁斯花费了很长时间讨论认证的澳大利亚安格斯牛肉如何以顾客所喜欢的方式呈现，包括规格、包装、品牌透明度等。作为认证的澳大利亚安格斯牛肉在澳大利亚的最大分销商，哈弗里克肉品公司变得非常重要。皮特·安德鲁说：“哈弗里克把产品销售给最好的餐饮公司，如航空公司、五星级酒店（包括希尔顿酒店、四季酒店、悉尼香格里拉酒店）和饭店（包括悉尼皮特－多尔饭店、悉尼环形码头的迈克尔－詹姆斯－野火饭店、瓦伦腾波尔－阿赛特饭店，以及大约6家金斯利牛排饭馆）。”

“中高端市场偏爱澳大利亚安格斯牛肉，只有那些只考虑价钱的顾客才不买它。”安德鲁说道。“每年我们分销许多品牌的肉类产品，澳大利亚安格斯牛肉是澳大利亚最好的品牌牛肉产品。其他许多品牌已经消失了。它成功的秘诀之一，是他们对供应链的每一个环节实现许可证制，从开始到结尾。其他品牌有许多替代品，而认证的澳大利亚安格斯牛肉是绝对没有的。”

“作为分销商，我们选择它，因为它是最好的。我们走出去，告诉人们为什么要多花钱买最好的产品：它是品牌产品，它经过了仔细分级，它在收缩包装袋内经过了至少3～4周的排酸（熟成）。我是排酸牛肉的最大信任者，我个人认为4周的排酸时间是最理想的。排酸过程是至关重要的，你可以在澳大利亚得到最好的牛肉，但如果排酸不好，口感就差。”

“认证的澳大利亚安格斯牛肉是澳大利亚最好的牛肉品牌。它很适合食品服务业，因为它能保证质量。他们有一个适合服务国内市场的计划。它被公认为澳大利亚最好的牛肉品牌，它给你信心，你是在买最好的产品，而不是经过长时间喂养的特殊牛肉。吃认证的澳大利亚安格斯牛肉绝不会错。我喜欢认证的澳大利亚安格斯牛肉胜过日本的和牛，因为认证的澳大利亚安格斯牛肉大理石花纹的量正好，味道好且嫩。和牛太肥厚了，像是在吃鹅肝或松露。而你只能吃一小块松露。”

首先使用认证的澳大利亚安格斯牛肉的饭馆是金斯利牛排店和西佳－龙格饭店，2001—2002年由金斯利·史密斯经营，这是认证的澳大利亚安格斯牛肉的一个有力支持者。史密斯在乌鲁木鲁手指码头经营金斯利牛排店和螃蟹馆，在布里斯班、堪培拉和墨尔本经营金斯利饭馆。悉尼厨师长皮特·多尔说：“认证的澳大利亚安格斯牛肉是他饭店首选的牛肉品牌，因为它是一个质量有保证的好产品。我们提供几个菜品，以满足不同的口味。努力保障认证的澳大利亚安格斯牛肉质量是一个不断探索的过程，而毋庸置疑它是一个好产品。产品的一致性是十分关键的。”

澳大利亚认证的最大的安格斯牛肉饭店是新南威尔士中部巴瑟斯特大学城的GT安格斯吧和烤肉店，由瓦伦和玛丽·麦森纳经营。这个饭店是一个非常成功的饭店，部分原因是他们专门采用了认证的澳大利亚安格斯牛肉。他们每周大约卖出2 000份，至少一半使用认证的澳大利亚安格斯牛肉，从苏格兰无骨牛排到牛里脊、牛臀肉、精品无骨肉、安格斯炸牛排、牛肉咖喱汤、咖喱派、比萨饼和汉堡。还售卖认证的澳大利亚安格斯牛肉熟汉堡，每个5澳元，以及认证的澳大利亚安格斯牛肉生汉堡。

麦森纳将目标集中在提供大众化的食品上。他们认为所提供的价格是适合大众的，

店堂经理丹尼斯·阿尔托弗和经理保尔·古皮在巴瑟斯特大学城的 GT 安格斯吧和烤肉店

大部分牛排 25～30 澳元，烤牛排 22 澳元，认证的澳大利亚安格斯牛肉汉堡 8.5 澳元。"任何人想到牛排时，他们会想到我们饭店，"玛丽说，"人们给我们提了许多好的建议，使我们想到了加盟经营。"安格斯吧和烤肉店使用的认证的澳大利亚安格斯牛肉全部是 120 天谷饲的并经过至少 28 天排酸。一些眼肉通过使用包装袋使之排酸时间达到 120 天，产生极好的口味并且很嫩。开饭店对麦森纳来说是人生的一次重大转变，他在福比斯特拉弗斯达尔帕克经营了多年安格斯牛配种业务，直到他决定缩小规模，迁移到他家附近的巴瑟斯特，在 2003 年开始开饭馆。

90% 认证的澳大利亚安格斯牛肉由卡吉尔公司加工，它对澳大利亚安格斯牛的成功起到了很大的促进作用。公司商业运营总经理安德鲁·麦克弗森说："澳大利亚安格斯牛肉的销售势头开始增强，因为产品是客户所需要的。基于通过生产二级产品，如汉堡、香肠、馅饼，对牛肉进行更加充分地利用，他对中期增长感到乐观。澳大利亚伍尔沃斯公司在国内市场取得了很好的业绩，日本和韩国市场呈现持续强劲增长。在日本，通过与区域超市食品服务商合作，我们开始有了更多的消费者。在韩国，增长来自零售和三星特斯科超市的驱动。"

嘉吉公司是一个理想的伙伴，通过改变其传统的贸易模式，与客户建立更紧密的联系，提供给客户确实可行的商业需求解决方案。麦克弗森认为，嘉吉公司还通过其商业联系和开发市场链，帮助了澳大利亚安格斯牛肉的推广。嘉吉公司过去主要生产草饲牛肉，直到 2000 年初开始重新制定战略，在用户对高质量牛肉需求的驱动下，转向谷饲牛肉这一高端产品。"我们从南美洲草饲牛的喂养区看到了潜在的风险，在他们清除口蹄疫时，其牛肉成为对澳大利亚的主要威胁。在我们的谷饲喂养计划中，我们采取了以基因为焦点的几个步骤，最初我们获得了英国的纯种及杂交品种，然后变成小牛（青年牛）。我们还在加工设备上投资，通过分级处理大量的牛肉，我们开发了品牌牛肉产品。我们的销售团队在建立高质量牛肉品牌上下功夫，而不是销售一个'饲喂多少天'的产品。"

"另一个重要的方面是，通过透明的以价值为基础的给付模式，与上面所讲的相协调一致。我们向生产者发送关于胴体质量及相应保费和折扣的信息是很重要的。这与葡萄酒行业的期权式机制类似。奔富尔兹·格朗葡萄每吨售价可达 12 000 澳元，而不好的葡萄的市场份额很小。我们的品牌产品，与葡萄酒的做法一样，创造需求和诚信，而不是把他们推入系统。对于胴体特性相同的牛，给予相同的售价。问题是我们如何给生产者溢价或减价。"

麦克弗森说道，开发认证的澳大利亚安格斯牛肉品牌取得了成功，主要是在考尔斯超市和乌尔沃斯超市销售及在高档餐厅消费，但总的来讲，澳大利亚牛肉业在建立真正的品牌上缺少进步。为此，迈克尔·帕恩特为此做出了很大的贡献。"他很了不起，他是那么坚定。他在这个领域创造了许多机会。嘉吉公司提供了加工牛肉的专业技术并在全球销售，而认证的澳大利亚安格斯牛肉提供诚实可信的货源。作为加工者，我们把这种高级品牌牛肉加工到了使用层面，以及保持运营良好。通过我们在亚洲和北美洲、南美洲的销售办公室，我们可以把认证的澳大利亚安格斯牛肉销售到世界各地。合作伙伴是成功的关键，我们确实只是刚刚开始。"

2000 年开始出口，嘉吉公司把第一批货发往日本，然后到韩国，又通过各种渠道到世界各地。2001 年美国的"9·11"事件以及日本的牛海绵体脑病（BSE）事件，世界肉类贸易受到了很大冲击。2001 年 9 月 10 号，在一个在双湾丽兹卡尔顿（现在的施坦姆福特广场）举行的大约 50 人的私人聚会上，厨师为宴会选择了认证的澳大利亚安格斯牛肉。这件事与上面两件事相比虽然显得不重要，但是它对于认证的澳大利亚安格斯牛肉品牌来说，是一次很好的机遇。

慢慢地，这个品牌从 1996 年的 5 吨到 10 吨、15 吨，第 4 年到 20 吨，2000 年跳跃到 819 吨，2001 年到 1 481 吨。2001 年和 2002 年销售平稳，2003 年开始增长。

高增长导致了资金问题。安德鲁·格里姆韦德爵士说，在这个阶段安格斯牛协会提供给了认证的澳大利亚安格斯牛肉许多钱，这变得很严峻。帕恩特和格里姆韦德于 2002 年与安格斯牛协会进行了会面，结果是，格里姆韦德用了几个月的时间准备，关于安格斯牛种的盈利报告，证明认证的澳大利亚安格斯牛肉在澳大利亚安格斯牛中发展历程中，认证是关键的一步。随着认证的澳大利亚安格斯牛肉品牌的建立，这个牛种得到了很大发展。

格里姆韦德在 2002 年的报告中指出，安格斯牛的饲养者和安格斯牛协会是认证的澳大利亚安格斯牛肉活动的主要受益人。自从认证的澳大利亚安格斯牛肉建立以来，每年销售的安格斯牛的数量翻倍增长，平均每头牛的价格增长到 1 270 澳元。另外，安格斯牛协会会员增加了 37.2%（与所有牛种会员比较，所有牛种会员下降了 30.6%）。注册的安格斯牛增长了 26.8%（而注册的所有牛种下降了 10.7%），付给澳大利亚安格斯牛协会的安格斯牛群存栏费上升到了 540 198 澳元。

格里姆韦德于 2006 年 8 月从认证的澳大利亚安格斯牛肉董事会退休。他认为认证的澳大利亚安格斯牛肉主要的成就在于，利用不到 50 万澳元的资金取得了巨大成功。作为比较，海福特牛饲养者筹集了 400 万澳元来发展海福特优等品牌，但它却消失了，直到 2007 年被两个商人买下。格里姆韦德说，认证的澳大利亚安格斯牛肉战略的成功，在帮助安格斯牛种群扩大上起了重要作用。而海福特牛种群却收缩了。

他的报告显示，随着认证的澳大利亚安格斯牛肉取得成功而成为市场推动者，与其他种群相比，加工商们为安格斯牛准备好了奖励，他从 2002 年计算，加工商们每年给 CAAB 公司 900 000 澳元。"我们对认证的澳大利亚安格斯牛肉所做的，就是把它定位为

第一顿晚餐：1996 年在墨尔本的罗克曼·雷金斯宾馆，保罗饭店第一次供应认证的澳大利亚安格斯牛肉。出席人：牛肉供应者丹尼斯·吉恩、执行厨师特莱夫·比尔尼、牛肉供应者吉姆·豪森、普鲁姆肉品公司菲尔·戴维斯和 CAAB 公司的主席迈克尔·帕恩特

国内外高质量的牛肉品种。这增加了市场对安格斯牛的需求，相比其他牛增加了市场份额。从做决定到建立认证的澳大利亚安格斯牛肉，我们一直充满信心，尽管有时一些机构认为我们应该卖掉或停止这一计划。"

迈尔克·帕恩特说道，到 2003 年安格斯牛协会的贷款增加到约 47 万澳元，CAAB 公司建议对贷款进行资本化，即 CAAB 公司向安格斯牛协会发放 50 万股 1 澳元的全额支付股票。"通过这种方式，我们立即偿还了贷款，"他说，"当业务开展到某个阶段时，需要专业的人在专业的层面上进行运作。他们看着我然后说，这个运作人'就是你'。2005 年我卸任了主席和经理职位，布赖恩·毛比斯成了主席，直到 2006 年，斯坦布鲁克·帕斯托拉尔公司原主席艾德·布莱卡德担任这一职务。"

下一步是特许给西部肉品公司清真食品加工厂，生产认证的澳大利亚安格斯牛肉它在 2005 年年中开始生产。然后，2005 年 9 月，帕恩特随同国家食品工业战略（National Food Industry Strategy）贸易代表团去迪拜，在迪拜为认证的澳大利亚安格斯牛肉打开市场。他和西部肉品公司授权澳大利亚质加公司（Australian Quality Plus）作为经销商，洲际酒店成为迪拜第一个特许酒店。2005 年，认证的澳大利亚安格斯牛肉也特许清真肉类加工商罗克代尔牛肉公司，生产认证的澳大利亚安格斯牛肉，提供一个开拓清真市场的机会，这里的需求量将很大。清真市场的一部分是在中东 130 家汉堡王饭馆生产安格斯牛肉汉堡。

玛丽和瓦伦·梅斯纳，来自新南威尔士巴瑟斯特大学城的 GT 安格斯吧和烤肉店，是认证的澳大利亚安格斯牛肉最大的饭店用户

斯道克亚德也是一个欧洲联合加工厂，为开拓欧洲市场作准备。

到 2006 年，认证的澳大利亚安格斯牛肉继续快速增长，加工了 99 602 头牛，大部分是通过卡吉尔公司加工的。在认证的澳大利亚安格斯牛肉的销售中，大约 35% 销往日本，20% 销往韩国，其余销往了大约 30 个出口目的地，包括中国、俄罗斯、中国香港、中国台湾、新加坡、美国、加拿大、阿联酋、新西兰。"10 年里认证的澳大利亚安格斯牛肉增长很快，对牛肉行业影响很大。它是在国内市场受认可的几个品牌之一，并且是第一品牌。几年前我们决定集中精力开发零售市场，并得到不断的扩展。"

它在考尔斯超市成了领导品牌，认证的澳大利亚安格斯牛肉希望最终在澳大利亚全部 500 家考尔斯店销售。2007 年 3 月，乌尔沃斯超市结束了其 10 年的只卖乌尔沃斯品牌牛肉的策略，决定在 87 个超市销售认证的澳大利亚安格斯牛肉。到 2008 年，有 180 家乌尔沃斯和赛弗威店在新南威尔士、维多利亚、南澳大利亚、塔斯马尼亚、北部地方销售认证的澳大利亚安格斯牛肉。乌尔沃斯超市加入认证的澳大利亚安格斯牛肉销售头 3 个月，认证的澳大利亚安格斯牛肉总零售量从 30% 提高到 44%。它的加入很快带来了希望，零售业务在澳大利亚将变得很重要。乌尔沃斯超市认证的澳大利亚安格斯牛肉的供货范围在扩大，规划扩展到更多的店。销售增长很快，供货不应出现问题。这无疑给澳大利亚安格斯牛饲养者一个压力，特别是，这种增长将有助于增加对符合认证的安格斯肉用阉牛的需求。

2003 年，在瓦加的一次会议促使认证的澳大利亚安格斯牛肉走进超市。会上，MLA 市场部总经理戴维·汤姆森鼓励我们进入超市。他说，澳大利亚 60% 的零售牛肉都是通过考尔斯和乌尔沃斯超市销售的。他认为，如果认证的澳大利亚安格斯牛肉取得成功，至少要进驻到一个连锁超市中。现在通过 2 个连锁超市，将进入澳大利亚 1 000 多个店。

虽然取得了初步胜利，与已经有 29 年历史的美国安格斯牛肉认证相比，认证的澳大利亚安格斯牛肉还处于发展初期。帕恩特认为，认证的澳大利亚安格斯牛肉比认证的美国安格斯牛肉发展得好，部分原因是认证的澳大利亚安格斯牛肉得益于美国安格斯牛肉认证的模式和经验。"随着认证的澳大利亚安格斯牛肉在欧共体销售，在日本和澳大利亚的持续增长，以及在亚太国家出现的主要市场机会，我们预计 2009—2010 年需要肉牛 250 000 头。对亚洲人均牛肉的消费量增大的预测，他认为到 2020 年认证的澳大利亚安格斯牛肉可能需要 100 万头牛。"

在美国，美国安格斯牛协会于 1978 年建立了认证的安格斯牛肉品牌，目的是促进安格斯牛肉的消费。这是商人的灵感，来自俄亥俄州马沙尔威尔的饲养者哈鲁德·艾特林注册了安格斯牛。美国安格斯牛协会的《一个历史性的安格斯牛旅行》记录了艾特林的长期信念，即饲养者应该更好地利用其喂养能力，生产美味且嫩的牛肉。将这一计划付诸行动用了几年的时间，在 1978 开始实施，尽管当时有各种警告，如这会花很多钱，需要多年才能完成。认证的澳大利亚安格斯牛肉也一样，有些董事会成员想停止这个项目，因为它债台高筑，向安格斯牛协会借了 470 000 澳元，但它跨过了这个障碍。认证的美国安格斯牛肉是当今世界最成功的牛肉品牌，美国培育了大约 30 个其他安格斯牛肉品牌。澳大利亚没有模仿这个模式。

仅有的另一个安格斯牛肉品牌是库荣安格斯，由南澳大利亚的冈纳家庭所有。库荣总经理兼认证的澳大利亚安格斯牛肉董事理查德·冈纳说，不要着急，目前只有两个澳大利亚品牌集中使用安格斯牛品种，随着品牌开发将会有更多品牌使用安格斯牛。他承认，与认证的澳大利亚安格斯牛肉相比，库荣很小，但其销量比 5 年前增加了 5 倍。库荣还销售干法排酸的产品，这是牛肉鉴赏家的最爱。在 2006 年悉尼优良食品表彰大会上，库容获得了品牌牛肉评比唯一金奖，认证的澳大利亚安格斯牛肉赢得了 2005 年唯一金奖。冈纳的获奖干法排酸的库荣安格斯牛肉是 120 天谷饲喂养的，饲养中没有使用激素。

一般人都知道，安格斯牛是好的肉牛品种。安格斯代表优质肉牛的理念已经被人们所熟知。对高质量安格斯肉牛需求的增加和不断获奖，更多的资金投入到了这个品种，使其能够做更多的事情，如提高品种的基因选择。

帕恩特指出，认证的澳大利亚安格斯牛肉最主要的成就就是创造了一个广泛认知的品牌，以及开发了在澳大利亚和海外稳定的市场地位。同时，它开创了一个盈利业务，通过传播安格斯牛的知名度使安格斯牛协会成为重要的市场工具。2007 年，认证的澳大利亚安格斯牛肉另一个重要的里程碑是雇用凯特·布拉宾为供应链经理，他是第一个雇员，而不是帕恩特。帕恩特相信，总有一天认证的澳大利亚安格斯牛肉将雇用大量的人员，效仿美国安格斯牛肉认证的成功。美国安格斯牛肉认证有 96 名雇员，销售了 300 000 吨牛肉，2006 年总销售额 20 亿美元。在美国的零售店和食品服务店到处都能买到。

帕恩特指出，认证的澳大利亚安格斯牛肉重要的一个方面在于其创造了对澳大利亚安格斯牛的基因的更大需求，使安格斯牛成为澳大利亚最大的牛种群，因为澳大利亚温和地区安格斯牛的饲养还有很大的增长潜力。另一个重要成功是，我们将其打入了澳大利亚主要的肉品市场，而不需要安格斯牛协会成员花钱，我们甚至希望购买其一半的市场股份。

认证的澳大利亚安格斯牛肉另一个重要方面是为产品产生溢价，因为认证的澳大利亚安格斯牛肉是一个传统的供应链，溢价涵盖整个供应链。饲养者可以得到最好的价格。大体上，进入认证的澳大利亚安格斯牛肉的安格斯牛都有溢价，数额根据市场情况变化。溢价一般在 0 ～ 10%，这取决于饲养者牛的品质。

"认证的澳大利亚安格斯牛肉还意味着饭馆食品价格更高一些，不管是在悉尼还是在墨尔本，当然依照肉的切割部位及不同地区有所变化。认证的澳大利亚安格斯牛肉在饭店和零售店的销售溢价大约是 20%。进入认证的澳大利亚安格斯牛肉的质量将不断改进，如果不是这样，其他品牌就会淘汰我们。我希望在牛肉的大理石花纹、零售、脂肪覆盖方面不断改进。在过去两年中，大理石花纹改进了 5%，但同时，不能满足大理石花纹要求的牛酮体的数量大大减少。无大理石花纹的牛肉下降了 80%。"

帕恩特说，认证的澳大利亚安格斯牛肉的众多优点之一是其帮助食品生产者满足消费者的期望。消费者希望生产者关心动物的福利、健康和安全等方面。在过去的系统中，养殖者把他的牲畜运到售卖场，卖个好价钱就万事大吉。我们做的第一件事，就是通过供应链把生产者与最终消费者连接起来。认证的澳大利亚安格斯牛肉不作为供应链的组成部分，只是建立规范要求，监督保证质量。好处是，生产高质量的产品，能够吸引消费者，而最终得到的好处由供应链中所有参与者共享。对饲养者的好处是，一年 365 天，他们的牛都有市场。虽然我说我们销售安格斯牛，但销售的是高品质的牛肉，事实上我们在推销安格斯牛，在提供整个安格斯业务信息方面起重要作用。

安德鲁·格里姆韦德爵士把 CAAB 公司的成功归结于以下几个方面：第一，是帕恩特的推动和热情，这也是最重要的一点。第二，最开始 3 年的股份由 5 名原始董事持有，而不是安格斯牛协会。我们想要 3 年不受外界影响，把它建立起来。我们没钱，必须向安格斯牛协会借。作为回报，同意在 3 年期满后，5 人持有的股份返还给安格斯牛协会。保持这个股份意味着，我们以合适的方式运营公司，做事灵活，具有快速做出决定的能力。从第一年的 15 头牛到每天 360 头，期间有许多困难，因为建立品牌需要时间。

格里姆韦德相信 CAAB 公司的成功取决于其保持它先行的业务规则，保持一个小规模的专家董事会，保持安格斯牛种群、委员会和秘书处的完全自治。他相信，全力以赴和高明的战略，让认证的澳大利亚安格斯牛肉进入悉尼和墨尔本的精品店，然后推进到考尔斯超市，最终进入乌尔沃斯超市，取得很大的成功。认证的澳大利亚安格斯牛肉站在了一个起点，第一个 10 年平均每年处理了近 100 000 头牛。今后 10 年，每年将处理 100 万头牛。对于澳大利亚此次的商业投资，我抱有罕见的乐观。CAAB 公司 5 名原始股所有者后来以单价 20 澳元的价格卖给安格斯牛协会。一旦业务建立完善便将股份转给安格斯牛协会，这是对原始股东的承诺。现今其股票价格已经达到 100 澳元，在澳大利亚所有养殖企业中它的股票价格是最高的，可能在世界养殖企业中也是第一。通过利润，为安格斯牛收获了数百万澳元，并且今后会翻许多倍。作为牛肉行业的旗舰，认证的澳大利亚安格斯牛肉以质量为中心将有助于澳大利亚牛肉业处于世界前沿地位。

2008 年 3 月，迈克尔·帕恩特从 CAAB 公司首席执行官岗位退休，接替他的是菲尔·莫利，一位国内最有经验的肉产品营销商和经理。莫利在行业内的角色包括考尔斯·麦尔和比鲁超市肉类全国经理、富兰克林奶牛场控股公司全国业务经理、乌尔沃斯肉类商业经理。CAAB 公司主席艾德·布莱卡德说，迈克尔·帕恩特对认证的澳大利亚安格斯牛肉的发展做出了杰出贡献，从一个想法到全国最知名的品牌牛肉产品，仅用了10 年时间。"找到像菲尔·莫利这样一个优秀的接替人，他的知识和经验正是推动认证的澳大利亚安格斯牛肉品牌下一阶段发展所需要的，"布莱卡德指出。

（姬琳堡　译，梁艺洵　校，李欣　复校）

澳大利亚拥有清洁无疫病的环境，世界领先的动物识别和可追溯系统，加上 MSA 牛肉分级系统，使得澳大利亚牛肉在国际市场上具有价值优势

第十二章
成功出口

在古代，日本消费的肉类主要是鲸鱼肉和其他海洋食品，偶尔吃一些鸭肉或来自山涧里的淡水鱼。食用牛肉的动力始于日本闭关锁国末期——1868 年明治维新，日本政府开始推广西方饮食习惯，牛肉消费就开始慢慢出现了。之前由于宗教原因，日本在长达 1 000 多年的时间里禁止食用四条腿动物的肉，并且由天皇颁布法令保护耕畜。几乎又过了一个世纪，直到农业机械化，大量的牛才用作生产牛肉。当随着摄入大米的减少而西方化食品增多造成饮食显著改变时，人们对于牛肉的消费量开始急剧增加。

为了改善当地品种，日本从 1868 年开始大量引进英国和欧洲牛种，如安格斯牛、短角牛、德文牛、瑞士褐牛、西门塔尔牛、爱尔夏牛和荷斯坦牛。截至 1887 年，一共引进了大约 2 600 头牛，杂交育种变得大受欢迎。日本政府在 1910 年停止进口国外肉牛并宣布杂交品种牛是劣等的。但是，在 1919 年开始了一项针对当地牛和进口牛优良性状的育种计划。结果就是和牛或者日本牛的出现，并随着选择压力加强，这种牛独特的大理石花纹性状变得越加显著。从 20 世纪 50 年代开始，后裔测定成为强制性的项目。关于每个进口牛种的影响的认识差不多已经消失，但是日本一些人认为安格斯牛品种发挥了重要作用。

尽管专注于培育优秀肉牛品种，20 世纪 70 年代以前日本消费者仍然很少吃牛肉，原因在于牛肉持续短缺及人们传统饮食上对于鲸鱼肉和鱼肉的偏好。到 1967 年，日本人均牛肉消费量仅达到 1.7 千克，但随后开始稳步上升。1991 年日本进口牛肉市场自由化之后，消费量迅速增长，到 2000 年达到了 7.6 千克，相对便宜的进口牛肉使得更多人消费得起。这一日益增长的需求中主要受益者是澳大利亚的养牛业，尤其是安格斯牛种。2006 年日本消费者吃掉了 405 796 吨澳大利亚牛肉，价值 22.2 亿美元，占到了当年消费量的一半左右。值得注意的是，有人预测到 2010 年日本牛肉市场将增加至少 250 000 吨，价值 10 亿美元。

1993 年日本成为澳大利亚牛肉的主要市场，彻底改变了过去的情况。随着冷冻食品技术的发展，以及 1879 年一批试验冻肉搭乘"斯特拉特布莱温号"货运船被送往英国后，英国成为购买澳大利亚牛肉的主要买家。当承载着 30 吨的肉和 80 吨黄油的船完好无损地抵达英国时，这成为当时一个重大事件。从那时起，澳大利亚在肉品行业专业技术上领先世界，依靠冷冻食品能力使它成为世界上最大的牛肉出口国。1951 年，澳大利亚牛群首次达到 100 万头，出口额随时准备迅速增加。由于英国牛肉需求的增加，澳大利亚牛肉出口从 1951—1952 年的 43 500 吨上升到两年后的 143 800 吨。但是《澳大利亚 – 英国肉类协议十五年规划》在 1958—1959 年时放缓。第二次世界大战后英国牛肉自给自足增加，使得澳大利亚有必要开辟新的市场。美国的出现迅速填补了这一缺口，它对汉堡牛肉的需求日益增加，使其在 1959—1960 年开始成为澳大利亚牛肉最大的市场，一直持续到 1993 年。

　　20 世纪 90 年代，日本超过美国成为澳大利亚牛肉最大的买家，这对国内养牛业产生了深远的影响。最重要的是它将澳大利亚牛肉行业从低价值产品出口转变为高价值产品，这一至关重要的变化使澳大利亚养牛业呈现出光明的未来。这种变化的背后是日本消费者对于大理石花纹牛肉的偏好，显著地影响了澳大利亚的养牛业，而很少人能够意识到这点。这种变化最大的受益者是安格斯牛养殖者，安格斯牛之后成为澳大利亚最有价值的肉牛品种。

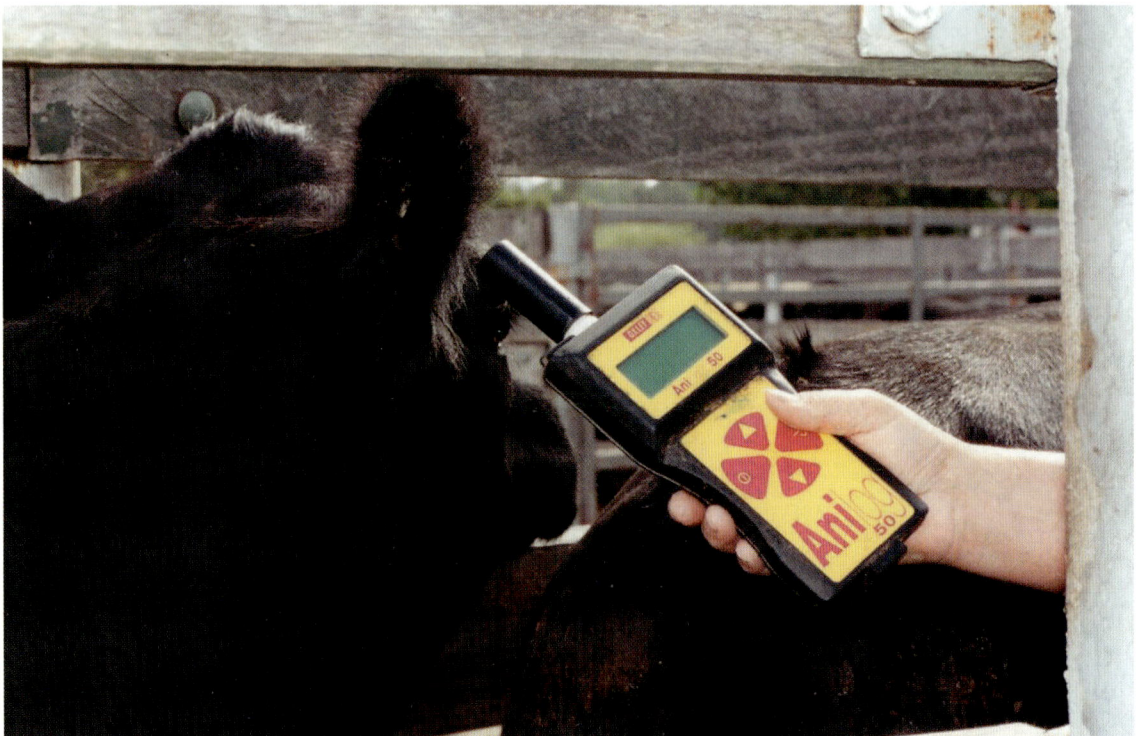

在澳大利亚，使用 NLIS 标记系统通过扫描器对牛的活动进行监控

在日本，牛肉越来越受欢迎，使澳大利亚在经历安格斯牛品种 150 年的发展历程后终于认识到它的价值所在。自 1991 年以来，安格斯牛品种迅速发展成为温带澳大利亚数量最多的牛种，占南部牛群总数的 50% 左右。日本消费者每年花费数十亿美元来购买澳大利亚高档安格斯牛肉。他们食用的安格斯牛肉比其他品种牛肉要多得多，包括他们自己的和牛，因为和牛肉对于普通消费者而言过于昂贵。

2008 年，澳大利亚生产的安格斯牛肉估计有 50% 运送到了日本，还有 30% 在国内市场出售，剩下的出售给其他海外市场。随着牛肉消费量的增加，以及年轻一代消费者饮食模式的改变，日本市场对于澳大利亚肉牛业的重要性可能会进一步提高。日本肉类公司认为，随着消费者饮食习惯进一步西方化，牛肉消费量将继续增加，澳大利亚牛肉时刻准备以新的姿态迎接未来的发展。对于日本肉类行业领导企业而言，关键因素是他们对于牛肉质量和安全的信心。日本牲畜贸易协会首席执行官 Taki Toshire 说，在日本消费者的意识中，首要要素是食品安全，因为之前发生过 BSE（牛海绵状脑病或疯牛病），其次是口味和价格。他认为现在有这样一个趋势，就是消费者愿意为获得安全的产品支付额外费用，因为日本家庭主妇还是很有安全意识的。

自 1868 年闭关锁国结束后，日本料理就开始不断改进，逐渐接受国外传来的食料和烹饪方法。最近几十年依然如此，外出就餐成为一种潮流，这有助于牛肉类菜肴的普及，如日式照烧，这是一种经过炙烤，或煎过的肉食，辅以酱料。其他喜爱的菜肴还包括日式烤肉，牛肉饭或牛肉火锅，以及寿喜烧。

日本人对于牛肉的喜爱在东京肉类市场上得以全面体现。那是一片繁忙的景象：肉牛胴体悬挂在滑轨上，肉品分级师对胴体进行逐个检查。买家们围着一个拍卖场，手持无线投标设备竞拍胴体。每年大约有价值 10 亿美元牛肉通过市场出售，在 2006 年每个胴体平均价格为 10 000 美元。从这里开始，牛肉将送往东京的各零售商。

2005 年 10 月，在东京肉类市场上，一头名为新平重（Shin Hirashige）的尊贵的和牛创下了 85 000 美元的价格记录。它是著名的种公牛"大 20 平重"（Dai 20 Hirashige）的后裔，其精液每支剂量售价达 1 163 美元。东京肉类市场总经理 Masam Fukaishi 说，这头创价格记录的牛经过特殊饲喂 24 个月，大理石花纹评分为 12，是日本大理石花纹评分等级最高的。在它 34 月龄屠宰时体重达 830 千克，胴体重为 568 千克，屠宰率为 68.4%，它的牛肉被送到了豪华酒店，售价为每千克 170 美元。

在东京六本木高档娱乐区，品质最好的和牛排单份花费就高达 2 100 美元。著名的大田原饭店的一份大理石花纹评分（以日本分级系统为参考）为 12 的 200 克重的和牛苏格兰菲力牛排，也差不多是这个价格。半价的价格大约 1 070 美元。在日本每年只有 10 头和牛可以达到这个评分，而大田原饭店就可以买到最好的 3 头和牛。饭店解释说，这种牛肉就对等的价格而言，称得上可食用的"钻石"，在其他地方得不到。它是如此昂贵，因为牛肉需要延长时间进行排酸，让肌苷和氨基酸提高鲜味（日语单词中意为"美味"），获得最终的美味和更嫩的牛肉。鲜被视为是五种基本味道之一，还有甜、酸、苦和咸，这些味道都是由人类舌头上的专门的感受细胞感觉到的。大田原饭馆建议，为了最大程度发挥牛肉的食用价值，应该将牛排的每一侧进行炙烤，直至变得酥脆，而中间的肉还半熟。但它告诫顾客，由于牛排中 65% 以上是脂肪，顾客如果感觉不舒服就应该引起注意。日本消费者对于牛肉的渴望使一块好的安格斯牛排在东京的很多饭馆售价高达 100 美元，即便是这价格，也比日本经济泡沫破灭之前的价格要低很多。在一家牛排餐馆，用餐加上饮料合计平均花费 50 ～ 60 美元，与澳大利亚相比相对高一些，这是由于较长的食物运输链及持续的关税所致。

日本国内牛肉价格之高体现在 2006 年每千克牛里脊肉平均零售价格为 121 美元，而澳大利亚牛里脊肉则低得多，平均每千克价格为 37.3 美元。日本人偏好和牛肉，尤其是松阪牛肉，他们认为这要比其他和牛肉包括神户牛肉更优良。松阪牛肉是由未经交配的母牛生产出来的，这种牛出生在兵库县，并在松阪地区饲养长大。通过喂给它们啤酒促进其食欲，如果需要的话，它们还可以定期享受按摩，并每天散步。

日本对于进口牛肉的需求预计将继续保持高位，因为其国内生产的牛肉只能满足43% 的需要量。在 2005 年，日本的总体食品自给自足率仅为 40%，已经连续八年下降，之前在 1965 年为 73%。澳大利亚肉牛业与日本食品服务和零售业之间紧密联系，重要的是，消费者多年来参与维护了这个市场。日本消费者对于澳大利亚牛肉的安全性信任度很高，但是在 2007 年年中，在日本国内的牛群中检测到了 32 例疯牛病，尚不清楚为什么仍然会发生这种情况。

持乐观态度的一个深层次原因是，与日本其他任何农业行业相比，随着取消对本国养牛业的补贴，日本牛肉市场将需要更多的进口牛肉。2004 年的一项调查显示，日本最大的牛肉生产商——Agura kyosao 牧场，每年从它的育肥场出栏 100 000 多头牛，但全国牛场平均规模都很小。2006 年，日本拥有 85 600 家肉牛场，平均每家 20 头牛。全国175 万头肉牛和 100 万头奶牛每年提供大约 120 万头本地牛，用于在国内出售。它们包括 450 000 头和牛，730 000 头奶牛或杂交牛，以及 19 200 头其他品种牛。

对澳大利亚人来说最令人兴奋的是，尽管开始时历尽艰难，在日本认证的澳大利亚安格斯牛肉（CAAB）呈现快速增长。随着 2000 年第一批澳大利亚牛肉通过嘉吉船运开始，其销售额迅速增长，与此同时对韩国和世界其他地区的出口也稳步上升。但是随后两个事件改变了世界牛肉贸易格局：一件是 2001 年 9 月 11 日，位于纽约的世界贸易中心遭受恐怖袭击；另一件事是日本牛群发现疯牛病病例。世界贸易中心的毁坏并没有影响 CAAB 牛肉的销售，而日本疯牛病的发现对当地肉类消费和贸易产生了深远的影响。

CAAB 公司的首席执行官迈克尔·帕恩特指出，第二年，这个品牌遇到了困难，迫使对该方案进行调整，以及对规范进行轻微修改。2003 年，CAAB 交易量再次开始增长，此时澳大利亚占有日本进口牛肉市场 49% 的份额，稍领先于美国（占 43%）。自 2003

年 12 月 23 日美国发现疯牛病病例后，日本暂停进口美国牛肉，使其市场份额进一步下跌。日本牛肉消费量从 2000 年的人均 8.5 千克的峰值下跌至 2005 年的 5.6 千克。随着美国牛肉退出销售市场，澳大利亚在出口牛肉市场销售中增长到 90% 左右。澳大利亚谷饲牛肉出口增长 71%，而草饲牛肉销售增长 28%，澳大利亚牛肉在日本的平均价格增长了 24%。

2006 年后半年，日本同意对美国牛肉重新放开市场，澳大利亚和日本肉类行业之间的联系大大加强。而在 2007 年中期，美国牛肉出现销售受限的情况，原因在于零售商不愿意销售美国牛肉，以及消费者仍然对其质量持怀疑态度。帕恩特认为当美国牛肉重返日本市场时增加了整体销售额，留给澳大利亚 75% 的更大更有价值的市场。直到 2007 年中期，日本牛肉消费量仍然没有恢复。澳大利亚肉类和畜牧协会估计到 2010 年，牛肉市场有可能增加至少 250 000 吨，价值 10 亿美元。

帕恩特表示，CAAB 在日本的前景非常令人振奋。2007 年销往日本的牛肉预计将达到 2 000 万美元，高于上一年度的 1 000 万美元，2012 年，这一数据将达到 4 000 ～ 5 000 万美元。2007 年中期，强劲的销售促使 CAAB 产品放置在日本超过 30 家连锁超市的货架上，而每家连锁超市平均都有 25 个零售店面。帕恩特对于牛肉能够实现持续增长的信心源于 CAAB 在超市货架上的合理位置，这可以确保消费者能坚持去购买。嘉吉是 CAAB 牛肉的主要出口商，其所起的作用也是本次强劲增长的另一个原因。它出口了 70% CAAB 牛肉，其中 80% 销往日本和韩国。

"日本将继续成为 CAAB 的主要市场，而韩国也同等重要，澳大利亚是未来最重要的市场，其次是美国，然后是中国香港、中国台湾、中国大陆、新加坡、越南、泰国、马尔代夫和中东。我们对中国和亚太地区等出现的机遇持乐观态度，日本和澳大利亚也将持续增长。亚洲潜在的更高人均牛肉消费量展现出巨大的机遇。欧洲也将发展成为重要的市场，因为它正从出口逆转为牛肉进口国。我们的当务之急是专注于经过我们认证的高质量牛肉产品，因为我们在价格上展开竞争没有优

来自特·马尼亚的汤姆·格宾斯，以及一盘带有大理石花纹的认证的澳大利亚安格斯牛肉（CAAB）牛排

势。"帕恩特说。

澳大利亚肉类和畜牧协会日本区域经理萨曼莎·杰米森

以经过认证的澳大利亚安格斯牛肉为特色的西方化日本菜肴

　　在日本，由丰田通商公司部分持股的 Yonekyu 公司对于 CAAB 的乐观情绪尤其高，因为这种牛肉在家庭和餐馆都非常流行。作为 CAAB 在日本最大的分销商之一，Yonekyu 公司给它的安格斯牛肉贴上标签，而且它的每家零售商都得使用这种标签。Yonekyu 公司牛肉进口部门总经理 Isao Fujinami 说，很多日本人了解安格斯牛肉，并认为它品质非常好。Yonekyu 公司执行官 Noriyoshi Watanabe 预计在未来几年日本对于 CAAB 的需求量将翻一番。他还说，现在需求量逐月增多，这归因于 CAAB 和嘉吉公司在它们位于新南威尔士州的瓦加瓦加加工厂对牛肉的分割、包装和规格进行了改善，以及良好的推广和市场销售策略。Yonekyu 正在通过公司内部的机密策略解决澳元汇率高企带来的问题。

　　日本丸大食品公司位于东京以西数百千米的名古屋，两座城市之间乘坐动车仅需 105分钟，它是日本另一家主要的 CAAB 分销商，它的 CAAB 销售额也正在迅速增长。它购买了大批量的 CAAB 牛肉，以此满足自 2006 年 9 月以来稳定增长的牛肉消费需求。安格斯牛肉在日本丸大成为一种独特的产品，并把它定位为非常高端的食品。价格决定销售额，日本丸大认为安格斯牛肉市场份额将继续增加，因为很多日本人了解安格斯牛肉，并由于其非常好的品质而接受它。

　　日本丸大将大约 90% 的 CAAB 牛肉卖给了连锁超市。NAFUCO 是其中之一，它是名古屋地区一家当地的连锁超市，有 50 个销售点。它将 CAAB 牛肉放置在货架较好的位置，并享受人们对于它的强劲需求带来的效益。日本丸大肉类部门主管 Tomokatsu

Ikeda 表示，CAAB 在日本将继续增长，因为它是一种相对较新的产品，有着很大的潜力。它计划进一步扩大市场，开发高附加值产品，如日式烤肉，那是一种受大众欢迎的易烹调的日式烧烤菜品。它还将生产加工肉制品，如香肠，作为增加牛肉消费量的另一种途径。

酒井和幸（Kazuyuki Sakai）是具有 120 年历史的大学交流俱乐部——学时会馆的厨师长，那里有很多餐馆提供和牛肉和澳大利亚安格斯牛肉。"安格斯牛肉适合法式烹饪，和牛肉适合日式烹饪，"他说，"日本人小的时候喜欢法式烹饪，而当他们长大之后则喜欢日式烹饪。"酒井在 1960 年东京奥运会前两年进入酒店行业，并于 1966 年赴法国学习法国烹饪。他于 1980 年回到东京，开办了自己的法式餐馆，20 年后加入了学时会馆。

大理石花纹标准（B.M.S.）

介绍了用于评价牛肉大理石花纹、牛肉颜色和脂肪颜色的模拟图片，这些模拟图片是由日本国家畜牧研究所开发的，根据它们的物理特征，对大理石花纹的密度、肉色和脂肪色的范围进行标准化。

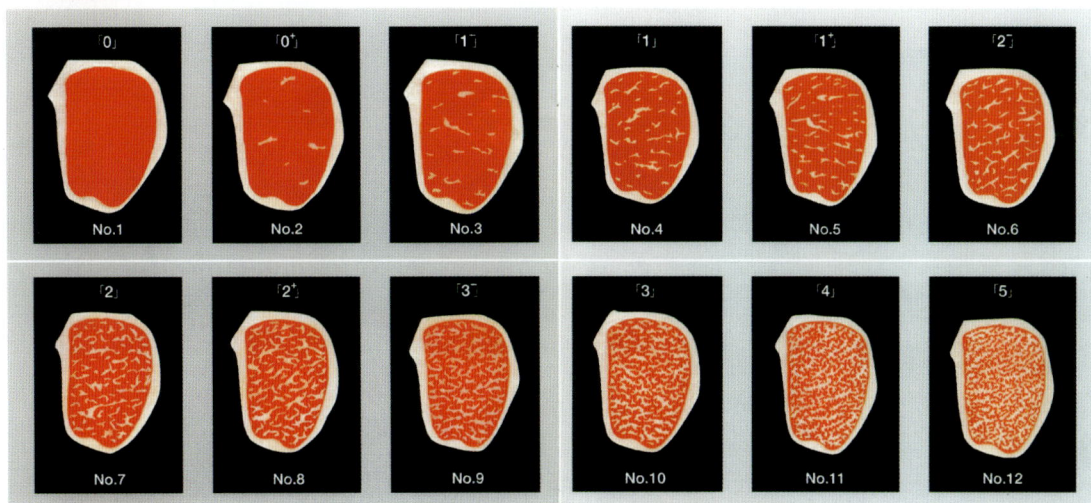

牛肉颜色标准（B.M.S.）

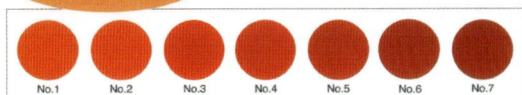

牛肉脂肪色标准（B.F.S.）

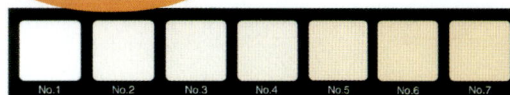

肌肉和脂肪的大理石花纹和颜色的日本标准。澳大利亚标准大理石花纹评分从 1 到 9（每个样本下面的数字），以及典型的大理石花纹评分为 3 和 4 的 B3 级澳大利亚胴体

酒井说日本吃掉的牛排数量增加了，因为日本年轻人是主要的消费群体，他们想要吃更多的牛肉。相比之下，20 年前一家四口一顿饭只能吃到 100 克的牛排。"我这一代人还是孩童的时候，肉对他们来说就是鲸鱼肉，"他说，"现在很多年幼的小孩子都不知道鲸鱼的味道，而大多吃西餐。学校餐厅也大多使用牛肉，而我们上学时那会儿就没有。"

他认为日本人喜欢吃安格斯牛肉，是因为这种黑毛肉牛的形象与他们所认识的黑色家畜如和牛和伯克郡猪是一样的颜色，那是皇家贵族的最爱，可以提供优质的肉。酒井对于澳大利亚安格斯牛的一个要求是，把安格斯牛肉放在冷藏条件下熟化 4 ~ 10 天，以进一步提高其质量。在日本，牛肉要在冷藏条件下放置 10 天，而澳大利亚因为要加工处理的牛很多，而且需要快速周转，牛肉移出冷藏条件下到进行真空包装要在 2 天内完成。他还建议，澳大利亚可以采用干法排酸技术来改善牛肉品质。

著名的日本记者 Hiroyoshi Kawamura 在《肉类杂志》一书中说，日本安格斯牛肉的消费量正稳步增加，占到澳大利亚出口量的 30% 左右，其占出口总价值的比例更高。Hiroyoshi Kawamura 说，现在的日本年轻人吃的牛肉远远超过 30 年前的孩子，因为在一些餐馆中很容易就可以获得牛肉。虽然在餐馆比在家中吃掉的牛肉要多，家庭消费的牛肉数量也在随饮食习惯变化而增加。Hiroyoshi Kawamura 说，鱼的价格上涨也将促进牛肉消费。

出口到日本的澳洲牛肉
2006：创纪录的405千吨。
2006 v/s 2003：谷饲牛肉增长71%，草饲牛肉增长28%。
2007：预计出口将减少6%，下降至380千吨。

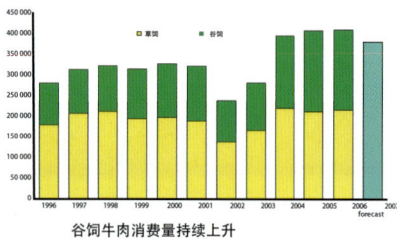

谷饲牛肉消费量持续上升

在澳大利亚，NLJS 标签用于记录牛的活动。这种电子识别在澳大利亚是强制使用的

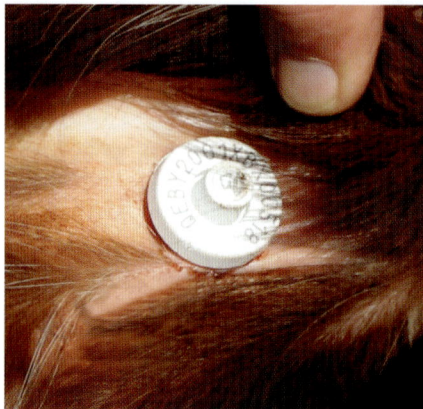

日本牛肉市场份额

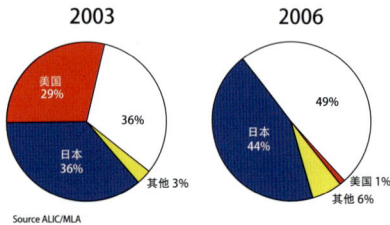

2003
美国 29%
36%
日本 36%
其他 3%

2006
49%
日本 44%
美国 1%
其他 6%

Source ALIC/MLA

澳大利亚牛肉在日本市场的份额正在迅速增长

日本牛肉消费
消费潜力增长了250 000多吨（10亿美元以上）

千吨

2005年牛肉消费量比2003年下降了13%，比2000年下降了25%

进口牛肉
日本牛肉

在日本，澳大利亚牛肉有着极大的消费潜力

通过 NLJS 标记系统记录的信息，使得澳大利亚拥有一个世界级的动物健康安全可追溯系统

位于瑞福利纳、杨科的罗克代尔育肥场于 1991 年开始饲育牛，之后不久，一支来自安格斯墨累灰牛市场 & 研发企业有限公司 (AMGM&R) 的团队深入了解育肥场行业，并探讨怎样把自有品牌——AMG Gold 推向市场，并能够在市场上占据一席之地。从左起依次为 AMG M&R 顾问唐·尼科尔，安格斯牛协会鲁·斯密特和安格鲁·格宾斯，墨累灰牛协会迈克尔·加登，来自罗克代尔的艾德里安·威蒂，墨累灰牛协会马尔科姆·麦克唐纳，罗克代尔的保罗·特罗亚和皮特·帕拉迪斯，以及之后成为墨累灰牛协会首席执行官的肯·库柏

　　CAAB 实现快速增长，包括由普雷斯蒂奇食品国际企业有限公司将大量的牛肉出口到各个国家，如马尔代夫、塞舌尔、迪拜、俄罗斯、新加坡、马来西亚和泰国。它是马尔代夫、塞舌尔和斯里兰卡的独家出口商，公司总经理迈克·默里说，成功的关键在于厨师秘籍，包括准备 CAAB 牛肉，辅以优质葡萄酒和指导厨师怎样烹饪一块好的牛排。

　　"我们在不断发展壮大，现在已经将 CAAB 销售给了马尔代夫 23 家不同的五星级和六星级度假村，"默里说。"它是马尔代夫排名第一的牛肉品牌，而我们是高端牛肉的最大供应商。如此成功的主要原因是它的确是非常好的产品，而且始终很好。我们刚在斯里兰卡进行了一次非常成功的促销活动，虽然他们想要便宜的肉，我们也表示没问题。当你提供一款可供替代的商品时，他们也愿意为始终如一的质量买单。"

　　20 世纪 80 年代末，当安格斯牛和墨累灰牛在市场上大受青睐时，澳大利亚安格斯牛协会第一次尝试最大限度抓住日本市场机遇。这两个品种协会达成一致合资经营，成立了安格斯牛与墨累灰牛营销和研发企业有限公司（AMG M&R），并注册了 AMG Gold 商标。接下来他们与兰杰斯·瓦利育肥场所有者丸红商事（Marubeni）协商谈判，并与牧场总经理马尔科姆·福斯特进行密切合作。丸红商事对 AMG Gold 卖到日本很感兴趣，并直截了当地说会带着品牌和产品样本去日本试一下，但是 1995 年日本遭受了螺旋菌恐慌，原因是把喷洒有螺旋菌的棉籽用来喂牛。螺旋菌在日本是明令禁止使用的，这个事件使日本与澳大利亚之间的牛肉贸易几乎一度停滞，同时也使 AMG Gold 品牌计划暂停。

1994 年 12 月，格雷汉姆·特拉斯科特成为澳大利亚安格斯牛协会总经理（现在是首席执行官），并将 AMG Gold 作为尝试开发安格斯品种牛肉的关键。他在 AMG M&R 担任首席执行官时，就很快意识到，虽然已经运行了 5 年左右，但这个品牌没有

悉尼海港的一艘装满集装箱的货运船

卖出过一千克牛肉。两个品种协会共投资了大约 212 000 美元，但是没有得到任何实际的东西。

在最后一次尝试运营 AMG M&R 时，特拉斯科特决定对这个品牌孤注一掷。1996 年这个品牌从联邦农业部获得了一笔 130 000 美元的拨款，准备进行可行性研究，并开始销往日本。在第一阶段，顾问尼克·楚拉夫说，日本公司把澳大利亚牛肉价格压到最低，而将日本牛肉价格抬到最高。与其投资地产，他们更愿意投资育肥场，因为投资育肥场可以拥有这些牛，并可以转让其价格。他们将澳大利亚活畜或胴体价格降至最低，然后卖给日本的肉类市场，这种方式比较适合他们，因为这样做降低了进口关税。楚拉夫建议澳大利亚可以效仿日本的方法，也许会给澳大利亚带来更多效益。但是安格斯牛协会刚把这项提议提交给丸红商事，并接近它的客户群，丸红商事就放弃了 AMG M&R 品牌。

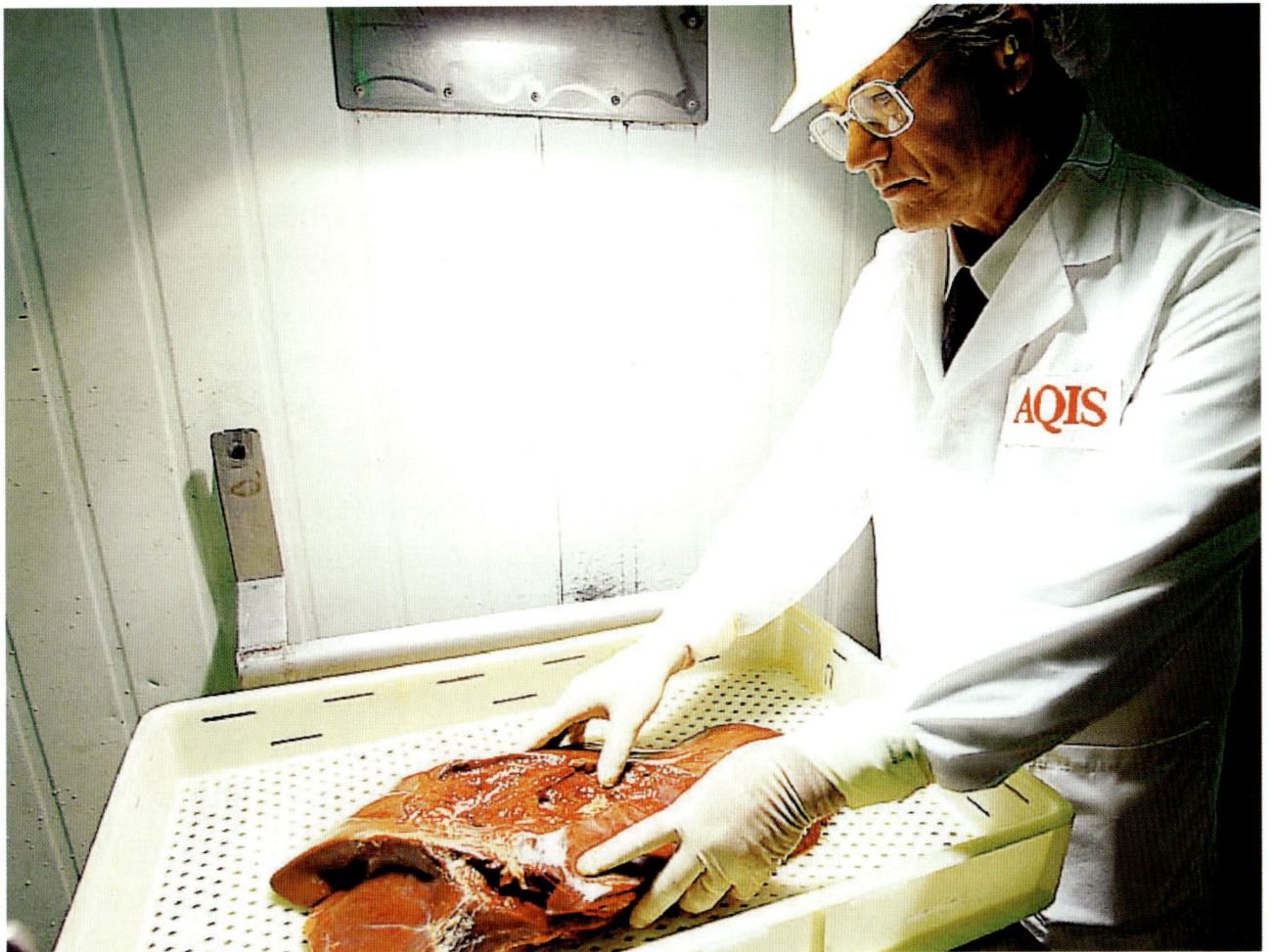

澳大利亚检验检疫服务部门正检查澳大利亚出口牛肉，以确保它们没有疫病和污染

因此，安格斯牛协会决定采用商业手段在日本推销 AMG Gold 品牌。这一次在澳大利亚贸易委员会的资助下，它决定派遣一位年轻人去日本学习语言和市场链理论，并开始营销产品。最终，1997 年协会决定把这个品牌转让给埃尔德斯，并专注于维多利亚州发起的新的 CAAB 品牌。特拉斯科特回忆说，很多安格斯牛养殖者一直对 AMG Gold 品牌不满，在参考了美国 CAB 品牌的成功经验后，他们期望一个安格斯牛专有的品牌。

安格斯牛和墨累灰牛协会把 AMG M&R 50% 的股份卖给了埃尔德斯，每个协会仍保留 25% 的所有权。安格鲁·斯拉特是前任安格斯青年主席和安格斯密歇根州立大学学者，在澳大利亚贸易委员会奖学金的资助下去往日本，并在埃尔德斯那里工作了三年时间。埃尔德斯接纳了这个品牌，极力推广它并获得了一些成功，直到 2001 年日本市场检测出疯牛病。它破坏了市场的基础，AMG Gold 在经历那次打击后再也没有恢复过来。

在整个 20 世纪 90 年代，日本对澳大利亚安格斯牛肉的需求增长大多是通过私有肉类公司的努力实现。其中包括富士超市，它是安格斯牛肉较大的买家之一。自 1991 年开始，它从位于昆士兰的肉类公司斯多克亚德肉类加工私营公司每月购买 5 个集装箱牛肉。它只购买饲喂 220 天的纯种安格斯牛肉，并运送到它的 49 个超市销售点。富士超市试用了很多品种，之后选择了安格斯牛，并最终选择了 50 家最好的大理石花纹牛肉生产者。

富士超市执行官大塚和幸（Kazuyuki Otsuka）认为安格斯牛肉是日常生活中简单方便的牛肉，但在特殊场合消费者还是会购买和牛肉。100 克安格斯牛肉售价 2 ～ 2.50 美元，而和牛肉售价 6 美元。大塚说在干旱和澳元汇率高企的影响下，澳大利亚牛肉价格较高，这造成了一定的销售障碍。但是它可以有很多选择，如缩短育肥时间。大塚认为对分割牛肉的需求将会随着年轻一代不同的饮食需求而改变，而牛排正越来越受到年轻人和老一辈人的欢迎。

日本火腿（Nippon Ham）是日本最大的肉类加工商，而在澳大利亚继 AMH 和 Teys 之后位居第三位，对进口牛肉的需求持乐观态度。高级经理 Norio Itazaki 认为，由于日本牛肉生产预计不会增加太多，将会很大依赖进口牛肉。板崎说，当美国牛肉重返日本市场，他们也将实际上只会购买它的分割牛肉和带骨肋脊肉。日本对怀阿拉育肥场和奥基屠宰场及两家其他屠宰场拥有所有权，因此严重依赖澳大利亚。但是就像日本肉类行业很多人说的那样，干旱和澳元汇率上升使得贸易越来越困难。

相比之下，2000 年，因为澳大利亚和美国之间的竞争，每个人都能赚钱。但是在 2007 年却非常困难。板崎相信随着干旱结束和饲料价格下降，日本将再次进入盈利时期。他偏好澳大利亚安格斯牛肉，主要是因为它的质量，但是他还说澳大利亚需要找到其他分割肉的用途。

伊藤火腿食品公司是日本第二大肉类加工企业，它通过自己部分所有的罗克代尔育肥场和屠宰场与澳大利亚养牛业紧密联系。自从 1991 年，这家公司就主要参与了澳大利亚养牛业，并在日本市场普及和推广澳大利亚牛肉方面发挥了重要作用。伊藤火腿食品公司进口牛肉部门总经理 Masahiko Saegusa 博士描述，2007 年中期育肥场给伊藤火腿带来很大困难，原因在于粮食价格高、干旱和澳元汇率高企。但是伊藤火腿和它的消费者对安格斯牛和牛肉品质很满意，长期饲喂牛肉大理石花纹评分平均为 2.7。Masahiko Saegusa 说还有进一步改善的空间，大理石花纹评分达到 2 ～ 5 的牛肉需求量比例甚至更大。

（白萨茹拉　译，夏传齐　校，李欣　复校）

在中国大连举办的国家畜牧贸易展上有澳大利亚安格斯牛协会的展台

第十三章
遍布世界的农场

1788 年 1 月 26 日，欧洲人开始定居澳大利亚，第一艘抵达悉尼湾的诺亚方舟带来了农场动物，自此以后这个国家的畜牧产业发展超出了所有人的预期。从最原始 11 头牛、46 只绵羊、28 只猪、7 匹马、4 只山羊和各品种的家禽若干只，目前已经发展到无论在家畜存栏量还是在品质上都达到世界领先水平：超过 2 600 万优质肉牛群与 70 多个代表全球各大洲的肉牛品种。牛群帮助澳大利亚占据世界上最有价值的牛肉出口国地位多年。

2008 年，澳大利亚的牛不断被推向世界舞台并且开始获得可观的回报。出口贸易量不断扩大，达到每年 50 000 头牛以上。种畜出口贸易为安格斯牛开辟了新的市场，特别是为安格斯牛协会的成员提供了强大的平台用来认证、监督、管理并提供质量保证，以此来提升顾客的满意度从而获得持续的订单。这种交易导致国内价格增长 25% ～ 30%，而澳大利亚北部大量屠宰牛，希望出口到印度尼西亚和菲律宾，但还没有实现。

在多年的准备之后，澳大利亚对国际市场（主要是俄罗斯、中国和印度）优质种牛出口的影响才慢慢显现，市场潜力被一小部分人捕捉到。这导致俄罗斯购进了两批小母牛，主要是海福特牛、荷斯坦牛和安格斯牛，其中安格斯牛是 2006 年 9 月从澳大利亚购进的。2007 年 5 月 18 日俄罗斯的一个代表团抵达澳大利亚，他们来参加由澳大利亚安格斯牛协会主办的 5 月 20 日在阿米代尔地区举行的活动。安格斯牛协会董事长格雷汉姆·特拉斯科特说，在俄罗斯代表团访问后，他们显然对购买澳大利亚的种畜非常感兴趣。"他们的访问具有重要意义，因为他们谈论到俄罗斯每年要进口 50 000 头以上的小母牛，安格斯牛就是其中主要部分。为满足由于迅速发展的经济而先富裕起来的一部分人的需要，他们正在为新兴的国内市场生产高品质的大理石花纹牛肉。"特鲁斯考特介绍说。

俄罗斯在 2007 年 6 月购买了 1 425 头安格斯和 430 头海福特牛。这批牛在 2007 年 6

月 28 日到达俄罗斯黑海新罗西斯克港口，这是按照澳大利亚新注册的肉牛遗传学出口标准出口的第一批牛。这批牛由奥斯特莱斯组织出售，包括 29 头安格斯公牛和 18 头海福特公牛。

在 2007 年 9 月，国际畜牧资源和信息中心（ILRIC）董事长对未来三个国家市场的状况表示乐观。他预测安格斯牛、海福特牛、夏洛莱牛、西门塔尔牛、利木赞牛在俄罗斯和热带地区有大量需求，印度对一些英国品种和杂种牛有需求。他说，"令人兴奋的是，这只是市场开放的第一步。"

走在澳大利亚种牛出口最前沿的是阿瑟·里卡兹博士，他是澳大利亚注册养牛协会（ARCBA）的董事长，澳大利亚注册养牛协会是领航澳大利亚种牛产业的组织。他对澳大利亚肉牛产业的预期是，澳大利亚将成为世界上主要的种牛出口国。这源于他经历了近四年国家牛产业的复杂变迁。1970 年 7 月 1 日，里卡兹在新南威尔士北部成立了新英格兰大学农业商业研究学院（ABRI）。通过新英格兰大学农业商业研究学院的建成，里卡兹成为澳大利亚畜牧业的成功人士。新英格兰大学农业商业研究学院已经从建立时只有 3 个雇员和 4 间平房，发展为世界上最伟大的良种繁育组织之一，现有雇员 180 人。学院服务所有澳大利亚主要的育种组织，并且在世界各地都有性能记录的业务份额，包括纳米比亚 94%、新西兰 97.5%、加拿大 76%、英国 65%、南非 46% 及美国 30% 的市场份额。

中国商人在河南省考察饲养场和屠宰场，预计将从澳大利亚进口安格斯牛做良种繁育

在过去的二十年里，里卡兹设想为澳大利亚的牛肉遗传学行业开发一个海外市场作为战略手段多样化的方式。2004年，澳大利亚注册养牛协会推荐新英格兰大学农业商业研究学院为国家牛基因出口秘书处。此后国际畜牧资源和信息中心（ILRIC）利用其发达的基础设施来分析澳大利亚牛基因出口的市场潜力，并建立他们的国家标准。2007年，里卡兹发现基因标记技术的发展为畜牧业革命提供了机会，也带来了巨大的出口潜力。2007年2月，里卡兹的一篇论文提出，希望获得全行业支持，让ILRIC成为澳大利亚牛种业出口秘书处，名称为澳大利亚牛遗传出口机构。里卡兹认为有充分的理由相信，10年内澳大利亚将在牛遗传出口方面居世界领先地位。里卡兹说，"尽管澳大利亚的肉牛数量只占世界上总数量的2.3%，但是多年的实践证明澳大利亚出口的牛肉品质是世界第一的。另一个更相关的例子是农业商业研究院是肉牛注册系统的市场领导者，为很多国家提供交易牛的相关数据。"

ILRIC的市场研究估计，澳洲牛肉遗传学的海外贸易将从2005年很低水平增长到年交易量4亿美元。这种估计是基于市场上180 000头种牛，每年超过3亿美元的交易量。此外，ILRIC认为牛的精液和胚胎将创造另外的每年0.9亿美元的产值。如果这些数据能够在未来的十年里实现，里卡兹认为这将完全改变种牛行业，澳大利亚将成为世界领先的牛遗传资源出口国。

"当我们的畜牧业几乎没有疾病，并且具有世界领先的遗传评估系统，具有高品质的牛，那么我们应该在遗传出口方面居于世界领先地位，"里卡兹说，"种畜、精液和遗传学的市场可能是非常大的，但是我们的行业并没有完全掌握这部分市场。举个例子来说，在2004年根除疯牛病和口蹄疫之后，英国第一年在国际市场上出售了价值1 700万美元的精液，澳大利亚仅售出价值360万美元的肉牛遗传资源。"

"我们认为，我们成为遗传物质主要出口国的唯一途径是针对澳大利亚遗传基因建立国家质量保证标准，并允许海外国家选择他们想要的品种，"里卡兹说，"我们知道，如果我们只是在个别品种上确保自己的国际销售，那么我们会发现这个品种对外的交易就是封闭的，我们不会有任何进展。事实上，澳大利亚安格斯牛协会应该得到赞扬，因为他们在育种方面做了大量工作。在过去的几年中，他们一直试图协调两种观点：一个是他们应该站在安格斯牛品种这一边；另一个是他们应该是整个行业中的一员。"

在里卡兹地不断努力下，ILRIC于2002年在新英格兰大学成立。对大约214个国家的安格斯牛的社会调查表明，其在中国和俄罗斯有很大的市场。他们开始和俄罗斯政府密切联系，制定出口标准，帮助打开市场。安格斯牛协会董事长格雷汉姆·特拉斯科特说："很明显，俄罗斯所取得的主要收入来自石油和天然气储量，在中央政府的规划下农业将成为四大主要产业之一。ILRIC随后主要致力于发展俄罗斯市场，安格斯牛协会采用国家标准进入俄罗斯，此前他们已经用同样的标准打入中国市场"。

在昆士兰州南布鲁克地区，中国购买团和珍妮·施密特的合照

天津种牛站的资深配种员贾福德、维多利亚州瓦南布尔的洛桑德安格斯牛公司的安德鲁·安德森，与洛桑德·布莱克·马修（牛名）的合照

澳大利亚安格斯牛协会的推广和青年经理人鲍勃•丹特正在向俄罗斯的购买团展示一批巴尔德•布莱尔安格斯牛，地点为新南威士州的盖拉地区

　　许多品种有巨大的潜力来占据出口市场的份额，尤其是安格斯牛这个品种，因为它拥有品质高且丰富的基因库。自2000年以来，我们一直试图为澳大利亚的牛建立一个规范的出口市场。特鲁斯考特率先建立了国家种牛出口标准。他制定了ILRIC采用的标准，建立了澳洲牛遗传资源出口代理。

　　"澳大利亚肉牛产业发展如此迅速，牛肉合作研究中心（CRC）发展到目前这个阶段可以说我们的牛肉技术在世界上是首屈一指的，和我们的基因是等价的，比世界上任何国家都要好，"他说，"所以现在是时候开始向世界出口我们的遗传基因，增加我们整个产业的附加值。安格斯牛育种行业是非常重要的，因为它的本质是添加一个高端商业繁殖母牛群，这将进一步推动市场对商业小母牛的需求。我们认为这是非常重要的，因为这些动物必须登记，并成为给社会提供新收入的主要来源。"

　　特鲁斯考特对出口的预期是建立在位于华盛顿的国际粮食政策研究所的克利斯朵

夫·德尔伽多研究的成果上的，德尔伽多预测世界上所有的发展中国家对肉类的需求将在 2020 年增加一倍。他的预期是，在发展中国家人们的生活日益富足，对蛋白质的需求将会提升，一些饮食习惯也会改变。牛肉和牛奶是最理想的蛋白质形式之一，因此对它的需求预计将显著增加。哈德逊研究所的全球粮食问题中心预测，到 2050 年全球人口将从 85 亿增长到 95 亿，粮食需求会增加一倍。

吉尔·斯迪生先生，国际畜牧业资源与信息中心有限公司和澳大利亚牛遗传出口代理公司的常务董事，两个组织都与澳大利亚安格斯牛协会密切合作开发和管理出口标准，从而确保澳大利亚作为一个有质量保证的种畜来源的声誉

约翰·杨任安格斯牛澳大利亚出口指导委员会董事长职务，他正在向来访的中国代表团介绍澳大利亚的安格斯牛

阿瑟·里卡兹博士，OAM，全国顶尖育种行业的领导者，安格斯牛是其中的主要参与者。里卡兹博士是农业商业研究学院的基金会主任，自 1993 年开始担任 ABRI 公司的常务董事。他也是澳大利亚国家肉牛记录方案的经理和澳大利亚注册养牛协会（ARCBA）的执行董事

由于特鲁斯考特想要做一个新的市场推广，安格斯牛协会基因出口计划应运而生。特鲁斯考特写了一个出口营销方案给安格斯牛协会的董事会，到 2002 年底，他们已同意开始研究中国市场对肉牛的需求。此前澳大利亚在肉类和牲畜问题上于 2001 年提出第一个牛肉遗传基因的发展战略，其目标是在十年内成为肉牛遗传方面的出口大国。在社会出口营销委员会主席约翰·杨的支持下，安格斯牛协会董事会默许出口营销方案。杨和特鲁斯科特曾经密切参与了两个中国代表团的访问之旅。安格斯牛协会 2004 年 4 月开始中国市场营销计划，计划得以实施主要得益于超过 200 000 美元的政府资助。

"2006 年 8 月，安格斯牛协会与中国农业部签署了备忘录，中国农业部认可了安格斯牛协会的标准。"特鲁斯考特回忆说，"中国农业部还指定安格斯牛协会为唯一的质量保障机构，以确保从澳大利亚出口到中国的安格斯牛的质量，并提供出口育种证书。中国方面还要求安格斯牛协会提供售后服务，以确保这些牛能够在中国成功繁育。"

在与中国的贸易中，安格斯牛被放在一个新的位置上，同时它也给了我们一个责任，就是向政府确保所有牛符合遗传学标准，让它们可以成功在中国实施繁殖计划。安格斯牛在气候温和的澳大利亚有非常大的影响力，所以安格斯牛可能会大量地出口。中国只希望从无蓝舌病地区进口牛，这意味着瑞瓦瑞纳、维多利亚、南澳大利亚、西澳大利亚、塔斯马尼亚岛都是符合标准的。

"这项工作促进了安格斯牛协会为所有肉牛品种开发标准，并争取获得英国和欧洲其他肉牛品种的标准的认可。ILRIC 签了合同，协助澳大利亚优质遗传基因推广到国际市场，以满足国际市场的需求，并代表澳大利亚良种产业颁发出口育种证书。为了使安格斯牛受到公平的待遇，我们与 ILRIC 签署了合同以便发展我们的关系。与俄罗斯最有趣的事情是，他们没有蓝舌病隔离区，所以市场对昆士兰地区是开放的，如果需要的话，该地区可以为他们提供很大数量的牛。"

安格斯牛协会鼓励市场接受 ILRIC 作为澳大利亚牧牛遗传基因的出口代理，这件事情在所有行业利益相关者的投票支持下于 2007 年实现了。这意味着澳大利亚终于做好出口有质量保证的牲畜、精液和胚胎的准备。特鲁斯考特认为，最终它将使澳大利亚肉牛良种部门获得与高成本的性能记录和遗传分析相匹配的高收益。这将在澳大利亚的发展史上写下重要的一笔，从 1788 年的 11 头牛发展成为世界上最大的牲畜育种国。

（姬琳堡　译，梁艺洵　校，李欣　复校）

First International Angus Forum
24 – 29th March, 1969.
Secretariat

Back Row:
Miss. M. Tidey, Mr. D. J. Service, Miss. W. Hemphill.
Front Row:
Miss. K. Greenhalgh, Mrs. L. Young, Miss. V. Maudson.

1969 年首届国际安格斯牛论坛：澳大利亚安格斯牛协会秘书道格·瑟维斯及其助手

第十四章
成功的基础

　　澳大利亚养殖业达到顶峰之前，澳大利亚安格斯牛协会经历了漫长的艰苦历程。长时间的低迷，几乎没人能预见到安格斯牛品种会最终取得成功。甚至在过去的几十年，因资金短缺，协会雇员只能给会员写信而不允许打昂贵的电话，那时从严格意义上说协会在技术上破产了。然而，在它通往巅峰的背后是执着的支持者的学识，他们坚定地相信，在光亮的黑色"外衣"下的胴体终有一天会被广泛认可。

　　1983—1994 年，在伊尼德·费希尔担任安格斯牛协会的首席执行官期间，如今的成功才开始有迹可循。每年收入持续增加是改变协会命运的一种途径，从第一年仅仅 328 326 美元增加到 1994 年圣诞节时的 826 993 美元。1972 年当道格·瑟维斯还是协会秘书的时候，她已经开始做一个注册官了，那时协会的办公室在皮特街的彭福尔德广场。协会仅仅雇用了 5 个人：瑟维斯、费希尔和三个行政管理职员，当时所有的记录输入，都需要手动操作执行。

　　1972 年 3 月，协会决定将办公室从彭福尔德广场搬到悉尼展会广场，7 月 1 日费希尔才真正搬迁协会办公室。1972 年瑟维斯退休后，鲁伯特·辛普森被任命为秘书，费希尔和辛普森负责检查包裹。费希尔在协会的这段时间，他的首要任务是在 1972 年 7 月出版协会的第一个时事通讯。到 1974 年协会每年出版两份简报，同时出版安格斯牛杂志，并且为安格斯牛品种做推广和宣传工作。

　　费希尔记得，在协会极度艰难的时候，辛普森高度重视工作。1972 年，安格斯牛协会做出加入国家肉牛登记计划（育种计划的前身）的重要决定。安格斯牛协会是第一个大量参与记录肉牛性能的牛品种组织。那时继海福特牛、波尔海福特牛和短角牛之后，安格斯牛成为澳大利亚第四大注册的肉牛品种。辛普森任职期间，在 1974 年委托 AML&F 公司使用电脑进行部分注册记录，自此协会也改变了系谱记录方式，从手工录入转化为电脑系统化录入。

在这些年，协会遭遇了财政的困难时期，协会经常组织员工给会员写信而不是打昂贵的电话。在 1974 年肉牛产业低迷时，协会的财政状况非常紧张，饲养者也因为涉及花销而不愿对牛进行登记。

在 1979 年悉尼皇家复活节农展会上的冠军，以及引领者约翰·希金斯和格兰特利·普里斯特

辛普森参与提出了一系列对安格斯牛协会的倡议，包括在阿尔伯里举办国家展览会和销售会，他的倡议起到重要作用。1977 年举办了第一次，在举办的前 7 年以"铃木（Suzuki）经典"安格斯牛肉而著称，在当时个体商贩很少的情况下，以展览会和销售会的方式推广显得尤为重要。

成功的关键是"铃木经典"安格斯牛的特许经销商戴维·康奈尔提供的赞助，他也是一个热衷于安格斯牛种畜的养殖者。1976 年，安格斯牛协会主席约翰·巴奈特和副主席科林·里昂斯与他接洽赞助事宜，当问到他们需要多少赞助费时，巴奈特回答说，每年赞助 1 万美金，一共 4 年。康奈尔回答："明天午餐的时候只要你同意一些条款和协议，你就会得到赞助。"当他看到巴奈特脸上惊愕的表情时，康奈尔猜想他已经解决了每年 5 000 美元的赞助了。康奈尔知道协会急切地需要这笔资金，同时认为举办全国范围的展示和销售活动对未来的成功都至关重要。

费希尔在鲁伯特·辛普森任职期间由登记员晋升为助理秘书，回忆起 1977—1979 年科林·里昂斯任安格斯牛协会主席期间协会严峻的财政状态。1974 年牛肉危机对产业数年来严重的影响造成收入的急剧下降，关于协会怎样运营，费希尔不得不做出一系列艰难的决定。里昂斯也进行了裁员，甚至决定每个州只允许一个董事参加董事会议。

里昂斯在任期内和任期外都取得了很大成就。在他任主席期间，任用约翰·沃夫为协会首位现场专员，作为英格兰人的沃夫曾任职于阿尔伯里地区种畜养殖的顾问。沃夫引起了副主席斯图尔特·戈登的注意。沃夫发挥了非常重要的作用，他经常拜访繁育场的场主们，并给他们很多建议，同时牛群在登记入册前对其进行检查的任务也由沃夫来完成。在他任现场官员的10年间，大家都认可他，并接受他的建议，同时他也出席每次的委员会议。沃夫以前在新南威尔士州的卡鲁繁育场和阿宾顿繁育场工作过，他对安格斯牛的了解得到了业内高度的认可。

里昂斯来自一个为印度新马市场繁育和训练马的家庭，20世纪初在卡潘达为牛王悉尼·基德曼先生定期举办马的拍卖会。1963年，里昂斯开始从事格伦博尔德安格斯牛的育种工作，那个在海福特牛主宰的时代，安格斯牛还很少。当他与巴奈特一起去阿根廷参加一个世界性的阿伯丁－安格斯牛会议时，他俩勇敢地尝试推广澳大利亚安格斯牛。安格斯牛在澳大利亚占据了很重要的地位，并且正在进一步发展，但是当他们问及全国安格斯牛的占比时，根本就没有人告诉他们。里昂斯估计澳大利亚的安格斯牛占肉牛总数的6%～8%，与新西兰安格斯牛占到50%～60%的比例形成鲜明的对比，安格斯牛在阿根廷是主要的牛种，美国的安格斯牛也发展得非常好。

里昂斯回想起阿根廷代表团的领导费尔蒙·托瑞斯博士曾对澳大利亚代表成员说，澳大利亚的育种者肯定有问题，因为品种本身没有问题。里昂斯无言以对，所以他保持了沉默。里昂斯感觉受到了羞辱，决心返回澳大利亚之后一定要有所改变。

他回忆道："我们知道人们对品种有争议，一些人认为它们太小，另外一些人认为品种还有待驯化，在20世纪70年代，我们的牛品种与一些英国牛种相比，体型是要小一些，当人们继续饲喂时，也可以得到中等体型的牛。我们仍处在一个资源短缺而且又不知变通的时代，但是我们正尝试跳出这个时代。"

当海福特牛在澳大利亚进行"帮派扫荡"的时候，里昂斯记得，20世纪70年代美国标准的使用大大加快了安格斯牛体型的增长，而不会变成"矮墩墩"。除了评价澳大利亚在发展安格斯牛种方面的努力，里昂斯回想起在那段时间，很多人对安格斯牛的改良育种有很多批评和反对的声音，阿伯丁－安格斯牛会议在安格斯牛品种标准化、增加对安格斯牛品种的了解以及推动其在各国之间的贸易能力方面起到了重要作用。另外，在制订动物进入种畜册的标准方面也发挥了重要作用。

里昂斯也认为，不同安格斯牛协会推广黑安格斯牛的理由及改良的方向最终成为赢得日本市场的关键。里昂斯说在他的那个时代，毛色是一个重要的特征，在美国任何地方的牛比安格斯牛要大得多，他们用大型品种去改良体型，同时也用别的品种去改良。牛乳房和腹部下面的白色是可以接受的，协会不允许白色出现在牛肋部或阴茎的前面。他说，这样会导致一些养殖者的不满意，同时需要检测对应的公牛。

里昂斯在任职主席期间解决的另外一个问题就是甘露糖苷贮积症，这是一种遗传性疾病，可以导致肌肉抽搐、头战栗、好斗、瘫痪，最终死亡。协会的原则是，如果公牛检测患有甘露糖苷贮积症，将禁止公牛注册，然后通过进一步检测母牛血液来帮助排除问题。里昂斯和沃夫联合起来淘汰患牛甘露糖苷贮积症的牛，只有他们知道哪些牛群是受感染的。他们最后撤销了新南威尔士州两个优秀牛群的所有牛的登记，从而解决了这个问题。

做事有条不紊的里昂斯也在鼓励年轻人从事安格斯育种工作。他在一个安格斯牛协会南澳大利亚分会会议上介绍了来自皮科特费恩斯农场的美国法官杰瑞·刘易斯。杰瑞站起来说道："如果我是你，我会非常担心安格斯牛品种的未来。"他说，在这个屋子的人平均年龄大约在 60 岁，并问到所有的年轻人都去哪里了。

里昂斯和戴维·康奈尔建议南澳大利亚委员会在选举主要委员之前应该选举两名 30 岁或者更年轻的委员。这个建议影响整个澳大利亚的育种工作，同时引导年轻人参加到安格斯牛协会的各个部门，并举办了一些专门为年轻人准备的活动。

里昂斯任主席期间，澳大利亚饲养者与美国鉴定师之间的良好关系促使开始奖学金计划，为年轻人提供上伊利诺伊大学和密歇根州立大学的机会。这个项目一直持续到现在，并且已经在肉牛行业中培养了超过 50 名肉牛饲养和繁育方面的精英。

在此期间的另一个重要举措是，1978 年，在亚瑟·里卡德博士的一次令人印象深刻的演讲之后，决定将系谱记录的计算机化改在位于阿米代尔的新英格兰大学。董事会一致同意，并立即将其记录保存改为新英格兰大学，里昂斯认为这是势在必行的，而且随着时间的推移，这一计划将变得越来越重要。当协会决定将办公室迁往阿米代尔时，与新英格兰大学的联系也被证明是一张王牌。

第一届"铃木经典"安格斯牛展会也是在里昂斯任期内举行的，那时发现举办全国性的展销会对安格斯牛品种的推广是一个很有帮助的途径。里昂斯相信来自铃木的支持，"铃木经典"对安格斯品种产生了巨大影响。来自纳拉布里的瓦拉繁育场杰出的育种家林·桑德森，他一直梦想有生之年他每年都会向两头售价最高公牛的饲养员颁布一个漂亮的奖杯，出乎意料的是，里昂斯的格伦博尔德繁育场连续五次赢得了桑德森的奖品，桑德森将奖杯赠送给里昂斯来保管。

里昂斯说，康奈尔已经在沃东加对"铃木经典"的推广方面做了很多工作，但是，这仅仅是他为安格斯牛种做的一系列贡献之一。里昂斯说："他也是首批从美国进口安格斯牛的人，冒险从美国购买全部的公牛，使整个局势得到了逆转。一些人认为他购买的有些公牛太随意，但是康奈尔最终以行家的姿态证明了选购中等体型的牛是一个正确的方向。"里昂斯认为，在推动安格斯牛成为日本市场需要的肉牛品种方面，康奈尔也扮演了重要的角色。

继里昂斯之后，来自临近巴瑟斯特的格伦格瓦繁育场的斯图尔特·戈登在 1979—

1981 年担任主席，戈登把"铃木经典"作为他任期中最重要的项目之一，但是他怀疑在没有了康奈尔安排的铃木公司的赞助后，它是否会继续前进。在戈登任期内，展会方面达到了顶峰状态，在 30 多年的展会期间，"铃木经典"赢得了多个悉尼展会冠军，包括值得纪念的 1963 年的展会，在那次展会上他赢得了 8 项冠军中的 5 项。一直到安格斯品种开始培育更大体型的约翰巴奈特时代以前，戈登认为安格斯牛都是小体型牛，体型变得太大的部分原因是在牛展会上强调使用美国评委。戈登说，他很乐意看到回到传统的安格斯牛种上，更注重膘情和更好的牛肉品质，同时拥有良好的头颅和骨骼。

来自靠近朗塞斯顿的兰德弗繁育场的塔斯马尼亚育种家罗布·阿切尔，从 1981 年开始任主席，然而他遭受了一次中风没能完成第二年的任期。唐·宗德曼来自位于维多利亚州埃菲尔德的皮诺拉安格斯牛繁育场，填补了阿切尔任期中最后约六个月的空缺，直到他当选为主席，并在 1983—1985 年为协会服务。他认为阿切尔是一个非常出色的牛育种专家，像一个天才，并且他的育种技术得到了广泛的认可。在阿切尔任职的那段时间，最受关注的一件事是通过可可岛检疫站从美国进口到澳大利亚的第一批公牛。

当宗德曼在 1975 年加入协会联邦委员会时，他说协会处于破产状态。"我们那时实际上已经没有资金来运作了，"他回忆道，"我们有段时间没有任何盈利，并且和会员也停止了交流，这让我们的事业倒退了很多。那之后约翰·巴奈特和戴维·康奈尔带领我们开始了'铃木经典'安格斯牛。那时协会才开始重新充满活力。在那个阶段，办公室实际上只有一个秘书兼经理和另外一个人员在办公室。"

宗德曼任主席期间，在改变牛的登记方式后，协会的运作方式更切实可行。从开始的只为犊牛进行登记变为要求繁育场每年对他们的母牛存栏进行一次清查，并为每次登记的品种付费。这项改变最终为协会获得更坚实的资金基础。直到那时，因为在干旱或严重的经济危机期间，很少有繁育场会登记他们的犊牛，协会一直遭受财政危机。在新的系统下，育种者们必须在清单上保留他们的母牛或者在下年支付额外的费用来重新让他们登记入册。"这实际上保证了我们每年的资金，"宗德曼回忆，"这点很重要并且至今都很重要，如果我们在中途回到犊牛登记系统，那将是一场灾难。"

在宗德曼任期内，鲁伯特·辛普森离开安格斯牛协会加入西门塔尔牛协会，曾经干过一段时间助理秘书的伊尼德·费希尔，在 1983 年聘任为首席执行官。费希尔回忆说，当时安格斯牛品种才刚刚开始取得真正的进步，尽管在育肥场和繁育场之间存在一些分歧，她努力促使这两个群体更加融洽。

费希尔认为，在她担任 CEO 的十年间做的最重要的决定之一是任用登尼克为技术顾问。对她来说，帮助改善协会财务状况是她面临的另一项重大挑战。她妥善建立协会备用金，并将剩余资金放置银行储存。费希尔任期内作为投资的一套在悉尼市内的房产出售后，协会的财政也获得了显著的增长。费希尔回忆，下一届的财务主管（塔马尼亚的育种者费迪·福斯特）建议投资红坊区一栋两层的房子，他称协会应该将钱进行投资。最终，费希尔、辛普森和康奈尔以相对便宜的价格购买了外观还不错的位于红坊区的一栋房子，并将其租给了一个房客。

多年之后，在20世纪80年代悉尼房地产繁荣时期，一些议员认为协会不应该投资实物资产，并且决定出售房子。1987年10月17日星期六，房子以一个可观的价格进行了拍卖，为协会提供了极大的资金支持，费希尔说道。上天眷顾了协会，在拍卖后的两天——1987年10月19日那个黑色的星期一，华尔街崩盘了。全世界证券市场暴跌，10月底，澳大利亚的股市下降了42%，美国下降了23%。

1985—1987年，戴维·拉夫任职主席，协会做出了史上最重大的决定，聘用唐·尼科尔为育种发展部门主任。协会副主席吉姆·安德森说，应该对拉夫在寻找和雇用像尼科尔这样具有专业知识的人方面的前瞻性思维给予高度赞扬。"在肉牛行业思维中有一位遗传学背景的专业职员是一个重大的突破，"安德森说，"让安格斯牛发展向前迈进了一大步，并且为全世界的牛育种工作者树立了新的标准。"

尼科尔出生在苏格兰阿伯丁，在国家肉牛登记计划中从事协调工作，他从昆士兰第一产业部借调结束后，安格斯牛协会说服他在阿米代尔为协会工作。尼科尔将其描述为伊尼德·费希尔和当时高管领导的一项大胆举措。费希尔建议尼科尔，他们必须为安格斯牛种规划未来，因为当下的环境不景气，并请他去推进那个项目。

任命尼科尔是安格斯牛协会1986年的五年企业计划的第一步。费希尔是这个计划的策划者，她认为安格斯牛协会的目标是，要占有澳大利亚更大的肉牛市场份额并且使安格斯牛成为主导品种推广。她没想到这个大胆的计划会得到委员会的同意。她相信拉夫、康奈尔、安德森和乔·格里夫会让这个计划在委员会通过。她的目标是让繁育场和育肥场意识到他们彼此间的重要性。

费希尔计划由一个专业人员来扮演这个角色，尼科尔就是这个岗位最合适的人选。"我们将推广这个产品，从而让安格斯公牛的商业用户从中得到更大的利润，不管他们用的是纯系还是杂系品种，"那时她说道，"唐·尼科尔将为我们提供技术上的支持，帮助我们达到这个目标。"

尼科尔回忆道，那段时间，就注册的品种数目在全国牛群数的占比而言，安格斯牛实际上仍是一个规模很小的品种。但是在他任期的十年（1986—1995年）间，安格斯牛品种取得了巨大的进步。这些年它的发展势头为实现现代成功找到了一条明确的道路。

戴维·拉夫担任主席期间，他坚信澳大利亚肉牛发展计划上，协会必须加快推进安格斯牛迈向更高的地位。尼科尔作为品种发展部主任，他的职责包括以下5个方面：为委员会和执行官提供技术支持；为安格斯牛制定新战略来增加国内外市场份额；让委员会、会员和商业育种者了解肉牛产品最新研究结果；为会员和商业育种者提供咨询服务；为协会的青年培育方案整合教育基地。

1972—1994 年，澳大利亚安格斯牛协会悉尼总部

　　尼科尔的工作主要集中在两个领域。一方面继续推进性能记录技术，使安格斯牛群体育种计划能够全面发展；另一方面增加日本肉类行业对安格斯牛的需求。那段时间，墨累灰牛产业已悄然占据了日本进口商的主导地位。尼科尔很清楚安格斯牛品种必须与日本养殖业结合更加紧密。从结果来看，他已经达到了自己的目标。

　　尼科尔相信今天所获的成功实际上是来自 20 世纪 80 年代中期所做的努力，那时执行官费希尔，尤其康奈尔，做了很大的贡献。他说，康奈尔的贡献不应该被低估，因为他从一个非常成功的非农企业获得了很多技术。他是非常有影响力的，因为他是 20 世纪 70 年代"铃木"所有产品在澳大利亚的总代理。尼科尔记得，康奈尔知道怎样做事情是合适的、怎样追随客户并且使客户满意。

　　我在安格斯牛协会工作的那段时间，委员会中总是有很多重要的人投身于推广安格斯牛品种的事业中，并且越来越多的人认识到对协会成员进行新技术培训的必要性。拥有其他商业背景的费希尔，总能意识到必须有明确的目标才能努力去实现目标。总是有一些人想知道原因，并对协会每年在技术专家上花费大量经费颇有微词。而我经常和支持我工作的人向那些持批判意见的人说明我们的想法，他们可能想要把钱花到品种宣传

协会位于新南威尔士州阿米代尔的新办公处

或其他活动上。

那些年，协会没有足够的资金，由于尼科尔有家庭了，费希尔会经常鼓励他别放弃，她告诉尼科尔，"不要担心，在给我发工资之前，我会先给你发。"

尼科尔说："当我回顾过去时，协会给了我很多自由的空间来发展和指导品种改良，包括为繁殖能力、胴体和其他性能开发估计育种值（EBV）。我真正推动的事情是平衡育种以获取利润，以平衡的方式利用所有对利润重要的性状进行育种改进。"

尼科尔在安格斯牛协会工作的10年间，安格斯牛品种可能是澳大利亚安格斯牛性能中最重要的改进。他对来自奎林代新南威尔士州繁育场的吉姆·安德森非常信任，吉姆·安德森在推动安格斯牛协会前进路上起了关键作用，包括将协会迁移至阿米代尔。当尼科尔在1995年离开协会时，皮特·帕奈尔接替了尼科尔，皮特·帕奈尔之后是卡尔·特斯林担任品种发展和信息主管。

阿瑟·里卡兹博士是农业经济研究部门的幕后执行者，该部门聘用180名员工记录了澳大利亚和世界上大部分国家几乎所有的牛种协会，他形容尼科尔是"很有能力的家伙"。"当尼科尔完成了国家肉牛登记计划时，他想留在阿米代尔选择安格斯牛，那时安格斯牛并不是主要的品种。尼科尔对安格斯牛的遗传学见解被证实是正确的，并且他为之付出了很多努力。在20世纪70年代，安格斯牛还是很小的牛种。"

1987—1989年，南澳大利亚人乔·格里夫担任协会主席，他将那时的协会称为"技术时代的开端"。"我们聘用登·尼科尔时，我是协会副主席，"他回忆道，"那时，安格斯牛种处于艰难的处境，数量上它不占优势，而且因为体型太小，我们也受到很多谴责，唯一值得欣慰的是他能生产出来优质牛肉。协会几乎面临崩溃，我们努力地发展会员。在进入技术时代后，对表型和估计育种值（EBV）的采用，是一个重大的转折点。当然安格斯牛要以此前行，因为我们看到了改善安格斯牛的潜力，现在我们的这个领域在行业内处于领先水平。"

格里夫从 1976 年开始经营位于卢辛·代尔的安格斯牛育种场，直到 1999 年关闭，他未曾想过安格斯牛如今会这么受欢迎。他认为日本人对大理石纹牛肉的需求给育种者带来了明确的育种方向，随着安格斯牛种被大范围的培育并接受，获得雪球效应般的成功。因为有来自其他品种和其他国家的竞争，他预测这会限制未来的增长。他说："其他品种都已意识到，必须提高竞争力并进入技术时代，北美一直存在竞争，南美将在未来带来更多竞争。"

1989—1991 年，吉姆·安德森担任安格斯牛协会主席，他是"铃木经典"的忠实拥护者，担任其前七年的主席，同时也是首席经理和宣传员。他特别为自己的导师林·桑德森的支持感到骄傲，他捐赠了林·桑德森奖杯。桑德森以一磅的价格给了他第一头牛，之后吉姆每年都会从桑德森那购买一头母牛，当桑德森分销他著名的沃拉牛群时，他又买了五头牛。

安德森担任主席期间，他代表澳大利亚参加 1989 年在阿根廷举办的世界安格斯牛论坛，他预计，5 年内，安格斯牛将占澳大利亚温带牛的 30%。安德森相信这个数字会实现，并且如今会持续增长到 50%。

安德森对育种计划的成功充满了信心，以及对执行这个计划的育种者吉姆·利奇菲尔德充满信心。"繁育计划如雨后春笋般出现，它促使我们进行技术育种。"安德森说。购买者和养殖场支付的额外费用体现了安格斯牛的不同之处。安格斯牛品种已经做得非常好，并将保持其在未来的地位。

"人们对我说，我为你选择的品种做得这么好而感到骄傲。我选择安格斯牛是因为我的恩师，他有两个非常漂亮的女儿，但我爱上了安格斯牛。"安德森说，他会永远感激选择了安格斯牛，因为他目睹了当一些育种者将海福特牛换成安格斯牛的痛苦。"对于他们大多数人来说，这很痛苦，"他说，"而每千克多出的几美分意味着每头牛会多出来 30 ～ 40 美元，这对提高农业边际效益非常重要，并且人们发现这样更容易赚钱。"

安德森觉得他担任主席期间相对顺利，因为安格斯牛品种正向前迈进，并且不存在太多争议。即便如此，在他任职期间，他参与了墨累灰牛和安格斯牛品种改良行动，但是计划夭折了，并且支撑此项计划的经费自此再也没有过。他称，他曾参与的少数几个有争议的举措之一是与新英格兰的育种者雷汉姆·怀特以及他们的妻子，在阿米代尔为安格斯牛协会找一个新的办公室。

这个计划夭折主要是资金，并且因悉尼女王复活节演出由摩尔公园的总部迁移到了

澳大利亚安格斯牛协会官员

1919—1927 President – Hon JC White
Hon Secretary – RS Maynard

1927—1931 President – Col. HF White
Vice-Presidents – NL Foster
HS Docker
GC Clark
Hon RT Melrose
Hon Secretary – AJ Tanner
Assistant Secretary – D Muggridge

1931—1934 President – Col. HF White
Vice-Presidents – J White
NL Foster
JW Robertson
GC Clark
Hon RT Melrose
Hon Secretary – AJ Tanner
Assistant Secretary and Herd Book
Editor – D Muggridge

1934—1937 President – Col. HF White
Vice-Presidents – J White
NL Foster
JW Robertson
GC Clark
Hon RT Melrose
AE Arney
S Tulloch Scott
Hon Secretary and Treasurer –
AJ Tanner
Assistant Secretary and Herd Book
Editor – D Muggridge

1937—1939 President – Andrew Reid
Vice-Presidents – Col. HF White
J White
NL Foster
JW Robertson
Hon RT Melrose
AE Arney
J M Newman
Clifford Minter
Hon Treasurer – AJ Tanner
Secretary and Herd Book Editor –
D Muggridge

1939—1941 President – Norman L Forster
Vice-Presidents – JW Robertson
Hon RT Melrose
Rod Arney

JC White

Col HF White

Andrew Reid

NL Forster

J White

S Tulloch Scott

J M Newman
Clifford Minter
AC Weston
S Tulloch Scott
Secretary and Hon Treasurer –
D Muggridge

1941—1943 President – Lieutenant GT Reid
Deputy President – Clifford Minter
Vice-Presidents – LT Sanderson
WE Webster
RC Buchanan
AC Weston
SB Rudduck
S Tulloch Scott
Secretary and Hon Treasurer –
D Muggridge

1943—1945 President – Clifford Minter
Vice-Presidents – LT Sanderson
WE Webster
Lindsay G Nicholas
Alan C Weston
SB Rudduck
S Tulloch Scott
Secretary and Hon Treasurer –
D Muggridge

1945—1946 President – LT Sanderson
Vice-Presidents – HG Munro
WE Webster
CW Donne
AC Weston
WJ Russell
ST Scott
Secretary – GC Sommerville

1946—1947 President – LT Sanderson
Patron – NL Forster
Vice-Presidents – HG Munro
WE Webster
FJ Kingsley-Newell
AC Weston
WJ Russell
ST Scott
Hon Treasurer – C Minter
Secretary – GC Sommerville

1947—1948 President – HG Munro
Patron – NL Forster
Vice-Presidents – RE Wilson

C Minter

Lt GT Reid

WE Webster

LTSanderson

HG Munro

RE Wilson

WE Webster
FJ Kingsley-Newell
DW Taylor
WJ Russell
ST Scott
Hon Treasurer – C Minter
Secretary – GC Sommerville

1948—1949 President – HG Munro
Patron – NL Forster
Vice-Presidents – RE Wilson
WE Webster
FJ Kingsley-Newell
DW Taylor
WJ Russell
ST Scott
Hon Treasurer – C Minter
Secretary – GC Sommerville

1949-1950 President – RE Wilson
Patron – NL Forster
Vice-Presidents – N Bird
WE Webster
FJ Kingsley-Newell
DW Taylor
WJ Russell
S Tulloch Scott
Hon Treasurer – C Minter
Secretary – GC Sommerville

1950—1951 President – RE Wilson
Patron – FJ Graham
Vice-Presidents – N Bird
CW Gill
FJ Kingsley-Newell
DW Taylor
WJ Russell
S Tulloch Scott
Hon Treasurer – C Minter
Secretary – GC Sommerville

1951—1952 President – LT Sanderson
Patron – Col. HF White
Vice-Presidents – N Bird
CW Gill
LJ Graves
DW Taylor
RB Williamson
L Foster
Hon Treasurer – C Minter
Secretary – GC Sommerville

1952—1953
President – LJ Graves
Patron – Col. HF White
Deputy President – HG Munro
Vice-Presidents – HG Munro
CW Gill
RCN Clarke
DW Taylor
RB Williamson
L Foster
Hon Treasurer – C Minter
Secretary – GC Sommerville

1953—1955
President – HG Munro
Patron – Col. HF White
Deputy President – MF White
Vice-Presidents – FG White
JM Newman
RCN Clarke
DW Taylor
RB Williamson
S Tulloch Scott
Hon Treasurer – C Minter
Secretary – GC Sommerville

1955—1956
President – RCN Clarke
Patron – Col. HF White
Deputy President – MF White
Vice-Presidents – FG White
HJ Crothers
L Nicholas
JRS Hackett
RB Williamson
S Tulloch Scott
Hon Treasurer – C Minter
Secretary – FH Berryman

1956—1957
President – RCN Clarke
Patron – Col. HF White
Deputy President – RH White
Vice-Presidents – HJ Crothers
HG Munro
JC Wilson
JRS Hackett
RB Williamson
S Tulloch Scott
Hon Treasurer – C Minter
Secretary – Lt-Gen Sir Frank
Berryman (until 30/6/56)
Harold Sarina

1957—1958
President – MF White
Patron – Col. HF White

LJ Graves

RCN Clarke

MF White

HS Corden

HT Kidman

HW Williams

Deputy President – WE Webster
Vice-Presidents – HS Corden
HG Munro
JC Wilson
RC Shepherd
HA Trefort
S Tulloch Scott
Hon Treasurer – C Minter
Secretary – Harold Sarina

1958—1959
President – MF White
Patron – Col. HF White
Deputy President – WE Webster
Vice-Presidents - HS Corden
HG Munro
JC Wilson
RC Shepherd
HA Trefort
S Tulloch Scott
Hon Treasurer – C Minter
Secretary and Public Relations
Officer – Harold Sarina

1959—1961
President – WE Webster
Patron – Col. HF White
Deputy President – MF White
Vice-Presidents – WHC Mayne
HG Munro
HW Williams
RC Shepherd
HA Trefort
JC Wilson
Hon Treasurer – C Minter
Secretary and Public Relations
Officer – Harold Sarina

1961—1962
President – HS Corden
Patron – Col. HF White
Vice-President – HT Kidman
Hon Treasurer – C Minter
Secretary and Public Relations
Officer – Harold Sarina

1962—1963
President – HS Corden
Patron – Col. HF White
Vice-President – HT Kidman
Hon Treasurer – C Minter
AR Denton
Secretary and Public Relations

RHF White

AG Mackinnon

C Cowley

WHC Mayne

CS Gordon

R Archer

Officer – Harold Sarina
Assistant Secretary – Rex Sarina

1963—1964
President – HT Kidman
Patron – Col. HF White
Vice-President – JC Wilson
Hon Treasurer – AR Denton
Secretary and Public Relations
Officer – Harold Sarina
Assistant Secretary – Rex Sarina

1964—1965
President – HT Kidman
Patron – Col. HF White
Vice-President – JC Wilson
Hon Treasurer – AR Denton
Secretary and Public Relations
Officer – Rex Sarina

1965—1966
President – HW Williams
Patron – Col. HF White
Vice-President – RHF White
Hon Treasurer – AR Denton
Secretary and Public Relations
Officer – DJ Service

1966—1967
President – HW Williams
Patron – Col. HF White
Vice-President – RHF White
Hon Treasurer – AR Denton
Secretary and Public Relations
Officer – DJ Service

1967—1968
President – RHF White
Patron – Col. HF White
Vice-President – AG Mackinnon
Hon Treasurer – AR Denton
Secretary and Public Relations
Officer – DJ Service

1968—1969
President – RHF White
Patron – Col. HF White
Vice-President – AG Mackinnon
Hon Treasurer – AR Denton
Secretary – DJ Service

1969—1971
President – AG Mackinnon
Patron – Col. HF White
Vice-President – WHC Mayne
Hon Treasurer – AR Denton
Secretary – DJ Service

1971—1972 President – WHC Mayne
Patron – Col. HF White
Vice-President – CG Cowley
Hon Treasurer – AR Denton
Secretary – DJ Service

1972—1973 President – WHC Mayne
Patron – HG Munro
Vice-President – CG Cowley
Hon Treasurer – AR Denton
Secretary – RF Simpson

1973—1975 President – CG Cowley
Patron – HG Munro
Vice-President – JS Barnett
Hon Treasurer – JL Sullivan
Patron – HG Munro
Secretary – RF Simpson

1975—1976 President – JS Barnett
Patron – HG Munro
Vice-President – CH Lyons
Hon Treasurer – JL Sullivan
Secretary – RF Simpson

1976—1977 President – JS Barnett
Patron – HG Munro
Vice-President – CH Lyons
Secretary – RF Simpson

1977—1978 President – CH Lyons
Patron – HG Munro
Vice-President – CS Gordon
Secretary – RF Simpson
Assistant Secretary – Enid Fisher

1978—1979 President – CH Lyons
Patron – HG Munro
Vice-President – CS Gordon
General Manager – RF Simpson
Secretary – Enid Fisher

1979—1980 President – C Stuart Gordon
Patron – HG Munro
Vice-President – CH Lyons
General Manager – Rupert F Simpson
Secretary – Enid Fisher

1980—1981 President – C Stuart Gordon
Patron – HG Munro

Don Sunderman

DG Raff

A Grieve (Joe)

Jim Anderson

Lew Smit

Keith McFarlane

Vice-President – FR Archer
General Manager – Rupert Simpson
Secretary – Enid Fisher

1981—1982 President – Rob Archer
Patron – HG Munro
Vice-President – D Sundermann
General Manager – Rupert Simpson
Secretary – Enid Fisher

1982—1983 President – Rob Archer
Patron – HG Munro
Vice-President – D Sundermann
General Manager – Rupert Simpson
Secretary – Enid Fisher

1983—1984 President – Don Sundermann
Patron – HG Munro
Vice-President – DG Raff
Chief Executive Officer – Enid Fisher

1984—1985 President – Don Sundermann
Patron – HG Munro
Vice-President – DG Raff
Chief Executive Officer – Enid Fisher

1985—1986 President – David Raff
Patron – HG Munro
Vice-President – A Grieve
Chief Executive Officer – Enid Fisher

1986—1987 President – David Raff
Patron – HG Munro
Vice-President – A Grieve
Chief Executive Officer – Enid Fisher

1987—1989 President – A (Joe) Grieve
Patron – HG Munro
Vice-President – CJ Anderson
Chief Executive Officer – Enid Fisher

1989—1991 President – C (Jim) Anderson
Patron – HG Munro
Vice-President – L Smit
Chief Executive Officer – Enid Fisher

1991—1992 President – Lew Smit
Patron – HG Munro
Vice-President – Joy Potter
Chief Executive Officer – Enid Fisher

1992—1993 President – Lew Smit
Vice-President – AS Gubbins
Chief Executive Officer – Enid Fisher

1993—1994 President – Lew Smit
Vice-President – RK McFarlane
Chief Executive Officer – Enid Fisher

1994—1996 President – R Keith McFarlane
Vice-President – GH White
General Manager – G Truscott

1996—1998 President – Graham White
Vice-President – John Cochrane
Hon Treasurer – Stephen Blair
General Manager – Graham Truscott

1998—2000 President – John Cochrane
Vice-President – Peter Grieve
Hon Treasurer – Stephen Blair
General Manager – Graham Truscott

2000—2002 President – Peter Grieve
Vice-President – Derek Lotz
Treasurer – Stephen Blair
General Manager – Graham Truscott

2002—2004 President – Derek Lotz
Vice-President – Dennis Ginn
Treasurer – Stephen Blair
General Manager – Graham Truscott

2004—2005 President – Dennis Ginn
Vice-President – Ralph Mars
Treasurer – Stephen Blair
General Manager – Graham Truscott

2005—2006 President – Dennis Ginn
Vice-President – Ralph Mars
Treasurer – Lew Smit
General Manager – Graham Truscott

2006—2007 President – Peter Grieve
Vice-President – John Young
Treasurer – Lew Smit
General Manager – Graham Truscott

2007 President – John Young
Vice-President – Brian O' Sullivan
Treasurer – Lew Smit
Chief Executive Officer – Graham Truscott

Graham White

John Cochrane

Peter Grieve

Derek Lotz

Dennis Ginn

John Young

奥林匹克公园。这个举动意义重大，因为农业经济研究部和育种计划部位于阿米代尔，并且其他协会也迁移到了那里。然而州内差旅费是一个不利的因素，协会委员会每年只在阿米代尔召开一次会议。

安德森说，协会一直在规划未来的办公场所，并且最初已经考虑到是否在悉尼购买办公室。一段时间的压力迫使协会总部搬迁到维多利亚，但是最终决定搬迁到阿米代尔。协会在阿米代尔郊区买了一大块土地，一个设计好的新办公室在1994年完成了。资金来源于伊尼德·费希尔成功的实物资产的交易和现金预存，同时加上银行的贷款，使这一切成为可能。

那时，协会和安格斯牛品种已经运营得相当不错。肉牛行业开始深刻地意识到安格斯牛的价值比想象中要更高。费希尔在1993年写道："很多地方几十年都只坚定地养殖另一品种，现今也养殖了大量的安格斯牛。那些拥有两个品种的主要的养殖场（安格斯牛为其中之一）一般用安格斯牛给他们的公司命名。"很少人意识到，此时，澳大利亚肉牛行业的新纪元已经开启，并且安格斯牛的天下已经稳稳地到来，这里无疑有费希尔莫大的功劳，她受到协会很多成员的爱戴和尊敬。

（陈东　译，牛文静　校，李欣　复校）

位于新南威尔士州阿米代尔的澳大利亚安格斯牛协会总部的会议室

第十五章
终获成功

过去的 18 年是澳大利亚安格斯牛历史上最成功的时期，其存栏量由原来占全国总数的 6% 增加到超过 25%。与此同时，安格斯牛协会的收入在 2007 年快速增长到 320 万美元。尽管安格斯牛的未来发展一片光明，但这也使安格斯牛协会在事务处理上变得更为复杂。

在这个阶段，格雷汉姆·特拉斯科特对于协会的未来责任重大，1994 年他开始任职总经理（现在的首席执行官）。他来自维多利亚州吉普斯兰有牧场背景的家庭，在协会战略目标制定上，育种发展计划已成为协会发展的重要部分。这也与他任职时协会相应的营业额从 82.699 3 万美元增加到 2007 年的 320 万美元相吻合。

特拉斯科特给自己制定了艰巨任务，即带领安格斯牛品种再上台阶，建立一个在澳大利亚任何其他畜牧业协会中都无与伦比的行政和管理团队。安格斯牛品种在需求范围内稳步增长，同时协会办公室规模增加至 14 人。在特拉斯科特的带领下，许多新想法来自管理专家团队，诸如品种开发、市场营销和推广等，最终获得董事会批准。

特拉斯科特列出关键成就，如为育种计划研发新的估计育种值（EBV），特别是大理石花纹性状。他说，"这个非常重要，并且我们团队会为之努力前行。"另一个成就是超声波扫描的使用，这种方法可以在不需要屠宰动物的情况下获得胴体数据。协会为特定

的市场引进参数，确定了 DNA 亲本验证，以及重点发展 DNA 标记技术。通过强调净饲料效率和重点关注 B3 市场，获得了其他收益。

特拉斯科特强调安格斯牛盈利系统包含整个产业链，而不仅是育种环节。特拉斯科特认为，前任主席基斯·麦克法兰推广认可的商用品种价值，在成功推广品种的工作上起了重要作用。在扩大澳大利亚安格斯牛市场上，基斯·麦克法兰花了很多精力，建立了出口标准。从 2006 年和 2007 年完成的 1 000 头安格斯犊母牛的两个订单开始，协会投入了大量工作，为进入中国市场提供了可靠的平台，也导致澳大利亚对俄罗斯出口的迅速增长。

特拉斯科特说，"另一件事，我们发起的是北方发展计划，以扩大在澳大利亚北部的肉牛品种。牛肉合作研究中心研究显示，北方养殖场需要提高牛肉品质，同时北方养殖场表示如果他们能有更多安格斯牛和安格斯杂交牛，他们会带它们走出北方。为了高端牛肉市场，养殖场不想养太多瘤牛。"

来自库吉育种场的西澳大利亚杰出育种家卢·斯密特，在这个时期为协会做了很大贡献，过去的三年间他一直是财务主管。他掌管协会每年盈余的 300 万美元以及会员投资的 210 万美元。斯密特获得了养牛业最高荣誉——2006 年 RW Vincent 奖，表彰他对肉牛行业做出的突出贡献，他是安格斯牛和墨累灰牛两个协会的前任主席，以及两个协会的终身荣誉会员。

斯密特认为，协会正为会员提供比过去更多的服务，包括安格斯牛在线拍卖、安格斯牛后代测试和后备牛项目等最新服务。协会已发展为澳大利亚牛品种数量注册最多的组织，同时这也保证了过去 10 年协会每年获得同速增长的经费。协会的成功使它成为品种发展、技术开发与管理的基准。

"安格斯牛由刚开始少部分人养殖的品种发展成为大部分人养殖的品种，是基于它们优秀的母性特征、胴体和它们能售出更高价格的事实，"斯密特说道，"它由大家都不看好的品种到大家都对它着迷，原因是从新西兰和美国引进遗传物质，牛的性能得到了极大的改善。早期安格斯牛很少见，但它们已从小型早熟品种转变为性能更好的品种。"

格雷汉姆·特拉斯科特接手之前，斯密特在 1991—1994 年一直担任协会主席，斯密特认为，选择安格斯牛有很多原因，不仅是它在商业上性能优秀。他说，"在日本和韩国市场的发展一直非常重要，因为他们需要大理石花纹牛肉。并非所有的功劳都归功于安格斯牛协会，外界因素也很重要。"

"然而，安格斯牛协会鼓励使用技术，并从中受益。任何品种的成功是由牛肉产品的成功来决定。"斯密特认为在他任职期间，最显著的成就是对技术的使用。他认为这是安格斯牛品种腾飞的原因之一，这归功于登·尼科尔广泛应用这项技术，并取得了成功。

"很多品种在受到打击和刚推广就衰退了，"他说，"安格斯牛最大的贡献之一是它拥有巨大的基因库，这个很重要，因为当你去购买公牛时有很多的血统可以选择。"

"任何一个品种的发展总是充满挑战，对于我们来说最严峻的挑战是育种技术。当你拥有掌握高新技术的育种员时，作为一个品种协会，我们需要去做的重要事情之一就是保持他们的技术实时更新。只有他们拥有技术，我们这个品种才会持续成功。"

任协会主席的三年间，斯密特做出的最重要的决策是将办公室迁到了阿米代尔并新建了办公室。毫无疑问，此举是一次很大的成功，人们在阿米代尔工作很享受。在那里住宿相对便宜，并且员工对配套设施也相当满意。

在斯密特之后，基斯·麦克法兰继任主席，他来自位于南澳州亚历山大湖滨的惠灵顿洛奇，他是安格斯牛协会商业育种家中成为主席的第一人，任期是 1994—1996 年。在南澳大利亚，当安格斯牛品种不像其他州一样普及时，南澳大利亚人在协会中发挥了很重要的作用，包括在过去的 45 年中，22 位联邦主席有 5 位是南澳大利亚人。除了麦克法兰，其他人分别是泰特·基德曼——萨克维尔·基德曼的后代、西德尼·基德曼的兄弟，查尔斯·考利、乔格·里夫和科林·里昂斯。

麦克法兰认为，安格斯牛品种成功的重要转折点是在 20 世纪 70—80 年代，那时安格斯牛经常被认为是"小黑猪"。在澳大利亚，麦克法兰家族是拥有最古老安格斯牛群的家族之一，成为安格斯牛协会的家族会员要追溯到 1925 年。

麦克法兰相信，安格斯牛品种通过育种计划，已有条不紊地将其推到了如今的地位。"当很多品种缓慢地推行育种计划时，我们已在实施育种计划，事实上，尽早实施育种计划意味着我们发现了能生产大理石花纹的基因并加以利用，结果是，日本不要其他牛种，从澳大利亚出口到日本的 85% ～ 90% 牛是安格斯牛。以价值来评定，这是澳大利亚最大的肉牛市场，同时也是日本市场上唯一需要的品种。"

1996 年，来自位于新南威尔士州盖拉的格雷汉姆·怀特成为主席。作为协会从悉尼搬至阿米代尔的坚定支持者，怀特相信搬离悉尼对协会的工作来说是非常有用的。"我们不得不离开悉尼，住在那里只会很抓狂，任何来到澳大利亚和想谈论安格斯牛的人都想搬离市区。"

怀特家族延续了长期为安格斯牛协会服务的传统，在 88 年间，有 5 位怀特家族成员作为主席服务了 23 年。格雷汉姆爷爷的兄弟吉姆斯·怀特是协会的第一位主席。随后是格雷汉姆的父亲 H. F. 怀特上校，他任了两届主席，任职 17 年。迈克尔·怀特，来自新南威尔士州，1957—1959 年担任主席。1967—1969 年格雷汉姆兄弟理查德·怀特担任主席，1996—1998 年格雷汉姆担任主席。

从右数第三位是澳大利亚安格斯牛协会的联邦主席戴维·拉夫，他出席新英格兰展销会，为历史悠久的繁育场颁奖，获奖者包括盖拉的巴尔德·布莱尔繁育场（创建100年）的格雷汉姆·怀特，斯昆的贝尔特里斯繁育场（创建500年）的米歇尔·怀特，巴尔德·布莱尔繁育场（创建100年）的理查德·怀特和弗兰克·怀特，阿宾顿繁育场（创建50年）的詹姆斯·哈里斯，以及纳拉布里的瓦拉繁育场（创建50年）的林·桑德森

怀特去过6个世界级安格斯牛论坛，其中有2个在澳大利亚举办，其他论坛分别在加拿大、新西兰、美国和阿根廷举办。他相信，通过论坛不同国家可以交流繁育安格斯牛的观点，对全世界安格斯牛的成功会有积极的作用。在他担任主席期间，1997年在悉尼召开了国际论坛，是自1969年在澳大利亚举行的庆祝澳大利亚安格斯牛协会50周年成立以来最成功的会议。1997年的论坛由杰夫·菲利普斯协调，吸引了800位来自全世界的同仁，在这之后菲利普斯很快被任命为协会的市场部经理。世界安格斯牛论坛组织委员会由约翰·科克伦担任主席，他也是下一届安格斯牛协会的主席。

当昆士兰人约翰·科克伦在1998—2000年任主席时，他为安格斯牛品种引进了一种有趣的新观念。他在昆士兰运营安格斯牛繁育场20多年，在那之前有很长一段时间，他从事葡萄酒和烈酒的批发工作。而他主要的生意是为英厄姆（Inghams）鸡肉集团生产鸡肉，他每年出售给英厄姆公司150万只鸡。

"肉鸡产业教会我，基因起决定优势作用，因为肉鸡培育是利用基因编辑去推进的，"他说，"另外，任何人不应仅仅将他们自己置身于牛产业、羊产业或者鸡产业，因为我们处在食品工业中，并且你不能只专注于自己的行业。你应该全视角并且拥有开拓的思维。在某种程度上说，我们看到了牛产业和鸡产业之间的相似之处在于需要大量的饲喂和后期处理。相比以前，现在肉牛产业的人更关注营养。"

科克伦对澳大利亚安格斯牛肉的品牌认证起了非常重要的作用，在20世纪90年代末，在辞职之前，他还担任过多年的委员。2004年，他重新加入CAAB公司的委员会。

他说，"我相信，在未来的几年认证的澳大利亚安格斯牛肉（CAAB）将成为安格斯牛协会非常棒的投资项目。"从推销的视角看，CAAB为安格斯牛协会做出的大量贡献不能被低估。潜在的成长空间相当大，尤其是相较于美国认证的安格斯牛肉（CBA）的成功。科克伦相信，在他担任主席期间最重要的决定之一是聘用拥有丰富经验的杰夫·菲利普斯担任协会的市场经理，来帮助安格斯牛协会拥有更专业的营销方法。

协会更具传奇色彩的主席德里克·洛茨，他曾是冈达盖的育种者，在2002—2004年担任主席期间，协会经营比较平顺，没有任何挫折和令人兴奋的事情发生。他回忆道，"我们决定像经营企业一样来经营协会，协会处于极佳的状态中，这只是发展规划制定问题。"

1956年，当洛茨第一次参加皇家悉尼展出时，他正为一个育种者准备短角牛。那时短角牛非常强大，并且有大量母牛存栏，在那个海福特牛种为主的时代吸引了大量人群，并且只有少部分人在观看安格斯牛的评判。

他认为一生中最大的礼物是40头安格斯母牛，这在1967年当他娶凯伊·威尔逊时，

在2007年的皇家悉尼展会上的澳大利亚安格斯牛协会前联邦主席。皮特·格里夫、卢·斯米特、德里克·洛茨、格雷汉姆·怀特、吉姆·安德森、约翰·科克伦、基斯·麦克法兰和戴维·拉夫

是岳父给的嫁妆。他开始关注未曾考虑过的品种，并且他一直为之自豪。虽然那时他们看起来体型较小，相比海福特牛来说安格斯牛回报较少，他回忆当出现吊挂销售（over the hooks，OTH）时，安格斯牛还没有出现在市场。

在洛茨经营牛育种场后，在墨尔本展会上，他的贝瑞那（Bereena）育种场获得最佳公牛冠军和最佳安格斯牛展览冠军。洛茨展示迈瑞·布鲁克黑公牛的唯一原因，是当洛茨从迈瑞·布鲁克养殖场的格雷姆·柯林斯那带回时才6月龄大，这次展会就想展示它。由于这是安格斯牛外貌特征的展出，迈瑞·布鲁克黑公牛在所有牛种竞赛中获得亚军，同时赢得了约6 000美元的奖金。洛茨回想拍卖的那晚，他记得其中有两个人，第一次喊价高达67.1美元。但是大部分钱花在乡村报纸上来宣传他的成功。

在20世纪70年代，洛茨对安格斯牛的未来充满信心。他回忆称，1970年驾车去悉尼时，他们预测一路上的海福特牛群有一天会被安格斯牛群替代。他说，由于安格斯牛能产优质牛肉，他坚信那时说的，安格斯牛的价格一路上涨，因为人们开始注意到安格斯牛具有其他品种所不具备的特性。他说，"安格斯牛有很多优势，但是多年来安格斯牛并不被看好。"他毫不惊讶在35年后他的预言成为现实。

洛茨认为，越来越多的城市年轻人来到这片土地上，这有助于打破养海福特牛对养牛业的传统控制。洛茨在悉尼长大，他认为城市的年轻人不会被传统家庭经营方式所束缚，客观现实会给他们更多指导。"当我们意识到我们有一个人们真正需要的产品时，成功已经开始了，"他说，"我记得在阿德朗是整栏买卖牛的，我们的牛更重，销售额比预期要高。当吊挂销售开始时，我们得到了相当于额外40千克牛肉的报酬。当时的情况是，在阿德朗出售3栏的安格斯牛，海福特牛已经卖了40~50栏了。而现在，安格斯牛存栏远多于海福特牛存栏。卢兹说，对于安格斯牛饲养者来说，如果购买者愿意为牛肉买单，那饲养者可以获得相应的报酬。如今安格斯牛肉已经成为人们的一日三餐。"

"因为在估计育种值（EBV）的使用方面，我们始终保持领先地位，其他品种开始追赶我们。人们认为安格斯牛的成功是偶然的，事实并非如此，我们考虑了品质和肌内脂肪，并且我们在项目中也设置了相应的指标去增加肌内脂肪。过去，我们的牛在2～3岁时出售，而现在12个月出售，并拥有更多的肌内脂肪。"

洛茨认为，每千克安格斯牛肉要比其他品种多销售10%～15%，然而，真正的经济效益在于每公顷土地上可以饲养的安格斯牛数量。他信心满满地预测，在下一个20年澳大利亚将会像美国那样，全国安格斯牛或安格斯杂交牛所占比例要大得多。他说，"因为牛虻和蜱虫的存在，澳大利亚北部只有一些地区我们无法饲养。如果采用一些化学药物的话，实际上这个区域我们也是可以控制的。"

洛茨的观点是，在美国牛肉粒（grinding beef）市场上，昆士兰肉牛行业无法和南美洲竞争。他相信，昆士兰人会改变他们的牛种来追求更高的市场价格。他认为，婆罗门牛仍会占据将近25%的全国份额，但剩下的大部分是安格斯牛。

澳大利亚安格斯牛协会的长期服务成员

经管人	繁育场名称	所在州	加入时间
75 年以上			
山姆·怀特	巴尔德·布莱尔	新南威尔士	01/01/1922
詹姆斯·理查德·福斯特·哈里斯	阿宾顿	新南威尔士	01/01/1922
安格斯·斯科特	达尼丁	塔斯马尼亚	01/01/1922
安东尼·阿尔佛雷德·卢克·怀特	贝尔特里斯	新南威尔士	01/01/1927
休·蒙罗	布鲁姆卡	新南威尔士	01/03/1928
理查德·麦克法兰	威灵顿·洛奇	南澳大利亚	01/03/1928
NSW DPI*	特兰吉	新南威尔士	01/03/1931
50 ～ 75 年			
威廉·德	米隆	新南威尔士	01/01/1934
威廉·斯蒂芬·福斯特·拉特利奇	吉德列	新南威尔士	01/03/1934
乔治·泰恩·雷兹	纳兰古伦	新南威尔士	01/03/1934
简·芬利和朱迪思·安·利奇	坦布里奇	新南威尔士	01/03/1936
杰克·罗克斯堡	卡姆缇	维多利亚	01/03/1936
亨利·克拉伦斯·克罗瑟斯	莫兰巴	昆士兰	01/12/1936
安德鲁·莱斯利·泰勒	贺加斯	南澳大利亚	01/01/1937
露西·马尼福尔德	科瑞克顿	昆士兰	01/01/1939
比尔·格雷汉姆	邦恩格	新南威尔士	01/01/1940
约翰和威尔·杰弗里斯	德里格特	新南威尔士	01/01/1942
F. C. 罗兰兹和森·罗兰兹	威勒比	新南威尔士	01/01/1942
温迪·凯利	巴维吉	维多利亚	01/01/1945
安德鲁·詹姆斯·威尔逊	普恩亚特	维多利亚	01/01/1946
I. H. 陶特	卡罗约恩	昆士兰	01/01/1946
罗伯特·威廉斯和乔·威廉斯	维多利亚·托里	维多利亚	01/07/1946
詹姆斯·安德里奇·哈克特	温德汉姆	南澳大利亚	01/01/1947
艾丽卡·哈利迪和布鲁斯·斯蒂尔	本·尼维斯	新南威尔士	01/07/1947
格雷姆·斯塔基和乔伊·斯塔基	利伍德	维多利亚	01/12/1947
查尔斯·博特	纳兰格希	维多利亚	01/01/1948
杰拉尔德·罗伯特·阿切尔	兰德福	塔斯马尼亚	01/09/1948
华莱士·布里尔顿·艾伦	婆罗克代尔	维多利亚	01/12/1948
L. D. 福斯特	罗斯代尔	塔斯马尼亚	01/12/1948
罗德里克·艾伦·奥康纳	康纳维尔	塔斯马尼亚	01/01/1950
约翰·爱德华·格雷汉姆	本·格拉	新南威尔士	01/01/1951
艾德里安·布赖恩·普尔	兰尼洛	新南威尔士	01/01/1951
威廉·考恩·格雷		维多利亚	01/01/1951
詹森·里奇	布莱克伍德	维多利亚	01/01/1951

经管人	繁育场名称	所在州	加入时间
苏西·凯	瓦南布尔	新南威尔士	01/03/1951
唐纳德·宗德·安	皮诺拉	维多利亚	01/05/1951
J. W. 利奇菲尔德	哈泽尔迪恩	新南威尔士	01/05/1952
弗雷德里克·乔治·贝尔	格伦纳云	新南威尔士	01/01/1953
皮特·罗纳德·格里夫	塔鲁比	新南威尔士	01/01/1953
彻丽·斯蒂尔	明盖里	新南威尔士	01/01/1953
艾奇逊·格里夫	费伍德	南澳大利亚	01/01/1954
威廉·梅恩和本·梅恩	得克萨斯	新南威尔士	01/01/1955
罗纳德·查尔斯·考利	罗斯雷	南澳大利亚	01/02/1955
约翰·威廉·波因顿	巴拉特	南澳大利亚	01/07/1955
A. C. 福赛斯和 L. J. 福赛斯	布鲁克塞德	维多利亚	01/11/1955
约翰·威廉·麦金农	沃克吕兹	塔斯马尼亚	01/11/1955
马乔里·麦克诺顿和海伦·麦克诺顿	格伦弗尼	维多利亚	01/01/1956
理查德·瑞托拉克和桑德拉·瑞托拉克	格伦格瓦	新南威尔士	01/09/1956
皮特·理查德·休斯	克鲁顿·纽里	塔斯马尼亚	01/09/1956
约翰·安格斯·戈登	格兰道尔	新南威尔士	01/09/1956
格雷汉姆·唐纳德·米尔	毛德拉普	西澳大利亚	01/11/1956
格雷·默里		新南威尔士	01/01/1957
兰斯洛特·汤姆·哈尔	夸特 - 维	塔斯马尼亚	01/01/1957
格雷戈里·K. 道尔蒂	图拉吉	新南威尔士	01/02/1957
斯坦利·詹姆斯·罗斯	安德里亚斯	维多利亚	01/02/1957
杰夫·斯科特	斯科特斯安格斯牛	新南威尔士	01/04/1957
威廉·尼克松·古德里奇		昆士兰	01/08/1957
迈克尔·约翰·诺克斯	莫尼亚	新南威尔士	15/08/1957

* NSW DPI 代表新威尔士州管理农业的部门。

维多利亚商人丹尼斯·吉恩从 2004 年开始，担任安格斯牛协会主席，任期两年，上任后立刻专注于提升委员会的专业水平。"我们是成功的奠基者，因为安格斯牛品种做得非常好，但这并不意味着我们不需要继续革新和提高效率，"他说道，"有时候你会被自满和傲慢所控制。安格斯牛种已经在澳大利亚和全世界成为常见品种，伴随着肉牛产业中品种安格斯牛化，安格斯牛已经给美国、南美洲、新西兰和澳大利亚的产业打上了深深的烙印。"

"我任职期间，我们其实面临着一些很重要的挑战，因为很多前任主席都是亲力亲为的育种员，其中一些可能没有从商经验。我有着农业背景，并且在商业领域有近 30 年的经历。如果没有安格斯牛协会董事会的多数支持，如果没有商业分析方法，我们的改革是不可能实现的，而且，实际上我们现在起步已经很晚了。有些人认为，那段时间改革太多，但是实际上我却认为是迟早的事。"

在吉恩任期内，他的成就包括监督 2010 年战略计划的制定，使安格斯牛协会更有竞争力，以提高会员的盈利能力和福利。他也曾督促协会完成三重底线报告（triple-bottom-line reporting），即企业盈利、社会责任和环境责任报告。另外一个贡献是，采用审计委员会调查包括公司财务和管理在内的所有事务。吉恩说，他还帮助安格斯牛协会解决了在沃东加举行的安格斯牛国家展销会的财务困境，因此该活动已成为区域性的多供应商展销活动。

吉恩表示，他为协会带来了亟需的改革，也声称当情况好转时，也不可避免地会得罪一些人。但他认为，他让董事会为未来做了更好的准备，并按照自己的意愿进行了基层审查。吉恩是维多利亚州吉普斯兰西南部一家有 120 年历史的畜牧业机构负责人，在因沃洛什经营扬卡维纳（Yancowinna）安格斯种牛场有 20 多年。

吉恩相信协会有足够的潜力为会员提供更大的价值，因为它仍然不断发展和与时俱进。我们非常幸运能够拥有一种适应力强的肉牛品种，吉恩说，我希望我们做生意采取的是弹性会员制，并且希望大家遵守我们的原则。他说，无论会员是商业育种者还是繁育场育种者，协会最重要的就是为会员提供高质量的服务。协会不应该把任何事情看成理所当然，比如协会现在是行业的引领者，同时还要避免傲慢和自大。

皮特·格里夫来自新南威尔士州里尔斯顿的 Talooby（企业名称，译者注），他已经在协会工作了 25 年，他年轻时见证了协会从非常拮据的状态逐渐走向今天的成功。格里夫分别在 2000—2002 年和 2006—2007 年担任主席，他是第二个从事品种选育而又两次担任主席的人。第一个是来自新英格兰高原地带的布鲁马卡繁育场的戈登·芒罗，他在 20 世纪 40 年代和 50 年代分别担任主席。

格里夫声称在他的时代，对品种选育影响最大的人是来自南澳大利亚的科林·里昂斯和戴维·康奈尔，以及来自塔斯马尼亚的约翰·巴尼特。他们在 20 世纪 70 年代末对全国性的安格斯牛展出和销售有很大影响，并引进了美国更大体躯的安格斯牛，为安格斯牛推向日本市场奠定了基础。格里夫说，他们是能够看到市场需求并亲自付诸实践的人。

安格斯牛协会营业额已超过 300 万美元，这使其成为一项伟大而艰巨的事业。快速发展的 DNA 标记是一个复杂的领域，他预计这将和性能测定同样具有革命性意义。他预计，未来五年随着技术的高速整合，DNA 检测对安格斯牛的选育将会产生深远的影响。他认为，这是他所处畜牧业时代的三大进步之一（另外两项分别是性能测定和育种计划）。他认为这个品种很幸运，因为有很多非常有创新精神的人参与其中，并且能够利用最新的技术成果。

格里夫描述了 CAAB 的发展，CAAB 真正开始发挥作用并取得成功，这对于他任主

澳大利亚安格斯牛协会主席（1975—1977年）约翰·巴奈特和秘书鲁伯特·辛普森在早期的"铃木经典"安格斯牛肉展会上

1983—1994年的协会首席执行官伊尼德·费希尔在"铃木经典"安格斯牛肉展会上呈递绶带

席的第一个任期非常重要。在他的第二任期，在政府的资助下侧重出口并且发展活畜的国际标准已经发展成熟。格里夫声称，但在对中国的出口业务的努力尚未成功，虽然俄罗斯已经逐渐成为一个非常重要的市场。他坚信俄罗斯将会是重要的长期市场，只要管理得当，就能拓宽安格斯牛育种者的市场。在他的第二个任期内，另一个亮点是在2006年举办CAAB的10周年庆典。

格里夫说，由于国内政治原因，对他而言，这是一个艰难时期。但对品种的繁育并没造成长期伤害。他认为，在2007年独立组织审查之后更新了安格斯牛协会的章程，这是该品种未来的另一个重要发展。重要的是，我们在不断前进。"困难时期人们会更团结，但当品种做得很好时，总会出现问题。安格斯牛足够幸运，它体型够大，且有够好的牧牛人，才保住了今天的地位。"

他提醒协会有必要多关注出口市场，因为未来十年竞争将很激烈，特别是来自南美洲的竞争。他相信，由于其财务力度的增加，安格斯牛品种在未来将会发展得很好。他认为通货膨胀、CAAB的发展情况和会员费用的增长都将决定其未来的营业额。

格里夫认为，管理安格斯协会比他25年前在联邦委员会刚建立时要复杂得多，因为协会现在效益更好，工作量更大。他说，任何担任主席的人都不应该指望年假，尽管这段时间对于个人和他们是否喜欢去全国各地旅游来说非常重要。"协会总的来说处于一个相当健康的状态，"他说，"在过去30年，我们从相对弱势成长为今天肉牛行业的重要成员。值得一提的是，与人们通常所想的牛种有相同的利益之外，安格斯牛协会拥有更多。我们是利益共同体。"提高安格斯牛饲养者及其客户的技能和知识，从而提高他们的盈利能力，这一关键任务落在鲍勃·邓特身上。邓特是协会的推广和青年经理，他的重点在于提高会员生产可盈利的、世界领先的安格斯牛和遗传物质的能力，也包括提高成员开发世界领先的澳大利亚安格斯牛的能力及其营销方法。

他额外的工作包括制作书面材料，每年在全国进行40～50场培训活动。培训内容包括肉牛管理、育种和市场营销，重点讲授肉牛产业。邓特在培训时会讲一系列关于如何理解市场需求以及如何繁育以满足这些需求的肉牛。他的主要工作是增加会员、客户和农业从业者对安格斯牛品种及其育种值、美元指数的理解。邓特不遗余力地建立肉品评估课程，以及把其推广到南澳大利亚、西澳大利亚以及维多利亚。

协会的青年计划涵盖一系列活动，主要包括每年的母牛展出、后备牛选优和优秀牛的评判。青年计划中的活动由安格斯牛青年委员会运作，这也是委员会成员们十分宝贵的经历。过去20年，青年计划为在密歇根州立大学和伊利诺伊大学学习的年轻人提供了多项奖学金，提供青年去新西兰、英国和巴西交换学习的机会。60多名年轻人接受安格斯牛协会的赞助成功出国留学。他们中大多数人回国后成为澳大利亚养牛业的重要参与者，尽管不一定都和安格斯牛有关。

南非出生的卡尔·特斯林负责协会的品种开发和信息管理。他责任重大，管理着全国最大的肉牛品种性能记录计划和注册部门，这个注册部门以塔米·比顿和三个团队成员为首，他们任务繁重，负责每年1 200个会员的55 000头奶牛和红安格斯牛的注册、安格斯牛性能记录和安格斯牛商品的注册登记。团队的最新工作是对所有种公牛DNA进行分型，用来建立注册公牛的系谱。通过送检毛发、精液或血液等材料，这些材料由登记员记录并送到昆士兰阿尔比恩的Catapult遗传中心或者昆士兰大学进行DNA测试，以确保他们的系谱正确，因为在很多情况下，动物都不是由父系遗传的。

安格斯牛协会市场部经理杰夫·菲利普斯说，在过去的15年里，这个品种成功的最重要因素包括两个方面，一是有需求的日本市场，二是饲养场对其进行供货的能力。菲利普斯说，"这就像为安格斯牛品种赢得彩票一样，安格斯牛能够满足市场需求还算幸运，但我们可以在此基础上再接再厉。"

1977年安格斯牛世界论坛期间，澳大利亚安格斯牛协会联邦主席科林·里昂斯被介绍给伊丽莎白女王

品种	1997	1998	1999	2000	2001	2002	2003	2004	2005	2006
英国牛种										
安格斯牛	30 209	36 388	37 916	38 074	42 992	54 662	47 778	47 073	47 975	52 356
无角海福特牛	25 704	25 046	22 144	23 798	22 904	21 940	21 108	18 778	20 589	19 670
海福特牛	25 728	21 060	21 655	21 091	20 047	16 918	16 247	14 925	14 968	14 899
短角牛	8 347	7 681	8 661	9 111	11 146	9 407	8 589	8 931	9 822	10 471
墨累灰牛	13 472	14 020	11 461	11 842	11 316	9 964	8 490	9 209	9 021	9 837
红安格斯牛	1 500	3 390	1 335	1 912	1 442	2 234	2 185	2 134	2 133	2 183
南德温牛	2 216	2 386	2 085	1 838	2 076	1 907	1 506	1 430	2 180	1 356
红无角牛	954	818	884	788	1 138	664	877	904	1 247	1 052
德温牛	954	1 142	1 109	1 257	1 021	963	852	884	794	865
澳大利亚楼来牛	na	544	440	461	567	462	506	563	738	691
肉牛短角牛	505	512	684	299	376	489	255	241	259	326
加洛韦牛	450	258	285	179	276	312	313	317	363	259
英国白牛	Na	139	122	93	46	135	111	105	263	102
林肯红牛	—	—	—	—	131	135	64	139	204	81
总计	110 039	113 384	108 781	110 743	115 478	120 192	108 881	105 633	110 556	114 148
热带牛种										
婆罗门牛		27 677	24 617	29 137	26 190	22 020	21 358	25 585	25 105	22 954
圣热特鲁迪斯牛		15 924	16 013	15 064	16 446	14 714	15 792	16 705	14 849	20 928
抗旱王肉牛		7 221	7 799	10 153	9 376	10 716	11 092	10 333	12 962	12 299
布兰格斯牛		2 106	2 127	2 664	2 220	3 172	3 066	2 193	3 807	4 371
查尔勃雷牛		700	591	350	805	1 006	943	902	2 191	1 458
布兰格斯牛		2 513	2 635	2 836	2 318	2 362	2 124	2 466	1 955	2 226
贝尔蒙特红牛		2 774	3 374	2 963	2 394	4 276	1 155	1 336	1 428	1 183
塞内加尔牛		—	—	—	—	—	—	478	469	900
博兰牛		52	16	26	15	28	73	34	35	0
托雷牛		101	86	161	30	38	158	0	0	31
沙希华牛		—	—	Na	Na	—	Na	Na	Na	Na
格雷曼牛		Na	Na	Na	Na	—	Na	Na	Na	Na
总计		59 068	57 258	63 354	59 794	58 332	55 761	60 032	62 801	66 350
欧洲牛种										
夏洛莱牛		5 171	6 376	6 189	7 141	6 392	8 689	9 245	9 787	9 669
利木赞牛		8 458	6 798	6 863	7 203	6 615	6 225	6 573	7 557	7 423
西门塔尔牛		7 124	5 105	4 416	4 507	3 869	3 975	4 130	4 054	5 175
布朗德·安奎牛		1 171	518	525	494	359	491	565	480	885
盖普威牛		1 547	1 570	1 232	890	841	814	784	1 016	572
萨勒牛		592	666	473	266	212	220	269	215	357
罗马诺拉牛		846	627	573	395	247	341	348	344	338
曼安茹牛		246	236	134	195	67	96	81	114	82
比利时蓝牛		48	77	47	42	83	28	23	20	32
皮埃蒙特牛		75	79	80	78	70	36	104	51	31
契安尼娜牛		24	51	34	38	14	36	23	12	21
瑞士黄牛		174	45	127	78	78	78	78	78	0
契安格斯牛		3	11	36	15	3	0	6	0	0
总计		25 479	22 159	20 729	21 342	18 850	21 029	22 229	23 728	24 585
其他牛种										
和牛	890	686	1 658	1 649	644	929	3 042	4 889	2 844	2 642
曼达牛	151	159	97	86	196	306	246	140	305	55
总计	1 041	845	1 755	1 735	840	1 235	3 288	5 029	3 145	2 697

注：—表示缺失值或未知值，Na 表示不适用或不可用。

其他的品种营销活动包括针对选育公牛的客户进行的 Angus-Plus 在线互联网销售和各种宣传方式。在营销方面，菲利普斯认为，农村媒体的出现为安格斯牛提供了更广阔的市场，远比过去仅通过会员季刊所获得的市场广阔得多。安格斯牛网站也被认为是行业的领导者，几乎每天更新。

菲利普斯说："我们的沟通策略是双重的，我们需要向会员们提供有关安格斯牛的建议，但最重要的是我们必须把安格斯牛的信息传达给从会员那里购买牛的商业生产者——他们是我们主要的关注对象。"

澳大利亚肉牛业基金会成立于 2001 年，它一直是安格斯牛协会倡议的重要项目，旨在带动全国的肉牛行业的发展。它起初是一个仅限安格斯牛协会的一个项目，但是现在涉及了整个肉牛产业。到 2006 年年底它已筹集了 839 460 美元，每年花费约 100 000 美元。基金会的前任首席执行官格雷汉姆·特拉斯科特将它描述为非常重要的项目，因为其目标之一是通过一系列活动来吸引年轻人进入肉牛产业，其中包括安格斯牛、利木赞牛、夏洛来牛和短角海福特牛的青年计划，所有品种小母牛展示计划和肉牛产业青年计划。

特拉斯科特表示，当安格斯牛协会成立基金会以及提供所有的管理、行政和会计服务时，协会不仅承担着以上责任，更是对全产业链的审视。各种品种的协会，在 2007 年建立了基金会，包括安格斯牛、澳大利亚无角海福特牛、利木赞牛、夏洛莱牛和澳洲矮脚牛。

基金会通过一系列培训和实习活动来培养专业技能人才，包括信息开放日、培训课程、肉牛农业科学本科学位奖学金，以及海外奖学金和学生交换项目。奖学金包括长期伊利诺伊大学奖学金和塞麦克斯 / 菲尼克斯密歇根州立大学奖学金。

对澳大利亚大学提供奖学金的大学包括新英格兰大学、西澳大学、查尔斯特大学和阿德莱德大学。其他项目包括全国校际肉类评审比赛和其他一些课程以培训人们培育更好的牛。该基金会还力求通过行业信息和进修研讨会让成年人获得技能。

（陈东　译，牛文静　校，李欣　复校）

在新南威尔士州霍尔布鲁克的阿德罗森安格斯牛繁育场的安格斯牛

第十六章
共创未来

对于澳大利亚肉牛产业来说，光明的新时代即将到来。下一个 50 年将进入畜牧业革命期，这将改变肉牛的饲养方式及提高生产性能，这都是以前饲养员的梦想。科学家们现在有了更多的知识，以前探索新基因组牧场的科学家们将会找出可以被用来开发高生产性能牛群的基因。最新的科学进展，包括确定优良基因的 DNA 检测和基因标记方法，将有助于提升牛肉产量来满足全球日益增长的需求。最终，这项新技术将给予澳大利亚尤其是安格斯牛品种改良牛群的能力，从而使澳大利亚成为世界种畜农场。

该革命将帮助育种者利用 DNA 检测技术准确地选择控制生产性能的重要基因，从而提高牛肉产量。联合国粮食及农业组织（FAO）曾报道强调了这种改进的必要性。研究表明，发展中国家的肉类消费增长速度是发达国家的 3 倍，从 20 世纪 70 年代初到 90 年代中期，增长了 7 000 万吨，而这仅仅是开始，FAO 报告预测，为满足快速增长的牛肉需求，肉牛养殖量将急剧扩张，对其他肉类的需求也不断增长，由于土地资源有限，扩养畜群并非长久之计，只有通过提高动物生产效率才能满足人类对牛肉和其他肉类的需求。

安格斯牛想要在竞争中始终保持领先地位，其挑战在于年轻一代和他们优化利用这项技术的能力。在品种成功的激励下，新一代有才干和有决心的生产者已经从安格斯牛育种者的行列中脱颖而出。他们广泛考察并寻找最好的遗传性状，采用现代和可持续的饲养方法，并使用创新的营销和商业实践来扩大企业规模。该团队遍布澳大利亚，团队成员包括哈利·劳森、辛克莱·芒、汤姆·汉森、埃丽卡·韩礼德、罗斯·汤普森、山姆·怀特、安德鲁·拉夫、安妮·斯科特、马克·格宾斯、尼克·莫伊尔、内塔·福尔摩斯李、理查德·冈纳尔和史蒂芬·布兰森。

罗伯特·布尔是另一位站在安格斯牛品种前沿的领导者，他来自新南威尔士州霍尔布鲁克的阿德罗桑安格斯牛繁育场。他指出，新时代养牛业的技能需要革新。他是一个技术精湛、具有远见、专业又勤奋的商人。他的每一个品质对于他的牛的繁育以及满足牛肉市场的需求都是至关重要的。自从1969年布尔出生，迅速变化的养牛业经历了一次大的牛品种消亡，产业在不断发展，以满足不断变化的世界对牛肉的需求。

超级种畜：阿德罗森·克耐克森X15。5年内，出售超过45 000剂的精液

取回的精液保存在液氮里

布尔督促自己努力工作，并不断思考。这样一个自学成才的人自称在艰苦的学校学习中意识到他有一种罕见的紧迫感，他是21世纪的成功者之一。传统的用一头公牛与一群母牛交配繁殖犊牛，对他来说是几乎是一种难以理解的做法。

布尔在一个有着12个兄弟姐妹的家庭中长大，开始在维多利亚州西部的霍舍姆生活，1997年开始在霍尔布鲁克生活，他父母雷斯和罗莎·布尔因勤劳工作而远近皆知。第二次世界大战后，16 岁的雷斯·布尔从荷兰来到这里，结婚时没有经济储备。他和罗莎在一个占地 40 公顷的小农场上，建立了一个规模相当大的农业企业。2006 年，在霍尔布鲁克以东 20 千米，罗伯特·布尔和妻子萨莉租用他父母 2 800 公顷的商业用地建造繁育场，它具备了世界级的生产力，他有能力进一步改造它。从那以后，他一直在寻求一条新的道路将育种带进一个新的时代，并从繁育场挖掘出尽可能多的潜力。

阿德罗森繁育场是澳大利亚首屈一指的安格斯牛繁育场之一，2007 年，一共 54 头公牛，平均 7 019 美元 / 头，是当年均价最高的为数不多的超出 7 000 美元 / 头的品种之一。价格反映了养殖户对布尔以及他的牛的尊重。每年超过 150 头阿德罗森的公牛被买家抢购，而且数量在不断增加。布尔拥有 400 头安格斯种牛和 2 000 头母牛中，通过销售公牛获得收入，而公牛销售只是众多商业选择中的一种。销售精液、胚胎、种牛和怀孕母牛，也获得了相当大的收益。

出售精液是增长最快的收入来源之一。阿德罗森繁育场的超级系列"阿德罗森·克耐克森 X15"已经打破了所有澳大利亚肉牛精液在 8 个国家的销售记录。过去 5 年中，超过 45 000 支"阿德罗森·克耐克森 X15"精液已售出，价格从 20 美元 / 支到 35 美元 / 支不等。在过去的两年里，在大量使用澳大利亚杂交安格斯公牛方面，阿德罗森繁育场一直处在最前沿。在澳大利亚，阿德罗森繁育场在 9 头最受欢迎销售的公牛精液中占了 3 头，而在前 20 年美国公牛精液销售一直占主导地位。阿德罗森繁育场每年也向欧盟、美国、新西兰和国内市场出售相当数量的胚胎。

布尔说："对一个年轻生产者来说，澳大利亚安格斯牛品种被视为世界牛遗传物质来源是令人兴奋的，因为我们的牛非常好且天然。"布尔说，"未来 25 年与过去 30 年相比，将会发生翻天覆地的变化。由于科技，如今我们对牛的了解更全面。在这里，利用了越来越多的澳大利亚牛的遗传物质，今后我们会看到更多的澳大利亚遗传物质流向新西兰和南美洲。我为此而兴奋，而在过去的 20 年，遗传物质却以另一种方式从美国流到这里。"

"向美国、新西兰和南美洲出售澳大利亚安格斯牛遗传物质是一个新的领域，尽管目前它的规模相对较小。我们的精液经销商告诉我，几年前，在澳大利亚销售的精液只占美国销售精液的 1/9，而现在澳大利亚销售的精液是美国销售精液的 3 倍，这是激动人心的。但是输精的牛必须产犊，否则将不能持续。我们有 3 头公牛的精液销往美国，这对澳大利亚来说是新的领域。这意味着假如一头公牛盈利了，你可以用这些利润购置农场。"

新南威尔士州霍尔布鲁克的部分阿德罗森牛群

　　布尔对澳大利亚安格斯牛品种的未来充满信心，因为许多技术正在开发，并且已经掌握了所有的 DNA 和超声技术。"安格斯牛品种所有的先进技术都来自澳大利亚，"他说，"这是令人非常兴奋的。"该技术包括阿德罗森繁育场增加选择压力（selection pressure）的能力，它适用于不同的性能指标，包括大理石花纹、生长繁殖率和组织特性。该技术已经极大地提高了安格斯牛的大理石花纹，安格斯牛繁育场从 10 年前只有平均水平，到现在进入了前 10%。

　　在未来，由于大型繁育场生产商的联合，顶端种牛育种者将会赚一大笔钱，而小型育种场因为实力不够将很难与之竞争。领先的育种者每年可能会出售数以万计的公牛、成千上万支精液和大量其他遗传物质。新的基因技术可以使商品牛育种者订购他们需要的遗传物质，无论是为日本和牛市场生产大量的雪花牛肉，还是为日本普通市场或澳大利亚主要市场生产的牛肉。

　　布尔确信，由于不断利用安格斯牛种群顶端遗传物质，处于领先地位的繁育场的收入会继续增加。他说，安格斯牛饲养员通常比其他品种牛的饲养员有更为开放的头脑。由于人工授精的开放使用，安格斯种牛已经充分使用顶级公牛。每年出生在澳大利亚大约 40% 的安格斯小牛都是全国十大公牛的后代。布尔能够想象，在将来为了掌握最佳安格斯牛基因，各公司进行合约繁育。

　　阿德罗森繁育场的年收入包括销售 200～400 个已确定性别的商品母牛胚胎。每年商品小母牛都会进行人工授精。当妊娠 65 天或 85 天，用超声波扫描仪对胎儿进行性别确定。这对于刚进入育种的养殖户来说是理想的选择，他们更喜欢购买怀母犊的母牛，而其他养殖户可能更喜欢购买怀有公犊牛的母牛。

　　阿德罗森同样和养牛牧民签订合同，参与良种牛设计育种。布尔说，肉牛业在育种领域将发生更多改变，因为它使阿德罗森能够从母牛身上冲洗出胚胎，并将雄性胚胎移植到北方的受体母牛上。他们把牛带到他们的环境中，让犊牛从出生开始适应环境。这让他们更乐意购买母牛，从而他们最终得到更均衡的生产线。布尔认为，北方地区牛种之间的互动更为频繁，因为越来越多的牛场使用安格斯公牛与瘤牛母牛杂交。

布尔认为，从犊牛使用DNA标记来鉴定它们潜在的市场价值，可以实现一个截然不同的未来。

另一个收入来源是合作经营牛群，阿德罗森将商品安格斯母牛放在其他养殖场长期代养。合作伙伴负责饲养阉割犊牛，而阿德罗森负责饲养母犊牛，从而扩大牛群而无需投入额外的资金。布尔提供遗传物质，客户必须饲养牛和经营农场。这个模式运行得很好，但布尔认为，要想长期合作必须使双方都能赢利。

干旱为阿德罗森提供了更多机会，常言道，糟糕的年头比一个好年头可以赚更多的钱。2007年，布尔打起了算盘，用300～450美元/头的价格购买了700头安格斯牛，因为他确切地看到了一个在干旱后恢复期中的机会，即通过与其他生产者合作，在当地养牛。2006年只有246毫米的降水量，正常的话每年有约800毫米的降水量。

"在这里，我们只需要应对干旱"，这是他的方法。他的策略包括给牛补充不到60美元/吨的葡萄糖和杏仁皮，这成本远低于其他饲料来源。他还把牛限制在小的控制区，通过这种方式保护土地，从而保留至少有70%的土地被植物覆盖。在2006年春天，阿德罗森繁育场在犊牛只有30日龄60千克时进行了断奶。给断奶犊牛饲喂高能量的日粮，这能够让阿德罗森繁育场的饲料成本减半，因为母牛在不需要哺乳时其日粮会大大地减少。

布尔设想了这样一个未来：一头在育肥场的阉牛，如果发现它具有超级棒的生产性能，我们可以提取它的细胞样本，通过克隆的方式进行复制和繁殖。将由此产生的胚胎移植到受体母牛，同时携带与超级公牛相同遗传品质的犊牛就会诞生。这种技术意味着可以从一块牛排中克隆出活体动物。布尔最担心的是，大型育肥企业将能够控制基因，并高价出售这些优秀基因的后代。

澳大利亚安格斯牛协会的首席执行官格雷汉姆·特拉斯科特相信，快速发展的DNA分析和分子遗传学将继续加快遗传发展的步伐，使育种者在牛出生时就能分辨出它极高的遗传价值，这有助于他们更准确地选择最好的牛，这样会减少世代间隔，从而增加遗传收益。

特拉斯科特说，DNA分析有助于选择其他的性能指标，包括过去至关重要的、很难去衡量的饲料利用效率。"这将为特定的市场进一步优化安格斯牛品种，同时保留恶劣干旱环境的适应性，"特拉斯科特说，"澳大利亚将进一步加强为市场提供好的遗传物质的能力，使其在澳大利亚和全球市场都作为世界领先的遗传物质的提供者。安格斯牛品种在未来将会获得很大回报，澳大利亚不仅可以满足内部供应链，而且可以出口具有遗传物质的活畜、精液和胚胎。"

"安格斯牛养殖公司将自己定位为国际市场的高价值牛肉供应商，"特拉斯科特说，"考虑到这一点，未来的品种必须持续发展其遗传优势，并提升其潜力，跻身全球高端市场意味着必须继续增加品种营销。"

他认为，未来的营销方法将使用基于互联网的在线营销。随着网络视频成像能力的提高，国内和国际买家对在线采购将越来越有信心。特拉斯科特说，核心群和商品安格斯牛将会在网上出售，因为澳大利亚具备相对足够的能力使其国内群体维持在 3 000 万头左右。但他认为，澳大利亚有优化牛群的能力，使其成为世界的种牛繁育场。

他预料，通过提高饲料效率会使肉牛生产得到重大飞跃。肉鸡和生猪产业通过饲料革命已经完成，但澳洲肉牛产业尚未经历。"在提高饲料效率方面，澳大利亚拥有巨大的潜力"，特拉斯科特说。在我们饲养牛群的地区，通过繁殖效率使我们的淘汰率提高一倍，同时将淘汰的青年牛放入育肥场，这样有助于改善营养。

"育肥场的出现意味着澳大利亚不再依赖放牧生产系统，但这并不意味着牛群固有的饲料效率降低。"特拉斯科特说。澳大利亚不再通过放牧进行牛的育肥，而是利用现有草地饲养更多的母牛。提前将架子牛进行谷饲育肥，可以实现更快的增重速度。这种模式下，育肥牛出栏时间也提前了，以前是两岁左右才能屠宰，而现在提前到 14~16 月龄就可以屠宰了，不但养殖周期缩短了，而且出栏体重也更大了。

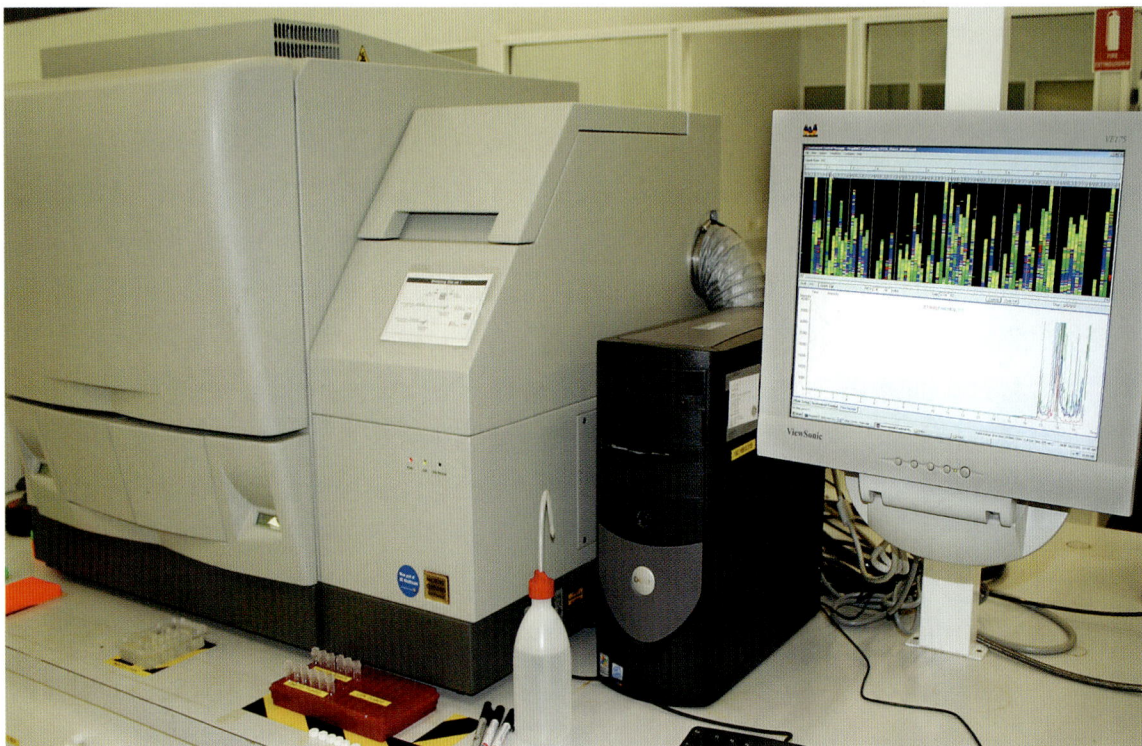

通过一些像 Catapult Genetics 这样的公司，计算机在新的遗传育种技术中起着越来越重要的作用

澳大利亚肉牛行业已经在牛肉质量方面取得了显著提升。日增重已经从在草场上的0.6～0.8千克提升到育肥场的1.5～2千克，通过改变它们的营养，生长效率增长了一倍。"这是通过管理和营养获得的收益，但我们仍没有找到哪些动物是天生就具有更高的饲料转化率，"特拉斯科特说，"我们还没开始选择那些具备所有我们想要的性状的动物。"

　　即便如此，科学进步的步伐已经超出特拉斯科特的预期。"几年前我就说，我们已经将安格斯牛带到了80%的地方，因为我们在生长速度、大理石花纹和脂肪等级上提升到了一个更好的水平，来满足日本市场，"他说。但现在显而易见，我们在大理石花纹、饲料效率和抵抗蜱虫方面具备更好的潜力，以提高北方的适应性。我们已具备选择抗寄生虫的和抗急性结膜炎牛的能力。在过去我们不能选择这些，因为我们一直关注生长速度和胴体品质，尤其是大理石花纹。

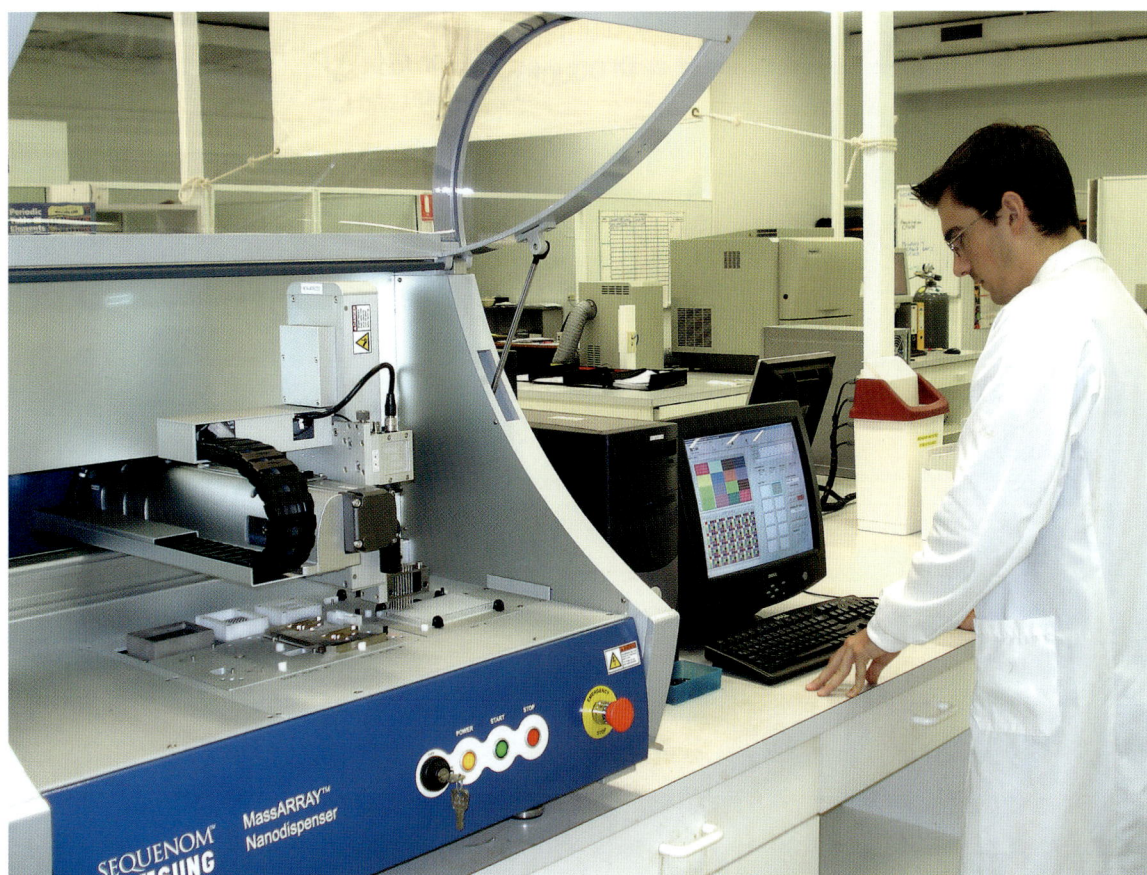

机器人使昆士兰阿尔比恩的 Catapult Genetics 实验室迅速进行大规模的基因标记和 DNA 分析成为可能

　　"而如今我们正在构建基因组技术，这将使我们能够在某些性状上保持领先，同时在这些新性状中进行选择，为安格斯牛品种提供了巨大潜力。令人喜悦的是，安格斯牛实际上是世界的品牌，在我们过去15年的关注和努力下，澳大利亚已经拥有了最大的纯种安格斯牛群之一，并已经使用安格斯牛生产大量优质牛肉，"它使澳大利亚处于全球最有

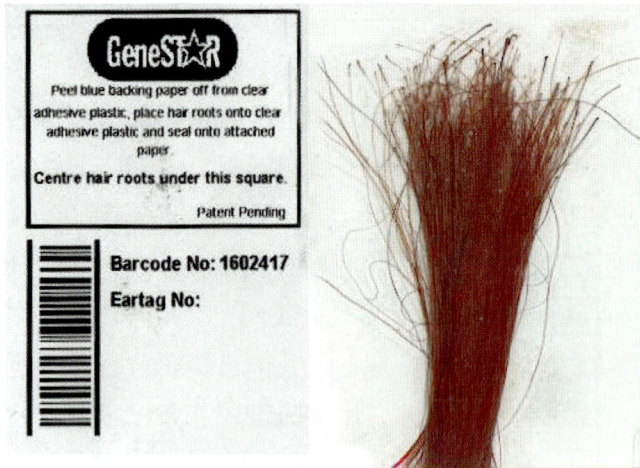
采集一头安格斯牛的尾部毛发样品用于基因标记和 DNA 分析

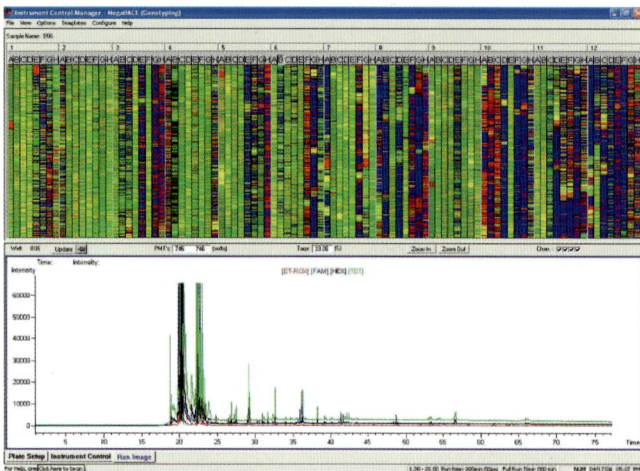
电脑软件分析的 DNA 结果

利的地位。

特拉斯科特认为，因为育种者的行业基础和不断提升的愿望，澳大利亚将保持大量纯种安格斯牛种群。他说："澳大利亚处于非常有利的地位，但是，因为我们有大量的纯种安格斯牛，我们选择的强度可以更大，如今我们有精准选择的工具。再加上我们全球范围内无疫的声誉，这意味着只要我们不受人为贸易壁垒的影响，我们就可以把我们的遗传物质出口到世界的许多地方。"

安格斯牛协会战略计划的亮点在于企业愿景——生产世界领先的遗传物质和品牌牛肉。特拉斯科特说："我们之前还没有这个愿景，但在 1995 年，我们想让它成为澳大利亚温带的主要品种，而且我们也已经做到了。现在我们有机会成为世界遗传物质的领导者，虽然我们有很长的路要走，因为从澳大利亚出口的总遗传物质是微乎其微。去年出口的所有品种的价值约为 350 万美元。此刻我们只是地平线上的昙花一现。"

"毫无疑问，在生产高品质出口牛肉上，我们是世界上领先的团队。认证的澳大利亚安格斯牛肉（CAAB）是典型的高质量产品，为澳大利亚安格斯牛建立了一个非常强大的品牌，它也可以用来促进我们遗传物质的供应。CAAB 是个领先品牌，它能够把澳大利亚的信息推向世界，这是澳大利亚育种者的主要优势，而另一个优势是，它能在澳大利亚出售牛肉并吸引人们对于安格斯牛的需求。"

特拉斯科特认为，澳大利亚北部拥有饲养安格斯牛的巨大潜力，因为它与世界低成本牛肉生产国（比如巴西和印度）已经不在一个赛道了，安格斯牛肉品质远远超过这些低成本牛肉。他说："这意味着安格斯牛将与婆罗门牛和夏洛莱牛一起，在澳大利亚北部产生非常重要的影响，同时还会发展出一系列的杂交品种。"在杂交品种中，婆罗门牛的优势是其适应能力强，而安格斯牛和夏洛莱牛的优势分别是肉质和生长速度。澳大利亚北部要提高其出口牛肉的质量，而安格斯牛可以发挥关键作用，其中包括在澳大利亚昆士兰州南部和中部饲养的纯种安格斯牛能够直接供应到北方粮食产区的饲养场，如巴克利高地。安格斯牛在改善牛肉嫩度和大理石花纹含量方面意义重大，同时也会提高北部牛群的繁殖力。

安格斯牛还给北方的品种带来其他好处，包括进入饲养场的适应性，而纯种婆罗门牛却容易应激和掉膘。特拉斯科特说，安格斯牛是饲养场最好的品种之一，因为它们能更好地抵御呼吸道感染，生长得更快。安格斯牛将和杂交公牛一起进一步向北部延伸，我们也会看到婆罗门牛和安格斯杂交牛品种持续增长。有趣的是，在美国，婆罗门牛和安格斯杂交牛品种比婆罗门牛和圣热特鲁迪斯牛的杂交品种注册得更多。

特拉斯科特建议，安格斯牛品种在澳大利亚温带有更多的成长空间，目前约占牛群的 50%。同时也会受限于温带地区，因为温带地区和其他一系列的市场服务也为其他一些商品牛品种提供了很好的条件。其中包括海福特牛品种，其具有良好的溢价优势；夏洛莱牛品种有很好的杂交优势，因此在早期育肥方面更有可观的体重增长。

安格斯牛品种在澳大利亚南部主要是作为一种非常有效的母本，为广泛的市场提供繁殖服务。他说，纯种安格斯牛无论在国内市场还是日本 B3 市场都表现得很好。母本可以通过与欧洲品种杂交优化以提高增重性能，从而满足国内和国外低端市场；也可以与和牛杂交，满足日本和韩国的高端市场，以及在中国和俄罗斯的新兴市场表现良好。

特拉斯科特还打算继续关注大规模安格斯种牛繁育者，让其拥有专业化和规模化的生产技术。鸡和猪产业已经有这一趋势，特拉斯科特认为，这是不可避免的，会有规模持续增长的领先的安格斯牛育种公司，并建立联合养殖公司。

"这些公司面临的挑战将从以农民为基础的业务转向以大型企业为基础的专业经营管理"，他说。他们要对公司进行管理并承担盈亏。公司间的交流将影响公司成长的速度。澳大利亚温带地区一些公司已经成长很多，甚至可以上市。

世界粮食研究所预测，到 2020 年对蛋白质的需求将翻倍，特别是发展中国家。但与由供应驱动的绿色革命不一样，畜牧业革命将是由需求驱动。"发展中国家对于发展自己的牛肉供应链越来越有兴趣。牛肉作为最受欢迎的肉类而被青睐，"特拉斯科特说，"因此，澳大利亚有很好的机会向这些国家推销遗传物质并将供应链管理技术运用到这些国家，这就是为什么我们的遗传物质在这些国家是很不错的选择，因为我们可以提供相应的服务。未来繁殖这一块，澳大利亚在国际上将有绝对发言权，因为我们安格斯牛出口的比例非常高。"

Catapult Genetics 公司的首席执行官杰拉德·戴维斯是最前沿的遗传育种技术和家畜DNA 检测的领导者。他预测，在未来几年遗传评估将有巨大变化，通过直接分析 DNA来确定动物的遗传优势。2008 年，该技术提供了有限数量的标记——4 个大理石花纹标记和 4 个饲料效率标记，并且达到了一定效果，他希望迅速扩大范围。他说，"由于牛基因组计划的启动，全基因检测将发现数千个性状基因，由于牛基因组计划的快速实施，DNA 标记技术已成为可能，同时也加快了人类基因组计划的步伐。"

牛基因组计划将对畜牧业有一个重要提升，它能够改善牛的健康与疾病管理，还可以提高牛肉产品的营养价值。2006 年 8 月，耗资 6 300 万美元的牛基因组测序项目发布了肉牛的基因组图谱。来自联邦科学与工业研究组织的澳大利亚项目代表罗斯·特兰博士说，这意味着，在未来 50 年内，肉牛产业在繁殖和生产方面可能会取得与过去 8 000 多年一样的进步。

戴维斯说，重要的是现今的遗传评估形式仍将使用，只是在现有基础上涵盖 DNA 标记的信息。在出生或断奶时，这些信息可以很准确地预测育种值。戴维斯认为，在肉牛行业的未来几年，DNA 技术的作用将迅速增强。他认为，在几年内，可以通过测试犊牛毛发样本，并提供 6～8 个有价值的生产性状的遗传信息，从而对实际遗传变异作出解释。生产者将继续结合 DNA 测试信息以及基于农场的育种值数据，做出育种决策。这将让该行业取得更快的遗传进展，造福消费者以及所有参与肉牛生产的人们。

戴维斯说："除此之外，我们还可以对当前牛群进行预测，以及将它们与兄弟姐妹相比较。如今，我们可以告诉人们，育肥场哪些牛的饲料效率最高。目前，大多数人使用 DNA 技术来获取牛的信息，然而已有少量的养殖者和饲养场开始使用这项技术来进行育肥性能预测。"

超过 1 000 个繁育场主已经使用 GeneSTAR 技术，种牛育种者通过这种技术，将信息整合到种牛育种者的遗传改良计划中。该技术应用最多的品种是安格斯牛。戴维斯说，因为安格斯牛育种者数量庞大，而且他们对遗传改良技术的认识更高，他们认为，这是明显增加遗传信息的工具。戴维斯认为，基因分子标记技术将对养殖场的评估，饲料效率和产量的预测极具价值。它将帮助养殖场主制定适合动物饲养的管理制度。这些信息将有助于加速遗传改良速度，尤其是难以测量的或那些需要很长时间才能得到评估的性状。基因标记育种程序的应用也可让生产者利用动物（例如，销售公牛）的 GeneSTAR 结果建立营销策略，从而可以从这些高于平均水平的动物中获取更多的利润。

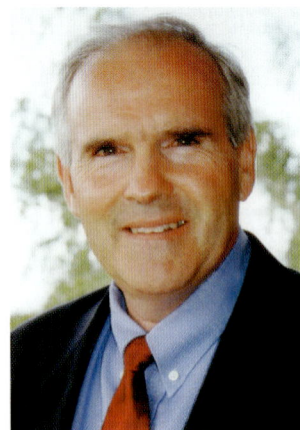

澳大利亚安格斯牛协会首席执行官格雷汉姆·特拉斯科特

Catapult Genetics 公司的首席执行官杰拉德·戴维斯

IBIS World 主席菲尔·鲁斯温

戴维斯说，使用这种技术的其他牲畜行业都已有好转，比如猪业和奶牛业，也显示出基因分子标记可以将遗传改良效率提高 15% ～ 20%。他补充道，与传统的遗传改良技术一样，也具有累积效应，应该在改良几代之后看到成效。他告诫育种者要将遗传改良技术应用在其育种计划中。研究小组也在考虑应用这些技术来培育出更多健康的肉牛。有可能培育出功能性脂肪酸含量高或其他营养价值更高的牛肉。

自 2006 年 1 月起，Catapult Genctics 公司一直是澳大利亚安格斯牛的 DNA 测试服务供应商。在安格斯牛饲养中，DNA 检测起着重要的作用，即可通过亲子鉴定来确保血统的完整性，又可将基因标记作为额外的基因选择工具。Catapult Genetics 公司提供 19 个标记的 DNA 基因图谱以及亲子鉴定，亲子鉴定是根据国际动物遗传学协会制定的国际标准进行调整的，这允许世界任何地方的实验室都可以使用。安格斯牛协会是首批对注册动物实行强制性 DNA 亲子鉴定的品种之一，Catapult Genetics 公司与该协会合作，生产出了一套电子化简化的 DNA 检测系统。

戴维斯说："我们提供的测试包括 DNA 分析和亲子鉴定，以及红／黑毛颜色检测，这是一个世界领先的肉牛生产性状诊断性检测。"这些检测包括对大理石花纹、嫩度和饲料效率的检测。构成 GeneSTAR 测试的 DNA 标记经过了广泛的研究、开发和验证，是在不影响其他测量特征的情况下，影响动物这些特征的标记。为每种动物选择更多的标记将有助于加速动物群体的遗传改良，因为 GeneSTAR 可以在动物生命早期提供难以在活体动物中测量的某些特征的遗传信息。

肉牛行业的领导者伯尼·宾登教授，他是肉牛遗传技术研究中心的前任首席执行官，他将肉牛行业的发展比作计算机发展的第一年或第二年，他说："从今往后，不管我们喜不喜欢，通过遗传工程，我们将会获得关于牛更精确的信息。人类和牛的项目是迄今为止两个最大的生物工程。问题是，我们只知道 10% 左右的基因功能。"

澳大利亚首席业务分析师、未来学家和市场研究公司宜必思世界（IBIS World）的执行主席菲尔·鲁斯温对澳大利亚牛肉行业的潜力持乐观态度，但他也看到了重大变化，需要安格斯牛协会去认真思考。他认为最大的两个变化包括肉牛产业在澳大利亚北部的扩张，以及更加企业化的规模化养牛方式。他还预测包括中国在内的亚太市场的需求将快速增长，这代表了未来的市场。中国有 13 亿人口，是日本的 10 倍，其不断增长的人口以及消费者强劲的需求，使日本市场相形见绌。

鲁斯温说："中国将成为安格斯牛肉需求的主要来源地，而仅存的问题是北美和南美的竞争。我们应该能够妥善处理竞争，因为澳大利亚很可能会和中国签订自由贸易协定。到时候，问题将变成澳大利亚能否提供足够的货源，这意味着需要将牲畜向澳大利亚北部集中，因为这个地带的气候和水源更加有利于养殖。"

鲁斯温预测，随着在饲养场区和广阔农牧场出现规模经济，分散的肉牛产业将会变得更加的集中。"我们有一些非常大的肉牛企业和实体经济，但他们在整个行业中所占比例不大，"他说，"IBIS World 预测，2007 年有 35 760 家肉牛企业，其中，前 25 家生产商的产量略高于 10%。虽然平均规模还在增长，但还有很长的路要走。"

"与某些行业相比，集中度还是太小。我们期望通过更高程度的集中和整合，能够提高产出效率，同时降低成本。最终大型综合公司的出现，将帮助我们在国际市场上获得竞争优势。澳大利亚实现了巨大的生产力增长和技术进步，引进技术不再是问题，只是我们的规模还不够大，在一个干旱和洪水频发的国家，我们必须克服这些问题，我认为扩大公司规模是一个解决方案。"

从温带到广阔的内陆，再到遥远的北方，澳大利亚畜牧业者的未来是光明的，但也要迎接未来的挑战。随着更多的安格斯牛在澳大利亚安家，牛群的颜色也更多地趋向于黑色。新技术的应用，以及肉牛养殖者的远见，使安格斯牛品种能够引领肉牛业迈向更加辉煌的未来。过去对安格斯牛种的偏见最终被一种认识所取代，即对于澳大利亚养牛人来说，安格斯牛及其生产的牛肉有很多优势。

（陈东　译，牛文静　校，李欣　复校）

附录 繁育场档案

澳大利亚一些领先的安格斯牛繁育场

　　这部分介绍的安格斯牛协会成员是本出版物的重要赞助商。如果没有他们无私和慷慨的支持，澳大利亚安格斯牛的故事就不会完整呈现。这本书将对安格斯牛品种具有巨大的长期价值，也是子孙后代的宝贵资源。繁育场的相关信息由安格斯牛协会成员提供。

致谢

当澳大利亚安格斯牛协会邀请我撰写本书时，我探寻了两个问题：安格斯牛在澳大利亚繁育的好吗？这是否会是一个精彩的故事呢？

第一个问题的答案令我感到惊讶，因为我们发现澳大利亚安格斯牛在过去十年（1997—2006年，编者注）的发展非常迅猛，但与此同时几乎没有确切的途径获取这个品种在澳大利亚的历史资料，这使得第二个问题变得神秘起来。缺乏资料意味着写书将不会是一件轻松的差事，但同时也表明这将会是一个全新的故事，至少会引起安格斯牛饲养者们的兴趣。然而随着调查的进行，第二个问题变得明朗起来，那就是我们发现所有对农业感兴趣的人都热切地期盼能够从安格斯牛的成功案例中获得启发。

在调查第一批引进澳大利亚的安格斯牛性能的过程中，我们得知有价值的资料在一场大火中被烧成灰烬，这使得我们十分沮丧。庆幸的是，我们最终从各种渠道搜集到了足够的资料，使我们能够将安格斯牛品种在澳大利亚早期的故事呈现给读者朋友。简而言之，安格斯牛的成功引进，是澳大利亚农业史上令人兴奋的卓越成就之一。

本书对那些在艰苦的环境下依然坚持致力于安格斯牛品种改良并最终取得成功的人们给予了高度赞赏。这些家庭故事包含着将来我们需要学习的地方，蕴藏着对年轻人无法估量的智慧，让我们有充分的理由相信澳大利亚农业的前景一片光明。

我们为澳大利亚安格斯牛协会对本项目的大力支持表示感谢。协会的职工们倾其所能为我们提供信息与帮助，很荣幸能与他们一起工作。该协会的首席执行官格雷汉姆·特拉斯科特向我们阐明了安格斯牛为什么能如此成功，他乐于助人，学识渊博，让我受益匪浅。市场销售经理杰夫·菲利普斯是澳大利亚安格斯牛养殖领域经验最丰富的人之一，他的为人处世之道也使得本书的撰写过程轻松有趣。另外，协会的凯姆·沃尔斯、卡雷尔·特斯林、鲍勃·丹特和罗·鲍尔也给予了不少的帮助。

我们对苏格兰阿伯丁－安格斯肉牛协会的鼎力协助深表感谢。他们为我们提供了大量的资料并且让我们有机会使用保存在佩德尔格利官（系谱存放处）的著名系谱图。协会的首席执行官罗·麦克海蒂向我们提供了宝贵的建议和相当多的资料，并帮助安排我前往安格斯牛的发源地参观。曾长期担任协会秘书的鲍勃·安德森同样给我们的工作提供了大量的帮助，他作为向导带领我们参观了苏格兰阿伯丁－安格斯牛的主要分布地区。来自巴林达罗奇地区的克莱尔·麦克弗森－格兰特·拉塞尔和她的丈夫奥利弗·拉赛尔及金纳尔德城堡的索塞斯克勋爵都十分热心地提供了帮助。英国皇家高地学会的图书管理员吉姆·默里也提供了宝贵协助。同样还要感谢苏格兰档案局批准我们使用这些材料。

探索研究就像寻找一座金矿。我很感激新南威尔士阿米代尔附近的阿宾顿站的已故诺曼·福斯特老先生的智慧，他告诉了我们他所知道的1944年早期澳大利亚畜种的历史。福斯特是早期澳大利亚安格斯牛协会的一位关键人物，他联系了许多人，为我们提供了一手资料和大量宝贵信息。澳大利亚许多皇家展览协会、图书馆及档案馆也为我们提供了很多帮助。

我还要特别感谢澳大利亚安格斯牛肉认证中心的创始董事和首席执行官迈克尔·普英特和安德鲁·格林韦德先生。来自哈弗里克肉品公司的皮特·安德鲁及来自比克的戴维·比克和约翰逊提供了宝贵的资料。同样十分感谢理查德·冈纳的建议和支持。唐·尼科尔以他博学的遗传学知识给予我们很大的帮助，而伊尼德·费希尔则为我们提供了过去几代安格斯牛数量可观的资料。来自嘉吉牛肉公司的安德鲁·麦克弗森，来自罗克代尔牛肉公司的保罗·特罗亚和艾德里安·威蒂，来自兰杰斯·瓦利育肥场的格雷汉姆·马波特和理查德·埃尔德肖以及许多肉牛业的同仁，例如亚瑟·里克亚斯、伯尼·宾顿、韦恩·阿普顿、史蒂夫·巴威克和菲尔·福尔摩斯，还有许多澳大利亚从事肉类与畜牧业工作的同仁们也给予了大力的支持。特别值得一提的是，日本MLA的一名年轻的执行官鲍勃·曼恩为我们扫除语言障碍，并为我们提供了大量的信息。同时，我们也获得了日本MLA市场分析师美穗近藤的帮助。

澳大利亚各个地区的安格斯牛饲养者们给予了我们很多帮助，但由于人数太多，便不再一一介绍，我要感谢：塔斯马尼亚的亨利·埃杰尔、玛丽·拉姆齐、杰拉德·阿切尔，塔斯马尼亚岛的安格斯·斯科特和伯纳德·波特，昆士兰州的比尔·霍加尔斯和戴维·拉夫，澳大利亚南部的保罗·史密斯、基斯·麦克法兰、戴维·康奈尔和柯林·里昂斯，新南威尔士的山姆·怀特、安妮·哈利斯和她的儿子詹姆斯、休·蒙罗、安托·怀特、詹姆斯·利奇菲尔德、格雷汉姆·怀特和罗伯特·布勒，维多利亚的约翰·道克、唐·劳森、哈利·威廉姆斯、罗伯·威廉姆斯和安德鲁·加宾斯。澳大利亚安格斯牛协会的多位前任会长也提供了很多帮助。

特别感谢本书原始手稿编辑助理安德鲁·布里格斯所做的工作，感谢来自塔斯马尼亚的摄影师皮特·马修在选取封面照片以及其他工作时的奉献和热情。同时也感谢来自新南威尔士塔姆沃斯的杰克·林赛所做的巨大贡献。其他提供支持的摄影师还有新南威尔士霍尔布鲁克的本·辛普森、苏格兰的路易斯·弗洛德、布鲁姆的里昂·米德以及来自科伊图图书馆和苏格兰视点图像库的马克思·史蒂芬斯、理查德·贝利、韦恩·詹金斯、肖恩·斯特吉斯、杰夫·菲利普斯、瓦妮莎·巴伯和罗·莱恩。最后，我还要感谢我的妻子伊娜、儿子詹姆斯和女儿格蕾丝，感谢他们给予我的耐心和理解。

奈杰尔·奥斯汀

（曹元、邵陶祺 译，邱清华 校，李欣 复校）

（右图）新南威尔士的斯昆、贝尔特里斯牛群的一部分